新时代城乡基层治理前沿问题研究丛书

城乡社区应急能力研究

胡武贤 著

中国农业出版社
农村读物出版社
北　京

图书在版编目（CIP）数据

城乡社区应急能力研究 / 胡武贤著 . —北京：中
国农业出版社，2023.1（2023.8 重印）
（新时代城乡基层治理前沿问题研究丛书）
ISBN 978 - 7 - 109 - 30317 - 1

Ⅰ.①城⋯ Ⅱ.①胡⋯ Ⅲ.①社区管理－突发事件－
公共管理－研究－中国 Ⅳ.①D669.3

中国国家版本馆 CIP 数据核字（2023）第 002770 号

城乡社区应急能力研究
CHENGXIANG SHEQU YINGJI NENGLI YANJIU

中国农业出版社出版
地址：北京市朝阳区麦子店街 18 号楼
邮编：100125
责任编辑：肖　杨
版式设计：书雅文化　　责任校对：吴丽婷
印刷：三河市国英印务有限公司
版次：2023 年 1 月第 1 版
印次：2023 年 8 月河北第 2 次印刷
发行：新华书店北京发行所
开本：700mm×1000mm　1/16
印张：14.75
字数：270 千字
定价：88.00 元

广东省哲学社会科学规划 2020 年度一般项目"公共治理视域下社区防范与应对突发事件的能力建设研究"（批准号：GD20CGL27）研究成果

广州市人文社会科学重点研究基地——广州农村治理现代化研究基地研究成果

华南农业大学乡村振兴研究院乡村治理现代化研究中心研究成果

广东城乡社会风险与应急治理研究中心研究成果

摘　要

　　根据 2007 年 11 月 1 日起施行的《中华人民共和国突发事件应对法》的定义，"突发事件，是指突然发生，造成或者可能造成严重社会危害，需要采取应急处置措施予以应对的自然灾害、事故灾难、公共卫生事件和社会安全事件"。通常情况下，无论哪一类突发事件，最终都会落到具体的社区。社区常常是各种突发事件发生和处置的第一现场，是基层矛盾冲突的集结地，是防范与应对突发事件的前沿阵地。一旦社会发生突发事件，社区应对能力直接关系到减轻负面影响、恢复社会秩序和降低处置成本。然而，我国现阶段的应急管理体系重在强化各级政府及其相关部门的突发事件预防，以及应急准备、监测与预警、应急处置与救援、事后恢复与重建等应对活动。而城乡社区处于国家应急管理体系的末端，成为其最薄弱的环节。本研究从公共治理的角度，探索不同类型的城乡社区在防范与应对突发事件中各自存在的结构性"短板"和"盲区"，通过"补短板，覆盲区，强能力"，加强社区在突发事件中的防范与应对能力，以筑牢国家应急管理体系的底层防线。

　　本研究以国内外社区应急能力研究为基础，以社区防范与应对突发事件能力的客观现实为依据，按照"提出问题—总体状况—结构探查—理论解析—路径探索—对策建议"的因果递进关系展开研究；将城乡社区划分为单元型、单位型、转制型、地缘型和农村五种类型，以此作为调研社区选择及其分析的基础；将城乡社区应急能力解构为常态防范能力、快速反应能力、社会动员能力、应急处置能力和事后处理能力五种要素，由此构建城乡社区应急能力观测指标体系。运用文献研究法、问卷调查法、半结构式访谈法和体验式观察法，在广东省 21 个地级及以上市的 112 个社区进行面上调查，在其中的 30 个社区进行重点调查，获取第一手数据。除了在总体上探析城乡社区防范与应对突发事件能力的现状，还从应急警务、社工参与和农村社区三个专题进行结构性管窥，从而获得更全面的认知。

调查表明：①从五种社区应急能力的共性来看，其"盲区"表现为常态防范能力中的"调动志愿者组织"、快速反应能力中的"发布预警信息效率"、应急处置能力中的"物资分配情况"，其"短板"表现为快速反应能力中的"上报街/镇效率""社区工作人员预警"、社会动员能力中的"调动社工机构"、应急处置能力中的"人员分工安排"、事后处理能力中的"心理危机干预"；②从五种社区应急能力的差异来看，不同类型的城乡社区应急能力明显分为两个层次，单元型社区、单位型社区和转制型社区应急能力相对较强，而地缘型社区和农村社区应急能力相对较弱；③具体到指标层面，各类城乡社区的应急能力则各有千秋，参差不齐。值得注意的是，应急警务、社工参与以及农村社区的案例剖析也印证了上述结论。

故此，城乡社区应通过多元主体互动以赋能，构建联动机制以聚能，多力协同行动以展能，打通政府应急管理系统"最后一公里"，并沿着完善相关法律法规、优化城乡社区应急机制、充实应急设施设备和壮大应急队伍的增能路径，打造第一时间动员社会力量协助政府处理突发事件的高效执行系统，形成与各级政府应急管理体系相衔接、相匹配的基层反应单元。

关键词：城乡社区，突发事件，社区应急能力

目 录

摘要

第一篇 总 论

第二篇 应急警务

第三篇 社工参与

第四篇　典型村庄剖析

第五篇　应急能力建设

第一篇

总　　论

第一章　绪　　论

第一节　研究背景和研究问题

当今世界正经历着百年以来前所未有之大变局，新冠肺炎疫情加剧了这场大变局的演变，国际环境日益复杂，经济全球化道路遭遇逆流，一些国家单边主义、保护主义愈加盛行，国内国际经济社会发展环境都面临着巨大挑战，我们要在一个更为错综复杂的形势下寻求发展。2019 年 7 月 14 日香港发生的暴力袭警事件，2019 年底暴发的新冠肺炎疫情，2021 年 7 月郑州特大暴雨事件等，都说明随着人类经济社会的发展，社会风险将持续增加，社会突发公共事件发生的概率也会随之加大。安全是发展的先决条件，发展是安全的基础保障。目前和未来一段时间内，我国面临各种矛盾和风险，各种可以预见和难以预见的风险因素增多。

通常情况下，无论哪一类突发事件，最终都会落到具体的社区。社区常常是各种突发事件发生和处置的第一现场，是基层矛盾冲突的集结地，是防范与应对突发事件的前沿阵地。一旦社会面临突发事件暴发的潜在风险，社区防范能力直接影响到突发事件暴发的可能性及其影响程度；一旦社会暴发突发事件，社区应对能力直接关系到减轻负面影响、恢复社会秩序和降低处置成本。全国各地时有发生的各类突发事件，如暴力伤人、地震或泥石流灾害、修建地铁导致地陷或住房受损、重大环境污染导致集体抗议等事件，都发生在社区，危害社会稳定。尤其是，正肆虐全球的新冠肺炎疫情，在隔离传染源、阻断传播途径、保护易感人群的疫情防控中，社区成为排查、隔离的主战场。

然而，我国现阶段的应急管理体系重在强化各级政府及其相关部门的突发事件预防，以及应急准备、监测与预警、应急处置与救援、事后恢复与重建等应对活动的应急管理体制。而城乡社区处于国家应急管理体系的末端，应急管理水平不高，社区居民安全意识不够，风险防范意识不强，应急处置的知识和能力不足，成为其最薄弱的环节。

因此，不同类型的城乡社区在防范与应对突发事件中各自存在哪些结构性"短板"和"盲区"？如何通过"补短板，覆盲区，强能力"以加强社区在突发事件中的防范与应对能力？本研究从公共治理的角度，针对不同类型城乡社区应急能力的共性问题以及不同参与主体的协同作用展开研究，以筑牢国家应急管理体系的底层防线。

第二节　研究目的和研究意义

本研究从公共治理的角度，围绕社区应急能力展开理论梳理和实践调研，试图打造第一时间动员社会力量协助政府处理突发事件的高效执行系统，形成与各级政府应急管理体系相衔接、相匹配的基层反应单元。

本研究的意义在于，通过社区应急能力建设的研究，打通政府应急管理系统"最后一公里"，有利于社区有效动员社会力量协助政府防范与应对各类突发事件，提升社区防范与应对突发事件的能力。

本研究的价值在于，通过解构社区应急能力要素，构建多元联动的多能聚合模型，形成应急管理基层快速反应单元的理论支撑范式，为强化国家应急管理体系的薄弱环节提供理论依据。

第三节　核心概念阐释

一、社区

在汉语中，社区是个外来词。德国社会学家滕尼斯最早在其著作 *Community and Society* 使用"社区"一词。在此后的一百多年时间里，学术界对"社区"的定义也由于研究者的侧重点不同，形成了多种各具特色的解释。其中最具代表性的有三种：

一是 1887 年，首倡者腾尼斯所作的解释。社区是基于自然意志，如情感、习惯、记忆等，以及基于血缘、地缘和心态而形成的一种社会有机体，包括家庭、邻里、村落和城镇等。其强调社区是以情感为主旨的社会共同体，其主要标志是出身、地位、习惯和认同。

二是 1917 年，英国社会学家麦基弗在其著作《社区：一种社会学的研究》中的定义。社区是建立在成员共同利益之上的任何共同生活的区域。其强调社区的主要特征是成员共同的善或公共利益。

三是 20 世纪中叶，美国学者罗伯特·帕克的理解。他认为，"社区就是居住在某一特定地域中的一群人，他们的生活围绕着日常的互动模式而组织起来"。并概括出社区的三个基本点：①有一定数量按地域组成的人口；②这些人口程度不同地扎根于他们所生活的土地上；③这里的每一个人都生活在一种相互依存的关系之中。

1933 年，费孝通等燕京大学的一批青年学者在翻译帕克的社会学论文时，第一次把"Community"译为"社区"，将社区概念引入中国。到 20 世纪 80 年代，社区的概念在我国已经成为一个被广泛使用的基本概念。一般认为，社区是指由居住在某一地方的人们结成多种社会关系和社会群体，从事多种社会活动所构成的社会地域共同体，包括地域、人口、区位、结构和社会心理五个因素。因此，社区是一个社会实体，具有政治、经济、文化、社会管理和社会整合等多种功能，是人们参与社会生活的基本场所和生活基地，以聚落为依托或物质载体而不断发展变化。

"社"是指相互有联系、有某些共同特征的人群，"区"是指一定的地域范围。所以，"社区"是相互有联系、有某些共同特征的人群共同居住的一定的区域，可以从不同角度进行分类。在纵向角度上，可以分为传统社区、发展中社区、现代社区或发达社区等；在横向角度上，可以分为法定的社区、自然的社区、专能的社区、城市社区、农村社区、小城镇社区、城乡联合体等。本研究按社区所处地域范围的不同将其划分为城市社区和农村社区。

基于不同视角，人们对城市社区的理解也不尽相同。对其内涵，学术界比较注重"共同体"的意蕴，而实际工作中则关注"区域"的涵义。对于其空间范围，可能存在不同的运用，有的按行政区划定位在街道层次，有的在居委会一级，也有的在居委会之下按住宅区划分。本研究认为，城市社区是指聚居在一定地域范围内的城市居民所组成的社会共同体。

农村社区是人类历史上最早出现的社区，经历了原始农村社区、传统农村社区和现代农村社区三个发展阶段。农村社区按照社区发展的时间顺序和居民居住分布的情况，分为散村、集村、集镇三种空间形态。与城市社区不同的是，农村社区具有较为广阔的地域，人口密度较小，在经济、文化、技术等方面发展比较滞后等特点。本研究所称的农村社区是指居住在未城市化地区，主要从事农业生产活动的农村居民组成的相对完整的区域社会共同体，具有较强的社区认同感，有大体相同的生活方式、价值观和行为规范。

二、突发事件

这几年以来，"突发事件"这个词语出现得越来越频繁，在党和国家的重要文件、学术研究文献以及各种媒体的报道中频繁出现。"突发事件"在中国是一个常规术语，而不是外来词的一对一翻译。《现代汉语词典》中将"突发"明确定义为"意外和突然发生"。在《辞海》中，"事件"一词被定义为"历史或社会上发生的事件"，而《现代汉语词典》将其定义为"历史或社会上发生的非凡事件"。目前，学术界对突发事件的定义、内涵和外延尚未统一，但在公共管理实践领域对突发事件的定义已基本明确。2007 年 11 月 1 日起施行的《中华人民共和国突发事件应对法》中对突发事件有确切的定义："突然发生，造成或者可能造成严重社会危害，需要采取应急处置措施予以应对的自然灾害、事故灾难、公共卫生事件和社会安全事件。"

根据发生机制的不同，突发事件大体上能够被分为常规和非常规两类。通常来说，处理常规紧急情况相对容易一些。如雨雪冰冻现象在北方较为常见，不会引起太大灾害。相反，非常规紧急情况具有不确定性、复杂性、越境性和传播性等多种特点，其造成的危害往往具有范围广、程度高、时间长和不可逆转的特点。处理这类紧急情况相对困难。如 2008 年发生在我国南方的雨雪冰冻灾害事件，因气候和温度条件，致使电力设备和交通道路出现了问题，发生了一系列的交通事故，因电力设备供应不上，造成电气化铁路无法运行，电煤无法及时运送，致使电力无法及时恢复，继而又影响铁路运输，如此形成恶性循环。因此，非常规突发事件不仅是现代城市应急管理的重点和难点，而且是痛点，在紧急状态下不断考验政府的治理能力，相关应急部门如果处理不当或者不及时处理，可能成为公众质疑和攻击的焦点问题，引起群众的慌乱。

突发事件是由不确定性因素引起的，产生非预料性严重后果，对人们造成不利的影响。学术界对突发事件的定义有不同的看法。江乃兵（2003）认为突发事件是指在社会生活中突然发生的，严重危害社会秩序，有可能或者已经造成重大损失的事件。钟开斌（2012）指出，突发事件这一概念演变反映着客观事物的变化以及与之相适应的思想的发展。新中国成立以来，从传统的关系国家安全的军事外交领域，到社会治安领域，再到自然灾害、事故灾难、公共卫生事件、社会安全事件四大类突发事件，"突发事件"的内涵和外延一直在发生着改变。从称谓上看，传统意义上的"突发性事件""突然事件""突发性紧急事件""治安突发事件""突发危机"等各种相关用语的使用，逐步向"突发公共事件"过渡，最终统一使用"突发事件"进行规范表述。突发事件是不可预知的、突然发生的、不可避免的、后果严重的、需要紧急处理的。按照社会危害的性质、危害的程度和影响的程度等，可以将其分为特别重大、重大、较大和一般四个等级。《国家突发公共事件总体应急预案》对突发事件进行分类，将其分为自然灾害、公共卫生事件、事故灾难、社会安全事件四类。

三、突发公共卫生事件

我国《突发公共卫生事件应急条例》指出，"本条例所称突发公共卫生事件（以下简称突发事件），是指突然发生，造成或者可能造成社会公众健康严重损害的重大传染病疫情、群体性不明原因疾病、重大食物和职业中毒以及其他严重影响公众健康的事件"。通常，突发公共卫生事件划分为特别重大（Ⅰ级）、重大（Ⅱ级）、较大（Ⅲ级）和一般（Ⅳ级）四级。

突发公共卫生事件具有以下特点：

第一，事件的突发性。突发性是突发公共卫生事件的最基本特点，往往事先没有征兆或者征兆难以识别，是区别于一般卫生问题事件的显著标志。如新冠肺炎疫情从发现首例病人到大规模暴发，只有短短数日，无论是从传播时间，还是社会危害来讲都具有突发性。

第二，传播的广泛性。突发公共卫生事件常常在一定区域内产生传播，而在当今全球化的大环境下，人员流动频繁，国际物流快捷，这就会存在一旦造成传播，便会容易成为全球性的传播，如2003年的非典疫情和正在流行的新冠肺炎疫情都是短时间内在世界范围内传播。

第三，成因的多样性。物理、化学、生物等因素是导致突发公共卫生事件发生的常见因素。除此之外，自然灾害、事故灾害、社会安全事件均可引起突发公共卫生事件。"大灾之后，必有大疫"，像地震、洪涝灾害等大的自然灾害或事故灾害，常常会导致人员伤亡，基础设施破坏，居住环境恶劣，水源、食物等生活用品污染，若同时卫生条件及防疫措施迟滞，便会造成灾区大规模流行病、传染病、食物中毒等疫病的暴发流行。社会安全事件也是形成突发公共卫生事件的一个重要原因，如美国"9·11"事件之后发生的为期数周的炭疽杆菌生物恐怖袭击事件，导致5人死亡，17人被感染。同时，突发公共卫生事件成因是复杂的，往往是在多种因素的综合作用下发生的，如新冠肺炎疫情，新型冠状病毒作为病原体是新冠肺炎疫情发生的生物学因素，然而作为在全球大流行的突发公共卫生事件，其最终成因还没有准确结论。

第四，分布的差异性。传染性疾病导致的突发公共卫生事件往往存在着空间与时间的分布差异。如疟疾的高发季节主要集中在夏秋季节，且多在非洲、东南亚等热带、亚热带地区发生；流行性出血热高发季节多在冬季，亚洲的东部、北部和中部地区多发，且多集中在城郊和农村。

第五，发展的阶段性。造成严重社会危机的突发公共卫生事件，发生、发展具有阶段性，而且在不同的阶段有不同的特征。可大致分为事件先兆期、发生期、扩散期、处理期、后遗症期。先兆期是解决潜在危机因素发展扩散问题的重要阶段；发生期往往是在先兆期未得到有效管理的情况下，以某种显性方式突然出现，对社会发展和公众健康均会有严重损害；扩散期即发生期不能立即处理，事件的波及范围和强度扩大和加重，其表现形式就是事件的流行病学分布的变化；处理期为事件发展的关键阶段，决定着事件的发展结局，其中社会建立高效健全的应急机制有助于事件的正确处理；后遗症期往往是事件处理存在不完善的方面，在事件结束后会存在遗留社会问题或事件进入新一轮的酝酿期。虽然突发公共卫生事件可能会经历几个阶段，但只要防控措施得当，将事件控制在先兆期或发生早期，则事件可能消灭于萌芽阶段，或及时控制而不经历这几个完整的阶段。

第六，危害的严重性。突发公共卫生事件造成的危害往往具有群体性，如传染病事件呈现复杂的流行病学特点，波及范围广，一旦防控不当，便易导致大规模流行，甚至超出国界。这不仅对人民群众的生命健康危害极大，而且会对社会秩序、社会功能、经济发展、资源环境，甚至国家安全稳定等造成严重的破坏。

第七，治理的综合性。突发公共卫生事件因其成因多样复杂，传播广泛迅速，社会危害严重，具有不同的阶段性，因而治理起来相对困难，只有多方面结合才行。即在完善高效的应急处置体系下，需要技术层面和价值层面结合，责任部门和协助部门结合，政府力量和社会力量结合，直接任务和间接任务结合，国内和国际合作结合。另外，在解决治理突发公共卫生事件时，还要注意解决一些深层次的问题，如社会体制、机制的问题等。只有通过综合的协调治理，突发公共卫生事件才能得到更好的防控。

四、应急警务

近年来各类突发性公共危机频发，是对政府及机关公共安全保障工作的极大考验。各级党委政府也越来越重视应急管理工作，纷纷成立应急管理工作办公室等，对突发公共危机事件进行预先防范和妥善处置。派出所在政府应急管理体系中占重要组成部分，势必要承担维护公共安全和社会秩序的职责。

应急警务的含义是公安部门与警务人员出于保障国家稳定和社会安全，庇护群众生命、财产安全的目的，根据法律规定去处理公共突发事故以及开展救援工作。其含义有三个层面：第一，工作主体是公安部门和警察人员；第二，工作对象是和公共安全有关的一系列突发事件；第三，应急警务工作职责涉及预防预测、及时控制和事后恢复。当前应急警务工作主要包括：海洋、天气、地质造成的自然灾害应急处理，交通、公共物品、环境损害、生态平衡等事故灾害管理，有传染性质的疾病、食品损害等公共卫生事故的处理解决，刑事案件、恐怖组织事件、重特大火情事件、学校安全、警卫群众冲突事件、群体性事件等社会安全事故的应急管理。应急警务不仅仅是对紧急事故的处理与事后重组，也包括提前预测、方案制定、预备和立法，目标是把人员伤亡情况控制在最小范围、尽可能地减少财产损失、让破坏程度最小化，以尽可能快的速度和小的代价终止紧急状态，恢复到正常状态。

第四节　研究方法

第一，文献研究法。文献研究法是一种以研究主题和研究内容为基础，对现有文献进行检索、收集、整理和分析，以明确现今研究水平、研究动态、需要解决的问题及今后的发展趋势的研究方法。我们可以在研究文献资料的基础上，发表自己的观点、想法和意见，并根据相关理论、研究条件和实际需求等，进行分析并评述各类文献，为今后的研究提供依据或条件。

本研究整理了国内外关于社区应急能力的各种文件材料、新闻报道、调查报告、统计资料和学术论著等，通过阅读、分析、归纳和借鉴，了解社区应对突发事件的制度安排、体制机制基础和政策法律环境，准确把握国内外应急管理理论研究前沿，并通过文献比对整理，对城乡社区类型划分和社区应对突发事件能力及其构成进行了概念界定、理论研究和文献梳理。

第二，问卷调查法。问卷调查法是一种以实证主义为方法论的定量研究方法，它是将标准问卷发放或邮寄给有关人士进行填写，并将其收集、整理、统计和分析，以此来了解被调查者对某个特定现象和问题的态度和观点。问卷调查法可以按照调查方式、填答方式、调查者对问卷的控制程度进行分类。

本研究基于对人口密度、经济发展和社会进步等因素的考量，尤其是在新冠肺炎疫情防控中的具体表现，对不同类型的城乡社区选择具有一定代表性的社区进行问卷调查。其抽样方法是对镇街和社区干部、社会组织人员采取分层抽样，对居民采取随机抽样、偶遇调查的方式，辅之以网络调查，获得调查数据。

第三，半结构式访谈法。半结构式访谈法是一种介于结构式访谈和非结构式访谈之间的访谈方法。该研究方法仅提供访谈对象的条件、所要询问的问题等方面的基础指引，访谈者可以根据访谈时的实际情况进行相应的调整，使访谈气氛较为轻松，双边互动密切，能获得期望的真实信息。

本研究选择基层政府主管部门干部、社区干部、物业管理人员、志愿者、居民等不同类型的主体进行深入访谈，获得其对于所在社区应急能力现状的总体认知，以弥补问卷调查中观点前置和深度不足的缺陷，为问卷数据的定性分析提供支持。

第四，体验式观察法。体验式观察法是需要研究者亲身去体验，通过实地考察搜集，得到有关价值、行为、现象等研究资料的方法。目前，新冠肺炎疫情仍在全球肆虐，国内"外防输入、内防反弹"、严控"社区传播"、坚持社会面"动态清零"的任务依然艰巨，全省各地社区实施疫情防控已持续两年多的时间，课题组每一位成员都身处其中，感触颇深。此外，如果有社区出现突发事件，课题组立即派人前往观察。调查人员每到一地，可观察社区防控机制运行情况，体验居民感受，获得感性认知。

第五节　研究思路与内容安排

一、研究思路

本研究以公共治理理论为研究视角，以国内外社区应急管理研究为逻辑起点，以社区应急能力的客观现实为依据，遵循"提出问题—现实基础—理论解析—路径探索—对策建议"的因果递进关系展开研究，如图1.1所示。

二、内容安排

本研究由五篇二十章组成。第一篇把城乡社区作为一个整体进行实证分析，第二篇、第三篇、第四篇分别以应急警务、社工参与、典型村庄为重点领域展开专题研究，最后一篇对城乡社区的应急能力建设进行规范分析。

第一篇，总论。在第一章"绪论"和第二章"文献综述"对本研究作必要的铺垫之后，第三章"城乡社区应急能力的理论阐释"旨在建立一个理论分析框架，为本研究的理论剖析和实证分析给出一条清晰的路线指引。进一步，第四章"城乡社区应急能力的研究设计"和第五章"城乡社区应急能力的实证分析"旨在描述城乡社区的应急能力现状，主要包括：①从硬件设施、应急队

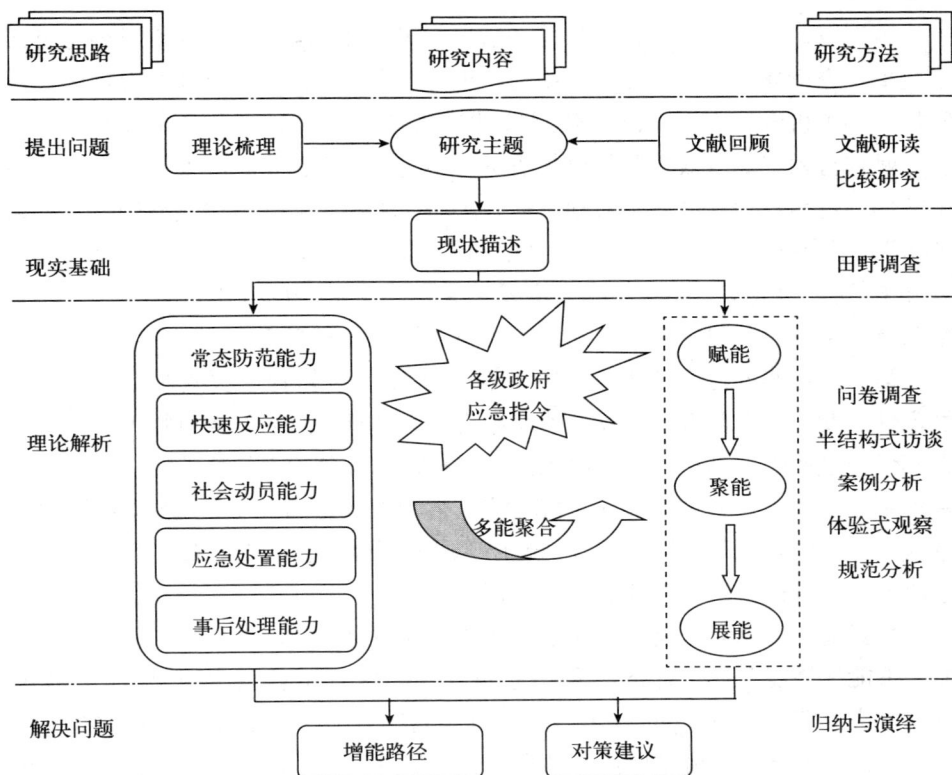

图 1.1 研究逻辑思路

伍、信息传递、志愿者参与、多主体协同、网格化管理等方面，客观描述城乡社区防范与应对突发事件的总体特征；②依据城市社区的多种类型（单元型、单位型、地缘型、转制型）和农村社区的发展水平，归纳不同类型城乡社区应急能力的差异；③根据城乡社区应急能力测度的多维指标和多层级问卷调研的采录结果，揭示其防范与应对能力的结构"短板"和结构"盲区"。

第二篇，应急警务。公安机关作为应对突发事件的主体政府机关，在武器装备、组织体系、处理方式、人员力量等方面都具有较大的优势。最贴近基层社会的公安派出所在城乡社区防范和应对突发事件中地位特殊，不可替代。本研究着眼于公安派出所在处置突发事件中的作用，以广州市Y派出所为案例，直面应急警务中存在的突出问题，分析原因，探索可行的解决办法。于是，本篇由第六章"广州市Y派出所应急警务概述"、第七章"广州市Y派出所应急警务存在的问题及原因分析"和第八章"公安派出所应急警务的完善策略"等三章组成。

第三篇，社工参与。新冠肺炎疫情在广州的社区传播，为我们对突发公共卫生事件进行体验式观察提供了便利，也为社会工作者协助政府开展社区疫情防控提供了机遇。本研究以社区赋权理论为指导，按照"居民需求—社工角色—赋权行动—赋权效果"的解析逻辑，呈现了社会工作在突发公共卫生事件中的作用过程，为社区应急行动赋能。于是，本篇由第九章"实地调查与理论视角"、第十章"突发公共卫生事件中的居民需求"、第十一章"突发公共卫生事件中的社工角色"、第十二章"突发公共卫生事件中的社工赋权行动"和第十三章"突发公共卫生事件中的社工赋权效果"等五章组成。

第四篇，典型村庄剖析。广东省五华县 X 村原属省定贫困村，是一个突发事件多发的村，最近五年发生的几起突发事件具有鲜明的乡村特色。本研究选其作为案例进行剖析，旨在深入揭示农村社区应急能力的特殊性。于是，本篇由第十四章"调查对象及其代表性"、第十五章"五华县 X 村应急能力现状"、第十六章"五华县 X 村应急能力问题及原因"和第十七章"农村社区应急能力的提升措施"等四章组成。

第五篇，应急能力建设。在第十八章"社区应急能力聚合"中，按照"赋能—聚能—展能"逻辑思路，重构城乡社区应急能力，推动多能聚合，增强城乡社区应急能力。具体而言，①赋能：通过多元主体互动，赋予社区在防范与应对突发事件过程中凝聚资源、共享信息、促进联合、保持协同的能力；②聚能：通过构建联动机制，激发社区在防范与应对突发事件过程中快速反应、广泛动员的潜能；③展能：通过多种力量协同行动，展现社区在防范与应对突发事件过程中的高效执行力。在此基础上，第十九章"城乡社区应急能力增能路径"和第二十章"提升社区应急能力的对策建议"针对城乡社区的五种能力要素在防范与应对突发事件过程中呈现出的"短板"和"盲区"，通过"补短板，覆盲区，强能力"，探索破解问题的有效路径，提出具有实用性、针对性、可操作性的对策建议。

第六节　预期贡献

第一，学术思想及其创新。本研究将城乡社区在防范与应对突发事件的角色定位于潜在隐患发现者、最初反应者和政府应急指令的落实者。不同于以往把城乡社区置于各级政府及其相关职能部门之下的被动角色，而是将其当作具有独特功能的无可替代的即刻反应和恢复行动单元。在此基础上进行能力建设研究，是一个全新的具有一定开拓性的研究尝试。

第二，学术观点及其创新。城乡社区是贴近群众的基层单元，社会关系纷繁复杂，且资源配置能力有限，其应急管理过程迥异于各层级政府。城乡社区防范与应对突发事件的执行力，主要由常态防范能力、快速反应能力、社会动员能力、应急处置能力和事后处理能力构成，通过多元主体互动和多种力量协同形成多能聚合，将城乡社区打造成防范与应对突发事件的高效执行系统，成为第一时间动员社会力量协助政府处理突发事件的基层单元。科学、准确地厘清城乡社区应急能力要素及其相互关系，是极具挑战的全新探索。

第三，学术障碍及其突破。城乡社区是多种力量聚合的"多中心"治理体系，往往各种因素相互交织，共同发挥作用。观测其应急能力要素与聚合过程，存在复杂多样的"幻觉"或"盲点"，很容易被过度解读或忽视。对城乡社区应急能力进行准确观察、测度和判读，从而得出契合实际的研究结论，提出有针对性的建设路径和可操作性的对策建议，时刻考验着课题组成员的谨慎与耐心。

第二章　文献综述

通过检索国内外相关数据库发现，国外学者关于社区应急能力的研究，主要集中在防灾减灾领域，积累了相当多的成果，对于我们全面认识社区内的突发事件、提升社区应急管理能力，具有参考意义。国内学者关于社区应急能力的研究起步较晚，但沿着不同的学术路径，更聚焦于社区防范与应对突发事件，着重解决我国面临的现实问题，突出应用性。以"社区应急"作为主题在中国知网"中国期刊全文数据库"中进行检索，发现自 2003 年"SARS 冠状病毒"暴发后，国内学者开始对社区应急进行相关研究，直到 2019 年底新冠肺炎疫情暴发后产生新的峰值。近 20 年来，国内学者对社区应急的研究内容主要围绕着应急管理、城乡社区、应急能力等方面进行研究，发文数量在最近 3 年呈爆发式增长，如图 2.1 所示。

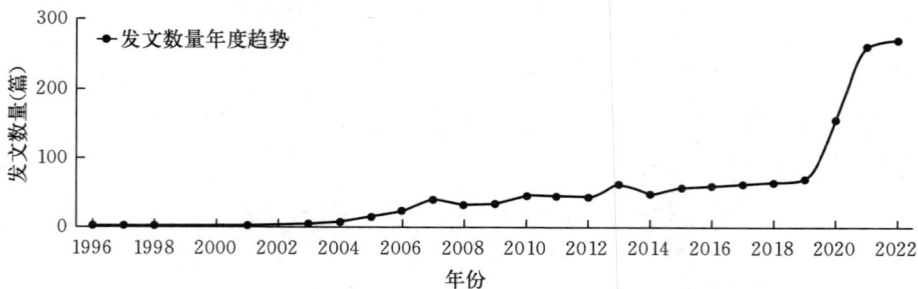

图 2.1　1996—2022 年发文数量

第一节　社区应急管理研究

一、国外学者"抗灾社区"研究

1989 年 9 月，世界卫生组织第一届世界事故与伤害预防大会在瑞典正式召开，会上首次提出"安全社区"这一概念，会上明确指出，安全社区就是"以生命健康为目标，提倡在社区内建立企业、部门、个人和志愿者等多元主体共同参与预防伤害和保障安全的工作机构"。在此之后，各国根据自身国情对"安全社区"进行不断改进并在全球范围内推广开来，各国以不同方式强调社区在应急管理方面的重要作用。国际城市管理协会（ICMA）的 Don Gels于 1994 年首次提出了"抗灾社区"这个概念，并指出它是综合的、基于社区的、自主驱动的。1999 年，世界减灾大会强调要重视社区在防灾减灾方面所起的基础性作用并建立"抗灾社区"。紧接着，联合国减灾大会又于 2001 年提出了"发展以社区为中心的减灾战略"的口号，2005 年提出要在所有社会阶层，特别是社区，建立应急机制和提高应急能力。Norshamirra Hijazzi 等（2016）研究了马来西亚水坝风险的社区防范情况，提出了灾害管理综合社区的概念（ICBDM），通过建模的方式模拟灾害发生时的状态，对应急管理计划进行推论和演练。Kinney（2010）则是通过应用创新扩散理论（IDT）和内容分析方法对社区的灾害预防措施进行了深层次的研究。日本开展的"防灾福利社区事业计划"，也是要求市民、政府和相关组织要形成合力，充分发挥社区联系政府和居民的桥梁作用，利用社区自有的各类组织和关系网络，协调联系各方，共同应对各类灾害事件。美国的"防灾型社区"则是强调社区主导和民众参与，政府部门在其中仅发挥指导与协调作用，该治理模式充分考虑了社区的自治职能，调动了社区民众等利益相关者参与灾害风险防治的主动性，使社区的防灾能力、应灾能力与救灾能力得到极大的提升，为其他国家提供了范例。

二、国内学者社区应急管理研究

尽管在 20 世纪 90 年代国内学者就提出了社区防灾减灾的概念，但进行系统性研究却是在 2003 年"非典"事件之后。杨军（2003）通过引入复杂性科学理论，对社区防范与应对突发事件的范围进行了界定，把研究范畴进行了拓展，不再局限于防灾减灾领域。有学者通过分析中国转型社会存在的危机和原因，突出社区应急管理的重要性，认为政府应该与社会共同治理危机（蔡志强，2006），社区、非营利组织和社会组织应在社区防范与应对突发事件中发挥更重要的作用（赵成根，2006）。也有学者从我国社会结构变化的角度来分析社区应急管理的意义。沈荣华（2006）认为，随着社会结构逐步由过去的"单位制"向"社区制"转变，客观上要求社区组织承接以往由"单位"负责的安全保卫职能，城市防范与应对突发事件的重点应该放在社区。

国内学者结合我国社区治理的实际情况，对社区应急管理也有了清醒的认识。盛清才（2008）认为社区是化解社会危机的基础。沈荣华（2006）认为社区是社会的基本单位，我国城市当前普遍面临着严峻的突发事件应对形势，且随着社会结构由"单位制"向"社区制"的转变，城市防范与应对突发事件的重点应该转移到社区。贾波（2016）认为社区作为现代城市的基本单位，是公共管理体系的末梢，是社会和谐稳定的基石。社区作为突发事件的第一现场和应对突发事件的前沿阵地，提升社区的应急管理能力，对于突发事件的预警、减缓、处置和恢复具有重大的意义。刘成忠（2018）认为社区是突发事件发生和处置的第一场所，社区居民百姓是突发事件的第一知情人，加强社区应急管理建设，对突发事件的处置和预防具有重要的作用。

随着社区应急管理研究的深入，越来越多的学者开始研究应急管理中的多元主体，即如何发挥社区居民、志愿者、政府等组织的作用。莫于川等（2010）通过总结应急志愿服务在"5·12"地震救灾中的重要作用，提出社区要重视应急志愿服务在参与应对突发事件中的作用。候保龙（2011）认为政府应通过良好的制度设置保障公民以主体的姿态积极参与到突发事件的每个环节，转变以往在应急救灾中政府助手和应对突发事件旁观者的角色，提出有序参与应对突发事件的组织框架。杨文娟（2016）指出有效提升社区应对突发事件能力的关键是要提高社区人员的配合程度和应对突发事件的熟悉程度。盛丹萍（2018）指出要建立责任共担机制，政府要建立和完善多层次的危机管理法律体系，培养和加强居民的危机意识，培养社会组织，建立三元社区协商机制，通过社会组织居民、企业与社区一起展开应急管理新模式的探索，提升社区应急管理能力。

然而，当前多元主体的参与情况并不令人满意，突出表现在社区居民的应急认知能力较弱与应急参与性较低，究其原因或许是多方面的，一些学者的看法具有代表性。主要有：社区建设面临着管理任务繁重、居民民主参与不足、工作人员素质良莠不齐、缺乏沟通协调能力和决策能力较弱等问题（王瑞华，2007）；社区志愿者组织并没有充分发挥其作用（朱秦，2009）；社区自治程度不高、头重脚轻的权力配置使其在防范与应对突发事件中没有充分发挥应有的主观能动性（余树华等，2016）；在社区救援中存在部分居民没有意识到社区应急救援的重要性，且对社区应急救援形势认识不足、不充分等问题，致使居民参与社区应急救援培训、接受应急救援教育的主动性和积极性都比较差，居民在面对突发事件时缺乏共同体意识（陈文玲等，2016）；在我国突发性危机治理过程中，营利性组织、非政府组织、媒体和公众个人存在不同程度不同类型的低效、无效和负效参与，造成社会参与失效的主要原因包括政府长期过度占位、主体间协同能力有限、媒体网络管理滞后、制度激励约束不明确等（周芳检，2017）；社会应急文化建设薄弱，导致各方主体积极参与意识不强，特别是各方主体之间责任不明确、沟通不顺畅时，极大地阻碍了各方主体之间的协调配合（王进，2019）；SWOT 模型分析表明，社区居民和社区自治组织、非政府组织和社会企业以及地方政府参与社区应急存在一些劣势（崔凯凯等，2021）；等等。

第二节　社区应急能力研究

一、国外学者社区防灾减灾能力研究

David McLaughlin（1998）首先提出了社区综合应急系统的概念。Douglas 等（2008）认为社区防灾的关键部分是由救灾的实物、信息和人力资源等因素组成的本地资源库，政府、居民和社会组织三方如何维护和使用好这个资源库则是社区防灾减灾的关键。O'Brien（2009）从灾害的预防入手，研究如何提高社会应对突发事件的能力。基于 Don Gels（1994）首次提出"抗灾社区"理念，学术界的研究兴趣逐渐转向抗灾能力的评价。Cardona（2005）对拉丁美洲 12 个国家的抗风险能力进行了评估，Birkmann（2006）则提出了一套衡量社区抗灾能力的指标体系和核算方法，Birkmann 等（2013）又进一步完善了这套评估指标体系。

事实上，社区抗灾能力是社区脆弱性的另一面。Cutter 等（2003）从环境灾害角度设计了社区脆弱性指标（SOVI），研究了这些因子与区域脆弱性之间的关系。Schmidtlein 等（2008）在此基础上对其计算方法进行了优化，并引入美国县级区域的数据进行了分析。而社区脆弱性与社区管理密切相关，Moynihan（2008）指出网格化管理必须建立在社区成员不断学习以了解自己的角色和行动之上。Kinney（2010）通过应用创新扩散理论（IDT）和内容分析方法对社区的灾害预防措施进行了研究，揭示了社区脆弱性与防灾措施的高度相关性。

当灾害发生后，社区应对灾害的能力，Norris 等（2008）用社区复原力理论进行解析。他们将社区复原力定义为一种灾害发生后的动态复原能力，由经济发展、社会资本、信息传递、交通状况四个主要方面的因素结合而成；为了建设社区复原力，社区应当做好风险防范，避免资源配置不平等，鼓励居民积极参与，建立有效的信息共享措施等。Cohen 等（2013）也做了类似的研究，他们将社区复原力的影响因子分为了六个方面，认为社区复原力被视为应急准备工作的一个基本要素，也是在包括灾难在内的危机面前确保社会稳定的手段。在这些研究中，不同学者都提出了各自关注的影响因子并进行分析，但是很明显，他们对这些影响因素还缺乏一个公认的划分方式，使得相关研究较为分散，难以形成一套完整的理论体系。

二、国内学者社区应急能力研究

国内学者已经意识到社区在国家应急管理体系中的重要地位，应该把社区作为一个基础单元进行研究，但是对社区应急能力的要素尚缺乏系统建构。

在社区应急能力的体系设计上，一些学者试图通过逻辑演绎的方式，推理出一套科学性和实用性兼具的应急管理体系。关贤军等（2008）从组织论出发，认为通过设立专门机构，安排专人负责，加强教育培训等方式，明确分工、落实责任、群众参与，就能构建起完备的社区应急管理框架。李菲菲等（2015）通过 SWOT 分析法针对广州市的情况进行分析，也得到了相似结论。高恩新（2016）通过韧性灾害管理、韧性社区建设等寻求城市内部与外部环境的平衡。颜德如（2020）从社区韧性视角分析社区应急治理体制的五大梗阻，提出优化我国社区应急治理体制的现实路径。颜德如等（2021）通过分析新时代社区应急管理变革的现实困境，提出了新时代社区应急管理变革的未来模式，即通过构建韧性的应急管理体系，以期增强社区应急管理的自我组织、自我调适和自我恢复能力。陈涛等（2021）指出，"韧性治理模式为社区应急管理的优化创新勾勒了系统性思路。遵循韧性治理思路，可以从治理主体能力发展、治理资源扩容、治理技术嵌入及治理机制强化等方面构建社区韧性治理体系，实现风险社会的可持续性治理愿景"。这类研究一方面忽视了政府预算和人员编制的约束，更重要的是高估了社区居民的参与热情，因此这一类框架性研究多数都缺乏现实指导意义。

社区应急能力的绩效评估也引起了学术界的注意。陈文涛等（2010）构建网络层次结构模型，说明影响社区事故应急能力的各项因素，并通过计算各项影响因素的权重，最终确定社区事故应急能力评估指标体系。该研究充分考虑社区事故应急能力评估指标体系存在的特点，从而提高社区事故应急能力评估指标体系对其评价的可靠性和准确性。易亮等（2012）通过划分社区与灾害的类型，设定权重，设计出一套针对社区防范与应对突发事件的资源评价体系。刘刚（2013）从定量的角度出发，利用层次分析法和模糊综合评价法，根据 39 项数据指标，对兰州市 5 个社区的风险脆弱性进行了综合评价，在同类实证研究方面具有代表性。邹清明等（2013）利用模糊综合评价法，从人口社会特征、政治经济因素、地理环境因素和公共管理因素四个方面探讨社区对火灾事故的应急脆弱性，从而构建社区应急管理的脆弱性因子。陈新平（2018）通过梳理突发事件应急能力已有的评价指标体系，从应急管理过程和突发事件两个维度入手，建立社区应急能力评价指标体系。刘杰等（2022）通过引入霍尔三维模型构建社区应急能力指标体系，并选用一种组合赋权——云模型方法进行评估应用。

如何联系我国国情，在管理方式方法上创新，以实现社区应急能力的提升，是近年来学术界研究的热点问题。以下观点颇具代表性：在抗震救灾斗争中，要通过进一步加强党组织建设，创新基层党建模式，革新党内民主管理，改进基层党组织解决的不单是组织重构、干部配备和党员发展等简单问题，更重要的是对基层党组织工作内容、职责、方式的深层改革和创新（李羚等，2009）；结合我国应急管理体制现状，对跨域危机治理中的"碎片化"问题进行分析，提出运用网格技术整合信息资源，把社区网格化管理引入社区应急能力建设（郭雪松，2011），依托"功能网格"提升社区应急能力（谯哲，2017），社区应急管理模式应从"智慧城市"转变到"大数据＋网格化管理"（于蓉，2021）；利用虚拟社区的知识共享将社交网络和社区防范与应对突发事件有机结合起来（李游等，2012）；建立政府、社区、社会组织、公众等多元主体共同参与的应急网络治理模型，预防为主，应对与恢复并重（王莹等，2016）；社区信息化建设面临着人才流失，理论脱离实践，服务供给价格偏高、形式单一，创新乏力等诸多问题，制约着社区应急能力的提升（操世元等，2017）；考察社会组织在鲁甸地震应急中的参与过程表明，社会组织参与社区应对突发事件的持续性有待提高（顾洪瑞，2018）。一个有意思的动向是，"风险沟通"开始引起部分学者的注意。薛澜等（2020）强调，风险沟通是应急管理的重要组成部分，做好风险沟通可以及时提供准确的信息，这不仅可以帮助决策者作出科学决策，还可以帮助公众理性应对风险，避免引发恐慌和事态恶化。反之，可能会因为对风险的低估或高估，造成对风险的反应不足或过度反应的问题，甚至导致公共资源因政策而错配。可以通过完善应急预案中的风险沟通机制、增强对相关机构风险沟通人员的培训、建立权威的风险沟通信息平台、编写风险沟通指南的方式来提升应急管理风险沟通能力。

第三节 应急警务研究

国外的应急警务机制较为完善，警务实践有许多可借鉴的地方，这与美国、俄罗斯、英国等发达国家高度关注应急管理是密不可分的。从队伍建设来看，在国外，警察局作为应急管理的主体，其应急管理规范中明确了应急响应的作用和职责。正确处理危机，要求警察具备专业职业技能，掌握处理应急事件的知识。对在职警务工作人员要进行定期的专项培训，以不断提高警务人员的专业能力为未来发展方向。警务人员应学习各种专业技能，掌握应急知识，开展应对灾害的演练和培训，提高应对突发事件的能力。从后勤保障方面来看，Kyron（2021）认为，大部分经验丰富的警察和紧急服务部门雇员认为工人的补偿过程是负面的，会对自身的康复带来负面影响。Friedman 等（2021）指出，警务部门在应对突发事件领域中不同于一些其他的部门以及机构，它具有一定的特殊性，一旦突发事件没有处理得当，那么警务部门乃至政府部门可能会面临一系列的负面舆论，受到社会上各种群体的攻击，导致政府对外公信力降低。

国内很多学者把应急警务称为"危机警务"，随着近年来突发事件频频出现，"危机警务"也成为研究热点。但从总体上来看，相关研究还是较为有限的。在中国知网的搜索中，以"危机警务"为主题的论文仅有 200 多篇，以"应急警务"为主题的论文不到 50 篇。从这些数据可看出，我国在公安应急警务方面还有很大的研究空间。

关于应急警务的定义，郜杨（2019）通过归纳法定义了应急警务的概念，认为应急警务是"公安机关人民警察在应对突发事件过程中工作内容的总和"。张俊等（2020）以新冠肺炎疫情中公安机关出现的问题为出发点，在学科建设和发展、社会需要等方面对"应急警务"进行界定，认为"应急警务"是一门急需专业化和标准化的突发事件应急响应的警察学科。王海燕（2020）从公共危机管理的角度切入，强调应急警务在公共危机管理活动中是不可或缺的一个环节，公安部门是政府应急体系的基础部分。应急警务被定义为"在紧急情况发生后，由政府领导的危机管理，公安机关作为危机管理的职能部门，以及人民警察在处理紧急情况和其他衍生事件时的特殊警务活动"。付瑞平等（2021）将应急警务定义为："为了维护国家安全和社会秩序，保护人民财产安全，公安机关和人民警察根据人民警察法、应急处置法等有关法律法规，警方在紧急情况下维持公共秩序和公共安全的活动"。王雷等（2022）通过观察应急警务的核心要素，重新定义了应急警务的概念，以认识其内在本质和规律。虽然学术界对应急警务的有关理论并不一致，但他们所遵循的核心概念是一致的，即"应急警务"是公安机关部门对待突发事件的一种处理，也就是警察对紧急情况的处理。学术界中关于"应急警务"核心的一致认同，为确立明确的警察学科概念和研究进行了铺垫。

从应急警务的研究对象来看，其研究范围十分广阔，楚道文（2020）对应急警察权力的表现形式、规范和制度创新进行了研究，并对当前的"反恐战争""群体性事件""戒严法"和"自然灾害"进行了研究，主要讨论了案例警察警告和应急机制。李强（2021）从建设的角度提出了应急警察建设的重要性和必要性，建议从预警、指挥、处置、保障和舆论引导等方面提高公安机关的应急作战能力。苑春香等（2021）则全面阐述了公共安全危机管理的基本内涵、理论基础、管理范围和运行机制，明确了人民警察在公共安全危机应急管理中的职责和任务。孙汪逸（2021）分析得出警察应急能力面临前所未有的考验，并从理论指导、科学培训、安全培训等方面提出了我国警察应急能力建设的策略、创新实践与资源保障。刘航颖（2021）对公安应急警务的独立性、概念和研究范围进行了初步研究，打破了以往公安应急警务研究的基本空白状态。王文举等（2021）根据国内现阶段各地针对突发事件的应急处置现状，分析以集权模式、授权模式、代理模式、协同模式等为代表的应急处置指挥模式，同时提出，现在中国对于突发事件应急处置指挥，最主要的问题是缺乏统一化管理、权责不明、法制化建设薄弱等。周洁（2021）研究了公安机关民警的应急处置能力，包括知识掌握、技能操作、个性和心理素质，并发现提高人民警察的应急处置能力有利于提高整个公安机关的应急处置能力。

第四节 社区突发公共卫生事件中的社工参与研究

一、各国突发公共卫生事件的处置方式

一个国家能否高效快速应对突发公共卫生事件，主要依赖于是否建立了完善的突发应急处置体系，这对保障人民生命健康、社会经济发展乃至国家政治安全稳定均有着重要意义。

美国应对突发公共卫生事件的应急处置体系比较完备，以联邦、州、县（市）三级政府管理为主导（赵霖等，2006），建立了相应的三级应对体系，其主体为：（联邦）疾病控制与预防系统、（州）医院应急准备系统和（地方）城市医疗应对系统（丁文喜，2009）。同时，构建了系统的突发公共卫生事件应急法律法规、整套的资源保障系统（与能源、环境等其他系统相互串联）和信息网络系统。

日本是一个自然灾害频发的国家，但其危机管理体系相对完善。突发公共卫生事件的应急体系主要以国家危机管理体系为基础，分为国家应急卫生管理

体系和地方应急卫生管理体系，它还在应急法律体系的指导下，依靠相关的医疗急救组织来运行，通过资源保障系统、信息监测管理体系以及全民应急健康教育体系，形成多系统、多层次、多部门的协作运行机制（清华大学公共管理学院危机管理课题组，2003）。除此之外，日本突发公共卫生应急处置系统也与警察、消防、运输、能源供应等各种社会功能系统都建立了预先确定的调整配合机制（刘长敏，2004）。

印度人口众多，基础卫生设施建设相对落后，地震、旱涝等自然灾害频发，容易引发相应的突发公共卫生事件。印度政府依托于抗灾应急管理体系建立了突发公共卫生事件应急处置体系，以邦为核心，分为国家、邦、县和区四级，每级政府均设置相应的灾害管理机构和危机应对中心。面对重大突发公共卫生事件危机时，以邦为管理核心组织营救、赈灾、防疫、安置措施等相关工作，中央主要负责协调资源等支持工作，县、区级主要负责具体实施（王茂涛，2005）。基于统一协调的原则，印度政府制定了《全国危机管理框架》作为行动的战略支撑，各级政府部门均按照这一框架制定各自的危机管理计划（牟卫民，2013）。同时为确保救灾行动的及时启动，还制定了《国家突发事件应急行动计划》，并周期性地更新，该计划明确了灾难发生后中央各部门所需采取的具体行动计划（刘璐，2012）。

相较于其他一些国家，我国关于突发事件应急处置体系的研究起步较晚。但在经历了2003年非典疫情之后，在全社会的重视下不断探索实践，经过近20年的发展，我国应急处置体系建设更加完善，贯彻执行力更加坚决高效。

自2003年抗击非典以来，我国处理突发公共卫生事件的法律体系不断得到完善和优化，已经实现了从应急化、一元化向专业化、体系化转变。2004年颁布实施了《中华人民共和国传染病防治法》，明确负责传染病分类管理和传染病疫情监测报告、预防及控制的主体人员义务；此后又颁布实施了《突发公共卫生事件应急条例》《国家突发公共卫生事件应急预案》《中华人民共和国突发事件应对法》等法律法规，对提高我国突发公共卫生事件的应急能力，预防、减少突发事件的发生，减轻、消除所引起的严重社会危害起到了重要作用。同时，突发公共卫生事件应急管理机构继续优化，于2018年通过整合多个职能部门，在国家层面成立了应急管理部，各省设应急管理厅，逐步建成"统一指挥、专常兼备、反应灵敏、上下联动、平战结合"的应急管理体制。应对突发公共事件中的信息沟通及披露机制也不断完善，颁布实施的《中华人民共和国政府信息公开条例》，以立法形式充分保障公民知情权和监督权，政府的媒体沟通、疫情新闻信息发布等制度更加健全。除此之外，各地方、部门之间联防联控工作不断向有序化改进，效率不断提高，联动效应和动员能力不断加强，并在基层建立起社区、学校、企业和农村责任制"纵向到底、横向到边"的联防联控体系（锁箭等，2020）。

在世界新冠肺炎疫情仍然肆虐的情况下，我国正是基于高效有力的突发公共卫生事件应急处置体系，在党中央的坚强领导下，全国上下一盘棋，克服重重困难，取得了抗击新冠肺炎疫情斗争的重大战略成果。中国抗疫模式彰显了大国担当，值得世界借鉴。

二、在应对突发公共卫生事件中的社区社会工作研究

面对突发事件，各国都建立了相应的应急体系，社区作为社会治理的基础单元，是政府联结基层防控的重要纽带，其在突发公共卫生事件中的作用十分重要。习近平总书记在指导新冠肺炎疫情防控的系列讲话中多次用"第一线""最有效的防线""关键防线""人民防线"等措辞强调社区在应对突发公共卫生事件中的重要地位。近 20 多年来，国内外学者也纷纷从不同角度对在社区层面应对突发事件进行了相关研究。

自 20 世纪 90 年代以来，外国学者指出，抗逆力研究的重点应从个人层面转移到组织层面，以便社区作为社会不可缺少的一部分，在面临风险时能够迅速作出适当的反应。Tierney（1997）从灾害发生时社区康复能力和个人康复能力同等重要的角度出发，提出长期关注提高社区康复能力应对风险的重要性。Mileti（1999）建议提高社区抗灾能力是抵御和减少各种社会风险及严重灾害对社区造成影响和持续破坏的有效途径。Norris 等（2008）认为社区复原力表现为各种适应能力，是一个有效促进灾害准备和减小影响的战略。此外，联合国减灾大会 2005 年通过《2005—2015 年兵库行动纲领：加强国家和社区的抗灾能力》，以及 2015 年通过《2015—2030 年仙台减少灾害风险框架》，表明国际灾害管理工作正在转向提高社区的防治能力。

国内学者也认识到了社区抗逆力的重要性。李建斌等（2005）提出现代城市社区治理是一个上下互动的管理过程，旨在突出社区居民的"主体性"，需要社区自己的力量来解决社区的问题。郑彬等（2017）将社区抗逆力理论应用于突发公共卫生事件的应急管理，为进一步提高社区应对突发公共卫生事件的能力提供了理论依据，也为该领域提供了新的研究视角和突破口。严则金（2021）在韧性社区理论的基础上，推导出韧性社区在突发公共卫生事件中的含义、作用机制和建设路径，并进行讨论，从而为提高应对突发公共卫生事件的能力提供新思路。刘益灯等（2021）详细阐述了我国社区应对突发公共卫生

事件存在的问题及成因，指出不断健全社区治理机制，完善法治规束，将制度优势转化为治理效能，是提升社区应对突发公共卫生事件能力的重要途径。

社区工作作为专业社会工作的基本方法之一，是在调动当地资源、获得社会各部门援助的基础上，组织当地居民参与有计划的集体行动，从而解决问题，改善关系，减少矛盾。在参与过程中，成员们增强了社区归属感，加强了社区凝聚力，培养了自助、互助、自觉的精神，提高了社区居民的民主参与意识和能力，促进了社区发展（甘炳光，1994）。社会工作的有效介入参与是改变社区过度行政化，改变粗放型、经验主义型的社区服务模式的有效途径。在社区应对突发公共卫生事件中引入社会工作，不仅可以通过由具有专业资质的社区工作者组成的团队弥补社区运作模式的缺陷（王亮，2006），还可以通过专业化、多样化方式满足不同受众的需求，非常有效（吕青等，2012）。

三、社会工作参与突发公共卫生事件的防控研究

突发公共卫生事件对全人类有很大危害，对社会秩序、社会功能、经济发展、资源环境，甚至政治安全等造成严重的破坏。面对突发公共卫生事件，我们不仅需要财力物力和政府强制机制，更需要社会各界组织共同参与防控工作。公共卫生是社会工作最早参与实践的专业领域之一。从国外的发展经验看，社会工作在公共卫生领域的参与已经从 20 世纪初的医务社工为病人提供疾病预防和心理援助等服务，扩展到医院，到社区，再到社会工作者为当地居民提供疾病预防和干预服务。例如，与那些在早期结核病专科医院工作的人一样，社会工作者也关注"疾病的社会方面"，将流行病学个案工作、社区干预和强有力的政策咨询活动结合起来，在社会层面上为结核病的预防和控制带来了显著改善。在艾滋病流行的早期，预防和控制方面的有力和持续的合作也是社会工作在公共卫生方面的突出贡献（Ruth，2017）。

相对而言，我国社会工作在公共卫生领域的发展较为迟滞。公共卫生事件不单单是医学问题，而且是复杂的社会问题，需要社会工作者的广泛参与。尤其是面对突发公共卫生事件时，社会工作的角色定位和有效介入便显得十分重要。在经历了 2003 年非典疫情、2010 年甲流疫情以及 2020 年初的新冠肺炎疫情之后，社会对突发公共卫生事件和应急管理越来越重视，社会工作在突发公共卫生事件领域的作用也越来越大，并且在突发公共卫生事件中的多角度介入不断加深。花菊香（2004）认为应对突发公共卫生事件，需要多方面、多专业的合作与介入，进而，花菊香（2005）提出在干预过程中，建议社会工作机构与卫生保健部门、政府部门、营利部门和公众合作，形成四个系统的联动，

以保证各部门的工作高效有序。社会工作在突发公共卫生事件的事前、事中和事后等不同时序的全程介入，都可发挥其独特的多方面作用，有利于使事件给社会造成的危害降到最低限度。范斌（2020）讨论了社会工作者在公共卫生突发事件中的作用以及社会工作在处理突发事件中的专业优势，认为在处理突发事件的过程中，对人们的心理援助和干预是必不可少的，并阐述了社会工作在公共卫生突发事件中的重要作用。文军（2020）认为社会工作参与疫情防控中有三方面专业优势：专业价值与伦理、专业理论与知识、专业实务技能与方法。

房亚明（2021）指出社会工作的人性化关怀、灵活性服务和赋权是对应急状态下僵化行政管理的有效补充。充分发挥社会工作在公共卫生应急管理中的服务和授权作用，需要社会工作在政府部门的人、财、物的支持和保障下，在其他组织的配合下，形成一套系统、科学、有序的工作流程和体制机制，共同编织一个紧密、有效、人性化的公共卫生应急管理网络。

与此同时，在应对突发公共事件的过程中，社会工作也暴露出存在的一些问题。例如，不同社会工作机构的角色定位不明确，干预机会和行动范围模糊，机构间合作机制不完善。此外，一线社工在实际工作中也存在困惑，例如，如何合理有效地完成突发事件的公共应对和如何合理有效地开展服务等都存在着不足。南睿一（2019）通过分析处理突发公共卫生事件过程中面临的问题，对现有的应急措施进行了总结、提炼，并提出了补充建议。方琦等（2020）从社会工作在突发公共事件中的实践机制出发，指出要完善和整合区域公共卫生保障防御体系，引导社会工作参与社会心理重建，并建议将开展线上社会工作服务实践研究作为当前和今后的重要发展方向。陈蓉蓉等（2021）立足于社区为本的理论，探索社会工作介入突发公共危机事件的行动逻辑，以及在社区需求的基础上，尝试以资产为本、内在取向和关系驱动的服务路径，发展"社区定点、服务拉线、制度布面"相结合的社会工作行动方式。

第五节　社区应急能力案例研究

迄今为止，国内外学者从不同层面或不同角度对社区应急能力做了大量系统的研究，通常把社区当作一个整体而抽象掉社区之间的个体差异。与此不同，一些学者通过选取某个典型社区展开案例研究，精细地刻画、再现社区防范与应对突发事件的全过程，剖析社区应急能力的作用。最近几年，这样的案例研究逐渐多了起来。

张海静（2010）通过比较美国、德国、日本和瑞典应急管理模式的异同，利用结构访谈得到的资料说明 S 市两个街道应急管理模式的现状和存在的问题，在此基础上构建社区应急管理协同模式。陈晨（2010）通过分析合肥市某社区应急能力存在的问题，提出了从明确社区应急管理职责、组织居民加强应急演练、整合社区应急资源等方面完善社区应急管理。刘万振等（2011）通过综合分析重庆市社区应急管理的现状与现存问题，提出了加强重庆市社区应急能力的现实路径。欧晖博（2012）对江门市江海区的风险隐患形势、社区应急资源及现状进行分析，找出社区应急管理机制、组织体系等方面存在的问题，并在此基础上提出优化完善的建议。江来明（2012）详细介绍了湖南省常德市津市市通过"三三制"建设减灾防灾社区的实际做法。张继列等（2013）通过介绍温州市基层应急管理"五个一"建设工作，说明其应急管理现状与取得的成效。李永枫（2017）通过对锦江区 A 街道社区应急管理建设现状的研究，得出锦江区基层社区应急管理建设存在的问题和原因，提出推进社区治理、建立多元参与的应急管理体系、完善制度创新模式、营造应急文化氛围、保障应急经费物资、加强应急响应队伍建设等具体措施，以提升锦江区社区应急管理能力。盛丹萍（2018）梳理社区应急管理能力的要素内容，以成都市高新区石羊街道三元社区为样本，深入分析三元社区应急管理能力各要素的现状，分析应急管理能力建设存在的问题，给出提升成都市三元社区应急管理能力的对策建议。程道敏（2018）以成都市为例，结合成都市城市应急管理能力建设的实践情况，指出现阶段社区应急管理能力建设中存在的不足，结合国内外成熟的经验提出了对策思考。王舒婷（2019）基于全社区模式理论，以 Y 市 H 街道为案例，提出由下至上、由点到面提高应急管理水平的新思路。杨坤（2019）以突发事件预防与应急准备阶段为切入点，梳理预防与应急准备阶段的相关机制，并以嘉陵区 A 镇农村社区为研究对象，指出 A 镇农村社区应急管理机制的问题并从四个方面提出完善农村社区预防与应急准备机制的对策建议。周炜（2019）以治理理论为基础，对吉安市吉州区的 J 社区进行典型案例剖析，同时结合美国、日本和德国的应急管理情况进行分析比较，就如何加快我国社区应急管理机制的建设提出了自己的意见建议。卢文刚等（2021）通过分析东莞市 D 社区在应对新冠肺炎疫情中暴露出的短板和弱项，提出了一系列提升社区应急能力的策略路径。

第六节　简要评论

总体来看，国内外学者对社区应急能力建设有了广泛而深入的研究，为本研究提供了丰富的研究素材和分析基础。国外学者在理论建构、逻辑推导、数据核算等方面开展了大量的研究，但由于国情的不同，在社区防范与应对突发事件的多元参与方面和我国有很大的不同，因而国外的研究更多是从研究视角和研究方法上给我们借鉴。国内学者对社区防范与应对突发事件的研究主要集中在原因解析、体系设计、绩效评估、多元主体参与和方式方法创新等方面，通常把社区防范与应对突发事件的过程当作各级政府应急管理过程的自然下延，较少体现社区作为社会管理基层单元的特殊性。故此，国内现有研究的不足之处突出表现在：①对社区应急能力的研究还较为粗放，其能力构成鲜有涉及，测度指标体系有待进一步优化；②重视城市社区应急管理的研究，而农村社区相关研究，尤其是案例研究近乎空白；③对社区应急管理的研究，通常将其作为一个抽象的整体，而不同类型的城乡社区应急能力的差异尚未引起足够的重视；④对城乡社区应急管理的研究，缺乏单因素的嵌入式研究。本研究在以往研究的基础上，立足于现有研究的欠缺，聚焦国家应急管理体系末端的城乡社区，瞄准其应急能力"短板"和"盲区"，试图打造防范与应对突发事件的即刻反应和恢复行动中心。

第三章 城乡社区应急能力的理论阐释

第一节 城乡社区的类型

现代意义上的社区研究起源于 19 世纪的西欧，德国学者费迪南·滕尼斯 (1887) 出版了 *Gemeinschaft Und Gesellschaft* 一书，该书英译名为 *Community and Society*，后来中国学者翻译为《社区和社会》(也译为《共同体与社会》)，该书对社区进行了较为系统的描述，标志着社区理论研究的开端。

1933 年 11 月 15 日，费孝通在《社会变迁研究中都市和乡村》一文中对"社区"的概念进行了最早的论述，他在文章中写道，"都市社区是许多小社区的组合体。许多小区域自成一格，各具特性，可以说是有其特别生活形式的群体，这些群体的形成是出于两种势力：一是移民旧有生活形式的持续，二是都市经济分工的隔离"。随后，吴文藻 (1935) 在《现代社区实地研究的意义和功用》中说明了社区在社会研究中的重要意义，他提出"社区至少应该包括下列三个因素：①人民；②人民所居住的地域；③人民生活的方式或文化"。

1987 年，民政部首先倡导在城市开展以民政对象为服务主体的社区服务，社区这一概念正式进入中国政府的管理进程。2000 年 11 月，民政部发布的《关于在全国推进社区建设的意见》(以下简称《意见》)指出，社区是指聚居在一定地域范围内的人们所组成的社会生活共同体。目前，城市社区的范围一般是指经过社区体制改革后作了规模调整的居民委员会辖区。

因为不同的社区居民有不同的需求，所以社区治理和社区服务应该有所区别。通过对社区的类型进行划分，可以更好地认识到社区的性质和特点，并针对社区的居民需要进行分类治理，提高社区基础设施配置和精准化服务水平。吴缚龙 (1992) 结合我国的文化机制，将城市社区类型划分为传统式街坊社区、单一式单位社区、混合式综合社区、演替式边缘社区。王光伟等 (2021) 指出，目前，对社区的划分，存在着许多不同的视角与方式。传统的社会分类主要是以社区的外部物质形式和居民身份为基础,主要有三种社区分类方法:按主导功能分类,可以较好地表现出社区的特征和社区居民的共性,但对深层次的社区发展和邻里关系的关注不够,邹晓燕(2002)基于主导功能,将济南市的社区划分为文教型社区、商业型社区、生活居住型社区、工业型社区、其他型社区五类;按人口特征分类,可以较好地反映社区中人的特征,但社区分类界限不够明确,涵盖面相对较窄,且对社区中人员身份的划分易造成不必要的社会问题和阶层分化,熊常君(2014)根据人口特征,将我国社区分为原住民社区、混态社区和移民社区三类;按邻里关系分类,可以较好地反映社区居民的邻里关系,但往往忽略了对以产业发展为主的社区和其他人员流动性较大社区的研究,根据居住环境和形态,原珂(2016)将我国城市社区划分为传统街坊式社区、单一单位式社区、综合混合式社区、过渡演替式社区和现代商品房式社区五类。当前,关于社区的划分,学者们采用了多种不同的方式和不同的角度,但并没有形成统一的分类标准。

根据已有学者的研究,本研究按照城乡社区的空间形态、居民特征、管理模式等方面的差异,将城乡社区划分为五种类型,即单元型社区、单位型社区、转制型社区、地缘型社区和农村社区。

(1)单元型社区。通常是最近30年来开发的商品楼盘,面积大小不等,通常有封闭式围墙围蔽。其主要特征是:①基础设施较为完善,能满足居民日常生活的基本需求。②居民素质相对较高,尤其是一些中高档楼盘,居民以中等以上收入为主,权利意识强,对社区管理有较高诉求。③居民来自五湖四海,相互陌生,来往较少,是典型的陌生人社区。④在一些郊外的单元型社区,"人户分离"现象严重,户籍在社区的常住居民所占比例不大。⑤在一些远郊的单元型社区,居民入住率不高,很多都是中心城区居民的度假房,甚至是投资房。早期开发的这类社区一般都成立了业主委员会,在社区治理中发挥着核心作用,物业服务公司受雇于全体业主,提供约定服务。而近期新开发的这类社区一般都没有成立业主委员会,主要由开发商自营的物业服务公司进行管理,通常发挥着主导作用。

(2)单位型社区。这是我国单位制的遗产。城市大大小小的机关单位、国有企业和事业单位很多都有职工住宅区。在计划经济时代称其为"家属委员会",既为本单位职工提供生活服务,又为不在本单位工作或不在体制内工作的家属提供服务。其主要特征是:①仍然沿袭计划经济时代的管理模式,"单位办社会"的基本格局没有发生根本改变,单位是社区管理的主导力量。②单位包揽社区建设与管理的一切投入,包括硬件设施和聘请物业管理公司,职工不需要缴纳或象征性缴纳物业管理费甚至车辆保管费。③职工住宅区同工作区没有严格分隔，有些甚至没有隔离。④居民绝大多数是本单位职工，相互之间非常熟悉。⑤单位大包大揽之后，业主委员会就成为多余的组织，一般都没有成立业主委员会的激励。值得注意的是，一些国有企业改制甚至破产后不再对其职工住宅区进行管理，而转由街道管理，不再具备单位型社区的特征。近年来，广州对几家大型国有企业，如广钢、广纸、广氮等，进行整体搬迁改造，其职工住宅区也变为真正意义上的社区。

（3）转制型社区。这是农村快速城市化的结果。在这个过程中，数千万村庄转制为城市社区，但从农村转变为城市的过渡性特征依然明显。①尽管体制变了，居民身份变了，但社区面貌仍一如既往，社区干部通常是原来村委干部的原班人马，社区治理依旧遵从原有的运行规则，居委会仍然是社区治理的主导力量。②社区集体经济实力雄厚，拥有一定规模的集体物业，加上征地收入，成为居民每年分红的主要财源，也有一部分财力用于社区基础设施建设和社区管理。③面积广，一个社区动辄几千米^{2}甚至十几千米^2。例如，广州市黄埔区东区街 54 千米^2，仅辖笔岗、火村、刘村、东区 4 个社区，其中刘村社区 13.61 千米^2，辖 9 个自然村 13 个经济社；联和街 51.76 千米^2，仅辖 6 个社区；永和街 33.2 千米^2，由永岗、新庄、禾丰、贤江 4 个村"村转居"而来。④户籍居民主要是原村民，相互之间沾亲带故，非常熟悉，但外来人口租住本地居民房屋，数量众多，常常是本地居民的数倍乃至十几倍。本地居民与外来人员交往很少，互不干涉。⑤社区内包含若干居民点或自然村落（原称生产队、村民小组），以经济社为单位形成聚居，除新建小区经规划显得布局规整外，多数旧村庄混沌无序，建设标准低，公共设施残旧或低质。⑥居民房屋全部属宅基地自建房，即便是城市化较早、已成为中心城区，如猎德、杨箕、冼村、石牌等，居民房屋的土地性质仍然为集体建设用地，不同于商品房，不能上市交易。⑦居民仍保留浓厚的村民生活旧习，见缝插针地找地方种菜、养鸡。

（4）地缘型社区。这类社区通常位于老城区或原来郊区的老镇区，对政府有很强的依赖性。其主要特征是：①基础设施较为陈旧，道路、消防、水、电、气等改造难度大。②居民长期共住一地，相互之间非常熟悉，但常住居民老年人多，收入较低，收入较高的居民或年轻居民都在异地购置新建商品房而搬出。③没有业主委员会，也没有物业管理，完全依赖政府进行服务与管理。④有些社区内部差异很大，常常由几个部分组成。例如，广州市荔湾区站前街流花社区面积约 0.2 千米^2，由品湖雅居小区、广州铁路集团（西站）职工宿舍小区、富力君湖华庭商住小区，以及站前路 69、70、71、72、73 号开放式单体楼等四个部分组成。不同类型的住宅和不同收入的居民混杂在一起，将其划为一个社区的唯一原因就是地理空间的邻近。

（5）农村社区。这是我国传统的村庄，与城市社区存在明显差异，指具有广阔地域、居民聚居程度不高、以村或镇为活动中心、以从事农业为主的社会区域共同体。①从管理体制来看，与城市社区不同，采取村民自治的方式。这是新中国成立以来长期实行城乡分治的延续。②传统的农村社区集体经济比较薄弱，公共基础设施建设主要依赖政府投资或村民集资，公共设施往往供给不足，残旧或低质。③面积广，一个村庄动辄几千米² 甚至十几千米²。④村民祖祖辈辈生长于此，相互之间沾亲带故，非常熟悉。特别是，农村社区宗族关系较为复杂，很多社区是由一个或几个主要姓氏的群体构成。这样的熟人社会是一把双刃剑，引导、利用得好，可以为社区治理助力；否则，可能为社区治理带来困扰。⑤农村社区往往由若干居民点或自然村落（原称生产队、村民小组）组成，顺应山形水势分布，村落之间的道路崎岖而狭窄。⑥村民房屋全部属宅基地自建房，其朝向、间距、外观、风格等主要依照村民所信奉的"风水"而定。村内道路系统紊乱、蜿蜒曲折。结果，村庄风貌混沌无序，"只见新房，不见新村"现象非常普遍。值得注意的是，上面描述的是传统农村社区的一般特征。事实上，随着农村现代化的不断推进，一些经济发达地区的农村社区或大中城市周边的农村社区，正逐渐向城市社区靠近，越来越具有城市社区的一些特征。

综上所述，将各类社区的基本涵义与典型特征归纳起来，见表 3.1。

表 3.1 城乡社区的类型

序 号	社区类型	基本涵义	典型特征
1	单元型社区	开发商开发的商品楼盘	基础设施完善、陌生人社区、物业公司管理
2	单位型社区	党政机关、企事业单位的职工生活区	单位制遗产、居民间熟悉程度较高、单位管理
3	转制型社区	由村庄转制而成，带有明显的农村痕迹	集体经济实力雄厚、社区面积广、居委会起主导作用
4	地缘型社区	传统的城镇街区	基础设施陈旧、社区内部差异大、常住居民多为老人、依赖政府管理
5	农村社区	传统的村庄	村民自治；公共设施往往残旧低质；面积广，由若干自然村落组成；宗族关系较为复杂

第二节 社区突发事件的生命周期

生命周期理论由卡曼（Karman，1966）首先提出，被广泛应用于政治、经济、环境、技术、社会等诸多领域，主要是基于全过程视角的事物发展变化阶段呈现，通常用于企业、行业、产品、客户的研究，近年来逐渐被用于分析公共政策。

斯蒂文·芬克（Steven Fink，1986）首次将危机生命周期理论引入，并在其《危机管理：应对紧急情况的计划》中加以论述。他认为可以将危机生命周期分为四个阶段，即危机酝酿期、危机暴发期、危机扩散期、危机恢复期。第一阶段是危机酝酿期，这个时期危机还没有发生，但会有一些迹象表明，有可能发生危机；第二阶段是危机暴发期，在这段时期，可能会出现具有伤害性甚至破坏性的事件，从而引发危机；第三阶段是危机扩散期，这一阶段危机持续蔓延，其产生的不良后果也充分显现，但同时也是解决危机的重要阶段；第四阶段是危机恢复期，这一阶段是危机生命周期的关键阶段，危机事件可能已经解决，但仍有复发的可能性，所以要做好总结、深刻反思、杜微慎防。危机生命周期理论是一种关注危机发展全过程的理论，危机的每个阶段都有各自的特征，但同时危机的各个阶段又是紧密相连的。

朱晓峰（2004）认为生命周期的内涵和价值是"生命周期方法利用生物生命周期的思想，将对象从其形成到最后消亡看成一个完整的生命过程（运动整体性）；而对象的整个生命过程中因其先后表现出不同的价值形态可划分为几个不同的运动阶段（运动阶段性）；在不同的运动阶段中，应根据对象的不同特点，采用各自适宜的管理方式和应对措施（运动阶段内各要素间的内在联系的特点）。并指出生命周期方法的适用模型包括波浪型、环型、链型、螺旋型、矩阵型模型和软件过程模型六大类。

受上述研究的启发，结合突发事件发生发展的客观现实，本研究将城乡社区突发事件的生命周期划分为危机潜伏期、危机暴发期、危机处置期和危机消除期四个阶段。

第一，危机潜伏期。这个阶段是导致危机发生的各种诱因逐渐积累的过程，是发生突发事件的风险集聚阶段。在这个阶段，公共危机可能表现出一些征兆，预示着危机即将来临，也可能暗流涌动，并没有明显的征兆。在突发事件暴发前，如能及时发现其征兆，及时消除隐患，提前采取应对措施，将危机扼制在潜伏或萌芽状态，则可以有效化解风险，避免可能造成的危害。所以，这个阶段的关键点在于积极防范，居安思危，避免风险因素过度累积。

第二，危机暴发期。当风险积聚到一定的程度，就会暴发危机，对经济社会造成一定的损害。在突发事件暴发之后，如果能快速响应，立即处理，就可将危机的影响控制在政府和社会公众可接受的范围内；如果反应迟缓，不立即处理或处理失当，危机将可能进一步升级，影响范围和强度有可能进一步扩大。因此，这个阶段的关键点在于反应迅速，当机立断。

第三，危机处置期。在这一时期，要科学调配人力、物力、财力等应急保障资源，运用科学方法进行危机救援处理，尽可能控制危害范围，降低危害程度。同样重要的是，在这个阶段，要有效动员社会力量参与突发事件的处置，使危机处置更高效。因此，这个阶段的关键点在于处置有力，应对得当。同时，动员多元主体参与，形成合力。

第四，危机消除期。这是应对突发事件的最后阶段，是危机发生后的恢复期。在此阶段，要尽快恢复社会秩序，对危机产生的灾害进行评估，对受灾群众进行灾后安置，对遭受灾害的生产生活设施进行灾后重建，对受到严重伤害的人员进行心理干预。同时，还要认真检讨突发事件发生的诱因，提出有针对性的改进措施，防止突发事件可能引发的各种后遗症和再次发生。

第三节　社区应急能力及其构成

目前，国内学术界对"应急能力"这一概念界定还没有得到统一的认知。2003年"非典"暴发，引发了对危机管理的研究，"应急管理能力"和"危机管理能力"等概念开始兴起，"应急能力"的概念开始受到重视。刘万振等（2011）对应急能力的概念进行了界定，他们认为应急能力在应急管理学中是指预防和应对突发事件的能力。它不仅包括政府、企业和社会组织的应急管理能力，还包括家庭及个人预防和应对突发事件的能力。而应急管理能力是指政府及其他公共机构预防和应对突发事件的能力。因此，应急能力比应急管理能力内涵更丰富，外延更大。

目前，已有研究主要从五个方面界定了应急能力的内涵。防灾减灾角度，王绍玉（2003）认为，应急能力是一个城市在人力、科技、组织、机构和资源等方面的防灾减灾能力。危机管理周期角度，李湖生（2020）指出，应急能力包括"事件预防能力""减灾能力""监测预警能力""应急处置与救援能力""恢复重建能力"等，盛丹萍（2018）将社区应急能力划分为"应急认知能力""应急保障能力""信息处理能力""监测预警能力""先期处置能力""应急响应能力""应急动员能力""恢复重建能力"八个紧密相关的要素。政府能力角度，陈升等（2010）认为政府应急能力主要包括"获取资源能力""配置资源能力""整合资源能力""运用资源能力"。另外，政府的应急能力有别于一般意义上的政府能力，它是指在紧急情况下，应对突发事件或公共危机的应变能力，而政府维持稳定的能力就显得尤为重要。多元主体角度，赵润滋（2018）指出，应急能力是应对突发事件的能力，应急能力的主体非常广泛，政府、社会组织、企事业单位、居民家庭和个人都应该具备一定的应急能力，而不仅仅是政府所应具备的能力范畴。能力类型角度，张海波等（2009）将政府应急能力划分为"绝对—现实"能力、"相对—现实"能力、"绝对—潜在"能力和"相对—潜在"能力四种基本"理想类型"。

本研究在既往研究的基础上，对应急能力给出笔者的理解。应急能力原本是指单个自然人的一种潜质，属于潜意识。当人遇到某种意外事情时，人的大脑立即根据以往的经验和自我思维来判断、处理，进而采取适当行动，属于下意识的应激反应。将此涵义移植到城乡社区，应急能力是指城乡社区在防范和应对突发事件的过程中，有效的日常防范与预警、广泛动员社会力量参与、快速反应采取行动、采取恰当行动进行处置、事后有序恢复等方面所表现出来的一种潜质，能较好地达成政府、基层组织和居民都满意的预期效果。

进一步地，本研究对《中华人民共和国突发事件应对法》和《国家突发公共事件总体预案》中涉及社区应急能力的内容进行梳理，并结合危机生命周期的发展阶段，提出社区应急能力应由五种能力构成，即常态防范能力、快速反应能力、社会动员能力、应急处置能力和事后处理能力。由于突发事件具有不确定性和难以预见性，笔者认为社区应急能力应该保持一种循环往复的状态，因此本研究采用危机生命周期理论中环型模型划分城乡社区应急能力，如图 3.1 所示。

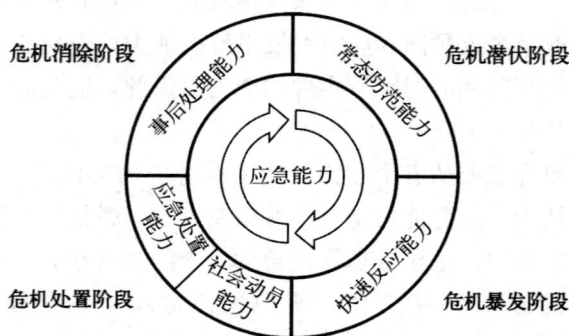

图 3.1　应急能力生命周期模型

（1）常态防范能力。这是城乡社区防范与应对突发事件的首要前提，主要是指社区在危机潜伏阶段日常管理和事前预防的能力，要求社区在人力、物力、资源、居民认知、规章制度等方面都要配备齐全，做到"有备无患"，主要包括组织机构、队伍演练、应急预案、规章制度、公众危机意识教育、设施维护、物资储备、环境整治等。

（2）快速反应能力。这是城乡社区防范与应对突发事件的根本保障，主要是指城乡社区在危机暴发阶段，面临突发事件时的即刻反应和恢复行动能力，要求社区在应急响应、应急决策、信息发布、反应机制等方面都要及时高效，做到快速应对突发事件。

（3）社会动员能力。这是城乡社区防范与应对突发事件的重要保证，主要是指社区在危机处置阶段，在短时间内迅速动员、协调、整合社区内外组织资源配合政府处理突发事件的能力，要求社区在志愿者参与、内外资源链接、多主体协同等方面都要相互配合，做到有效应对突发事件。

（4）应急处置能力。这是城乡社区防范与应对突发事件的核心内容，主要是指社区在危机处置阶段所提供的最初救援或控制能力，要求社区在治安维护、网格化管理、舆情导控、物质调配、人员调度等方面都要精准到位，做到准确应对突发事件。

（5）事后处理能力。这是城乡社区防范与应对突发事件的必然要求，主要是指社区在危机消除阶段，恢复正常运转并且复盘调整的能力，或者说，是在应急反应终止后恢复正常社会秩序的能力，要求社区在秩序恢复、灾后安置、灾后重建、心理干预等方面都要积极推进，做到理性应对突发事件。

依据社区各种应急能力的主要特征，其观测要点见表3.2。

表 3.2 社区应急能力的观测要点

危机生命周期	应急能力要素	应急能力观测要点
危机潜伏阶段	常态防范能力	从人、财、物方面考察城乡社区的日常防范情况，主要包括组织机构、队伍演练、应急预案、规章制度、公众危机意识教育、设施维护、物资储备等
危机暴发阶段	快速反应能力	从应急响应、应急决策、信息发布等方面考察城乡社区面临突发事件时的即刻反应和恢复行动能力
危机处置阶段	社会动员能力	从志愿者参与、多主体协同、外部资源链接等方面考察城乡社区面临突发事件时在短时间内迅速动员社区居民配合政府处理突发事件的能力
	应急处置能力	从网格化管理、舆情导控、物质调配、人员调度等方面考察城乡社区面临突发事件时提供的最初救援或控制能力

（续）

危机生命周期	应急能力要素	应急能力观测要点
危机消除阶段	事后处理能力	从秩序恢复、心理干预、灾后安置等方面考察城乡社区在应急反应终止后恢复正常社会秩序的能力

事实上，城乡社区应急能力并非完全均衡一致，不仅各种应急能力之间存在差异，而且每种应急能力内部各要素也可能参差不齐，难以各个方面尽如人意。为此，本研究用"短板"和"盲区"来表达这种差异性。

"短板"的含义源自管理学家劳伦斯·彼得的"木桶理论"，他认为最短的木板决定了木桶装水的多少。由此，本研究所称"短板"是指城乡社区某种应急能力与其他能力相比较存在不足或欠缺。

"盲区"的含义原指视线不能到达的区域，多用于工程机械方面，如雷达盲区、汽车盲区等。受此启发，本研究所称"盲区"是指城乡社区在防范与应对突发事件过程中，对某一方面的能力要素可能缺乏足够的认知，尚未引起足够的重视。

当然，"短板"与"盲区"并非绝对的不同，二者存在紧密的关联，仅仅是因为看问题的角度不同而作出的大致区分。

第四章　城乡社区应急能力的研究设计

第一节　调查社区选择

广东省陆地面积为 17.97 万千米^2，约占全国陆地面积的 1.87%；其中岛屿面积 1 592.7 千米^2，约占全省陆地面积的 0.89%。全省沿海共有面积 500 米^2 以上的岛屿 759 个[①]，数量仅次于浙江、福建两省，居中国第三位。另有明礁和干出礁 1 631 个。全省大陆岸线长 3 368.1 千米。按照《联合国海洋公约》关于领海、大陆架及专属经济区归沿岸国家管辖的规定，全省海域总面积 41.9 万千米^2。

广东省辖 21 个地级及以上市，分为珠三角、粤东、粤西、粤北共四个板块。珠三角地区包括广州、深圳、珠海、佛山、惠州、东莞、中山、江门、肇庆 9 个地级及以上市，以珠江冲积平原为主；粤东地区包括汕头、汕尾、潮州、揭阳 4 个地级市，粤西地区包括湛江、茂名、阳江、云浮 4 个地级市，粤北地区包括韶关、河源、梅州、清远 4 个地级市。全省共 119 个县级行政区，包括 62 个市辖区、20 个县级市、34 个县、3 个自治县。

自 1989 年起，广东国内生产总值连续居全国第一位，成为中国第一经济大省，经济总量占全国的 1/8，已达到上中等收入国家水平、中等发达国家水平，省域经济综合竞争力全国第一。目前，珠三角 9 个市联手港澳正全力打造粤港澳大湾区，可望成为与纽约湾区、旧金山湾区、东京湾区并肩的世界四大湾区之一。2021 年，广东省地区生产总值 124 369.67 亿元，比上年增长8.0%，成为首个 GDP 突破 12 万亿元的省份，排名第一。

截至 2021 年末，全省常住人口 12 684.00 万人，比上年末增加 60 万人，其中城镇常住人口 9 466.07 万人，占常住人口的比重（常住人口城镇化率）为 74.63%，比上年末提高 0.48 个百分点。

[①]　出于历史原因，东沙群岛目前被台湾当局控制。

一、选择调查社区的原则

鉴于广东区域经济社会发展的巨大差异，凭一己之力很难进行全面调查。但广东城乡社区的应急能力具有同质性，一定范围、一定数量的调查能揭示其基本特征。由此，本研究在社区调查的选择上遵循以下原则。

第一，面上调查与重点调查相结合。在总体上，全省21个地级及以上市全覆盖。同时，基于人口密度、经济发展和社会进步等因素的考量，尤其是在新冠肺炎疫情防控中的具体表现，选择一些典型社区进行重点调查。

第二，社区类型全覆盖。对不同类型的城市社区（单元型、单位型、转制型、地缘型）和不同发展水平的农村社区选择有代表性的社区进行调查，实行所有社区类型全覆盖。

第三，应急主体全覆盖。对参与社区防范和应对突发事件的多类主体，包括镇街主管领导、社区干部、社区社会组织、居民等，按照一定的方法进行抽样调查，实行所有应急主体全覆盖。

二、社区面上调查

依据上述原则，本研究在全省选择112个社区进行面上调查，主要通过问卷调查获得总体上的认知，见表4.1。

表4.1 面上调查社区选择

区域	地级市	单元型	单位型	转制型	地缘型	农村社区	合计
珠三角	广州	2	2	2	2	2	10
	深圳	1	1	1	0	0	3
	珠海	1	1	2	1	1	6
	佛山	1	1	2	0	2	6
	惠州	1	1	1	1	2	6
	东莞	1	1	0	.	1	3
	中山	1	0	1	0	1	3
	江门	1	1	1	1	1	5
	肇庆	1	1	1	2	1	6
粤东	汕头	1	1	1	0	1	4
	汕尾	1	1	1	1	2	6
	潮州	1	1	2	0	2	6
	揭阳	1	0	1	1	1	4

（续）

区域	地级市	单元型	单位型	转制型	地缘型	农村社区	合计
	湛江	1	1	2	1	2	7
粤西	茂名	1	1	1	1	2	6
	阳江	1	1	1	1	1	5
	云浮	1	1	0	0	3	5
	韶关	1	0	0	1	4	6
粤北	河源	0	1	1	0	2	4
	梅州	1	1	0	1	3	6
	清远	1	1	0	0	3	5
总计		21	18	22	14	37	112

三、社区重点调查

在面上调查的同时，在每个地级及以上市选择 1～2 个社区，共 30 个社区进行重点调查。主要通过问卷调查与半结构式访谈相结合的方式，掌握更深入的情况，弥补问卷调查的不足。下面选择几个社区进行简要介绍。

1. 广州市南沙区金隆社区

金隆社区属转制型社区，是从广州市南沙区原海庭社区分出来的，主要由金苑小区、碧桂园豪庭、广隆苑、时代云图、心意华庭、合成工业区组成。其中，金苑小区是村民回迁区，没有物业管理。辖区内发生的突发事件主要为新冠肺炎疫情。目前社区防范与应对突发事件的主要做法包括：①坚持党建引领，积极发挥党员作用；②实行网格化管理，网格员各司其职，定时排查各类风险隐患，共有 179 项任务，一旦发现问题及时通知物业公司整改，并上报居委会；③链接社区企事业单位支援社区疫情防控，例如，诚飞口腔医院由医生护士组成社区防疫突击队，协助社区宣传防疫知识、分发口罩、测体温、管控外来人员等；④社区各项制度齐备，日常不间断巡查，节假日强化巡查；⑤社区建有小型消防站，备有小型消防车，消防队员主要由居委干部、物业保安、治安员等组成。目前社区主要存在的问题为：由于街道进行机构改革，分出了 9 个部门和 8 个事业单位，因此居委会工作随之调整，但是居委会人手有限，只有 7 个人，却要对接街道的每一个部门（如消防办、安全办、三防办、交通、城管等），在实地调研中社区党支部书记反映负担很重，疲于应付。

2. 广州市天河区龙口西社区

龙口西社区属地缘型社区，位于广州市天河区石牌街，社区内共有 8 个居民小区（其中 5 个有物业管理，3 个没有），还包括天河区投资公司、天河区图书馆等单位。辖区内的突发事件主要包括内涝、台风、火灾、新冠肺炎疫情等。目前社区防范与应对突发事件现状：①做好日常防范工作，排查隐患；②做好应急物资储备，要求物业公司常备沙包、挡水板、抽水机、灭火器等物资设备；③发现险情后，第一时间上报街道、发微信通知、疏散群众；④发现险情后，联系辖内单位、物业公司和发动党员参与应急救援。社区防范与应对突发事件存在的不足包括以下两方面：①在日常巡查中，发现有消防通道被占用、下水盖未复位、垃圾未及时清理等问题；②天河区有应急管理值守平台，突发事件发生后需要多个部门协调整合，但存在响应时间偏长，响应过程较为烦琐等问题。

3. 广州市天河区华农社区

华农社区属单位型社区，是华南农业大学的职工宿舍区和学生宿舍区。职工宿舍区主体部分由茶山区、嵩山区和六一区组成，学生宿舍区由启林南区、启林北区、泰山区、燕山区和华山区等组成，居住人口 55 000 多人。值得注意的是，社区还有一个"华南农业大学家属委员会"的机构，是由职工家属组成的隶属于学校的内部机构，管辖范围小于社区。有意思的是，学校教职工还是习惯把居委会称为"家委"。课题组重点了解了华农社区在新冠肺炎疫情防控中的具体情况。2020 年 12 月 17 日，居委会主任涂女士接受了访谈。

疫情暴发后，从 2020 年大年初一就开始值班，一直值守在学校，其他工作人员初四、初五也从老家赶回来。最开始是值守在各个汽车站，对上下公交车的人要监测体温，如果有发烧的人，他们就要打电话上报到街道，再联系车，送发烧的人去医院。后来他们成立了社区"三位一体"防控小组①，进行上门排查。对于住在校内却没有出入证的居民，要查看他们的粤康码、穗康码、行程轨迹、身份证、户口本、核酸检查结果和随访记录等详细信息，收集这些资料并由他们报备保卫组，办理出入证，住在校内的居民方可出入校园。疫情防控期间，学校的在职党员和社区党员也有资源帮助他们做好监测体温的工作。但是在疫情防控过程中也有一些不好的舆论影响。例如，校内有一位从国外回来的密切接触者，他先在校外住了一段时间，然后才回到学校，但是当时居委会收到消息后三人小组立刻出发去他家里，由于时间很晚，社区医生穿

---

① "三位一体"防控小组是新冠肺炎疫情暴发后，由社区工作人员、民警和社区医院医生组成的三人巡查小组。

着全套防护服,从而造成了社区居民一定程度的恐慌,还有人在微信群里抵制,造成了很不好的舆论影响。于是居委会先派人去找在微信群发出抵制信息的那位居民的领导,让其领导向其解释从国外回来的住户已经进行摸底排查,不要过度恐慌。之后居委会也在楼下贴公告和信件等,积极引导舆情。

当问到居委会主任对目前应对突发事件还存在的不足时,她主要说了两方面:一方面是体制机构不完善,派出所下发重点人员名单,但是要由居委会打电话巡查;另一方面是衔接不顺利,有很多问题居委会级别不够,并不能够直接上报或指示其他部门,协调不顺利。

4. 广州市从化区帝田村

帝田村位于从化区鳌头镇西部,总面积 4.3 千米^2,下辖 17 个经济社,共有 508 户,2 248 人。2019 年村集体经济收入 30 万元,人均纯收入 1.1 万元。现有党员 68 人。2019 年,广东省民政厅启动第二批广东社工"双百计划"。鳌头镇被确定为"广东社会工作改革试点单位",在帝田村率先建立村级社工服务站,推动"双百计划"下沉到乡村。同时,帝田村社工服务站也是从化区民政局与华南农业大学公共管理学院的共建实践基地。

社区内的突发事件主要有内涝、台风、火灾、非洲猪瘟等。防范与应对突发事件的主要做法有:①做好日常防范,维护好应急指示牌和应急场所,加强应急物资储备;②实行群防群控,将行政区域划分为 17 个网格,组织村干部定期开展网格式排查各类隐患;③发现险情后,第一时间上报镇政府,同时组织群众疏散避险;④在新冠肺炎疫情防控期间,组织党员和志愿者积极参与疫情防控工作,如卡点值守、体温检测、入户宣传、消毒等。当然,不足之处主要表现在:一是突发事件种类多,需要的应急物资也多种多样,储备应急物资需要耗费较多资金,当突发事件发生时,应急物资储备不足;二是一些设备设施老旧,如消防设施、安保设施、排涝设备等,村内巷道弯弯曲曲,常年停放汽车,应急通道不顺畅。故此,建议加强宣传教育,提高村民的防范意识;同时加大资金投入,定期更换应急设施设备,增加应急物资储备。

5. 汕头市金平区东裕园社区

东裕园社区属单元型社区,是汕头市金平区由开发商开发的一个商品房小区,辖区内曾发生过重大火灾事件以及新冠肺炎疫情。目前社区内应急防控设施和应急辨别标识齐全,物资更换及时,具体情况如下:①社区路口的墙上有"汕头市金平区应急避护场所"等方向指示牌,较为清晰,并且有两处应急避难所，一处根据指示牌可寻，但是占地面积不大，另外一处位于社区中心会所，平时为中老年人活动中心，出现突发事件则为避难所，有较大的空间；②车库的立柱上发现有灭火器，几乎每根立柱都配置有灭火器，发生火灾后能够方便使用灭火器进行灭火；③大部分楼栋配备有消防栓，每个消防栓上都贴有标记具体日期和检查人员的检查封条；④有专门焚烧纸钱的桶，相较于直接就地焚烧，在楼道口焚烧减小了火灾隐患；⑤紧邻社区卫生服务中心、人民医院、派出所，地理条件优越，有快速应对突发事件的优势。但是社区内也存在一些问题：①沿着"浮东社区微型消防站"的指示走，并未发现微型消防站；②车库立柱上的灭火器较为破旧，可能存在旧损现象，其次部分灭火器并未放置于灭火箱中，而是放在露天处，受到雨淋、暴晒等；③在部分楼栋的一楼发现消防栓上牵绳晒衣服，可见居民的应急意识相对薄弱；④社区内重要应急逃生通道有汽车停靠，堵塞道路，不方便人群撤离，具有安全隐患；⑤社区内部分电线电缆交错复杂，电线较为老旧且有些电线箱未合上，在停车库该现象尤为明显，存在安全隐患。

6. 汕头市金平区浮东社区

浮东社区属于转制型社区，由以前的浮东村转制而来，距离社区卫生服务中心、人民医院、派出所都很近，有快速应对突发事件的优势。不过，转制型社区的过渡性特征依然明显，主要表现在：①应急基础设施基本没有，道路旁没有逃生通道标识，还存在火灾等安全隐患，附近没有村委会和街道办，无明确管理负责人，应急防控能力低；②存在大量"握手楼"，楼房之间过道狭窄，有的仅能通过一辆摩托车，采光昏暗，且有许多摩托车停放，通行不便，发生突发情况时容易出现碰撞踩踏事件；③居民楼间电线交错复杂，有些电线直接从房屋边缘连接，再从窗边垂下，如果电线依然有电而有人不慎触碰将引发事故，存在较大安全隐患；④许多居民楼处于翻新期，会简易地用架子和绿布固定，导致原本狭窄的过道更加难以通过，甚至出现一条道路两个方向同时存在拥堵；⑤建筑材料杂乱无章堆放，大型的建筑垃圾与木材长期未进行处理，导致原本所剩不多的应急空间更加狭小；⑥应急管理基础设施简陋，未发现该社区配置消防栓和应急避险场所。故此，浮东村社区可能存在着一些安全隐患，应急防控能力弱，应该完善其基础硬件设施，如安置灭火器以及对电线和电箱进行排查及维护，清理巷道空地的建筑垃圾，规划消防通道和建筑用地，增强居民的安全意识。

7. 茂名市茂南区乙烯社区

乙烯社区属单位型社区，是茂名市石化的职工生活区，是茂名市茂南区河东街道下辖的社区，辖区内曾发生的突发事件包括火灾、新冠肺炎疫情。目前社区内的情况如下：①社区中心有个小公园，同时也是应急避难场所，门口有指示牌引导前往应急避难场所；②社区内有多个宣传栏进行应急知识宣传，在疫情防控期间有志愿者进行防疫宣传活动，重视常态化防疫工作；③居民楼内每层居民家门口都配置了消防栓，崭新且有定期检查维护；④社区内有特定停车位置，道路都无车辆乱停乱放，道路宽敞，遇到紧急情况时有利于居民疏散；⑤小区内的电线电缆都整齐捆放在每栋居民楼的一楼电箱旁，无电线电缆出现在道路以及公园等公共场所。社区防范与应对突发事件存在的问题主要包括：①居委会与小区物业之间的配合不够默契，沟通不够迅速，缺少应对突发情况的配合演练；②虽然有应对突发事件的宣传活动，但是居民参与度不高，居民对这方面的知识储备不足。

8. 韶关市仁化县高洞村

高洞村属仁化县长江镇，主要由上山、麦洞、高洞、木撩下、推龙石、老奄、石岩洞、茶山排、黄莲洞、海螺印、漂里、老古陂等村民小组组成，户籍人口1 500人，其中一半以上不在高洞村居住，青壮年劳动力多数外出打工。高洞村地处粤北山区，耕地面积仅有1 782亩*，是省定贫困村，核定贫困户49户160人。由于气候环境等因素制约，过去村民们"靠山吃山"，仅依靠毛竹种植等获取微薄收入。在脱贫攻坚过程中，村党支部决定因地制宜，把香芋种植作为扶贫产业之一，通过"合作社＋种植大户＋贫困户＋集体"的模式推广种植，带动贫困户增收。在工作队资金和技术等多方帮扶指导下，村民开始种植香芋，并成立了富强香芋合作社。2019年12月，高洞村成功摘掉了贫困村的帽子，49户贫困户如期顺利实现脱贫。贫困户人均可支配收入从2015年的3 700元跃升至2019年的16 367元；村集体经济也从2015年的2.9万元增加到2020年的29.37万元，增长9倍多。

据实地观察，在村委会有专门的防灾减灾器材室，里面有储备的应急物资，包括专门用于灭火的拖把、灭火器；在多落石和山体滑坡多发地段有明显标识提醒，并且当地村委会疏通道路，解决道路堵塞问题效率高；电线电缆都相对规整，无交叉电线，用电相对安全；逃生道路通畅，没有堆积其他物品、没有车辆随意停放；高洞村多山，居民分散，应镇人民政府要求，装备喇叭覆盖全村，在最偏僻最远的村民也能收到来自村镇的紧急通知，暴雨大风等天气变化也通过喇叭提醒村民，利于村民及时保护庄稼，保障农业生产；村委会推

---

* 亩为非法定计量单位，15亩＝1公顷。全书同。——编者注

进居民集中居住，将各山散户迁移至聚落，减少无人问津地区发生突发事件对村民造成危害；设置了专门的森林防火站点和猪禽疾病检测点，有明显的危桥标识提醒居民注意安全，并且将危桥和发生滑坡泥石流等坍塌地方围起来。不足之处主要表现在基础设施较为落后，应急器材与方式相对落后，多采用传统工具，不足以应对大型突发事件。同时，山村距离城镇较远，道路颠簸，对应对大型突发事件的支援效率有影响，容易出现应急延误，不易运送伤者及时就医，缺乏专业急救站。因此，高洞村属于农村社区，也是2019年成功摘帽的省重点贫困村，从实地考察中可以看到，其总体应急管理能力还是很强的。因为当地的地势和气候，平时比较多发的是山体滑坡、落石等自然灾害，提醒标识设置得很明显，也设置了喇叭来通知村民注意大风暴雨天气；因为森林覆盖率较高，防火措施也是很到位的，防火标语随处可见，也有专门的森林防火站点和专门用于森林灭火的拖把等工具储备；对家禽疫病等也设置了专门检测点。总体来看，高洞村的日常防控和应急能力都是非常强的。

课题组于2021年7月22日对高洞村党支部莫书记进行了访谈，主要了解突发事件防控以及新冠肺炎疫情防控情况。

疫情防控的时候，我们应该是在2020年大年初一上午接到通知，紧急召开会议，11时左右回到村里，我们就立即开始布置疫情防控工作。疫情防控相当于一场无硝烟的战斗。对我们村来说，我们觉得做得还不错，为什么呢？因为我们支部党员、一些村民都自发组队，为疫情站岗。我们村是广东省的边界村，从这边过去就是江西省。我们村成立了党员先锋队，两边设了3个卡点，24小时站岗，由党员同志带队。对于外来的一些人员，包括一些外出务工返乡的人员，我们也逐户去排查，一天摸排了400多户。对于一些外出务工回来的人，接触过或者去过湖北的或者经过湖北的人，我们都要进行布控，所以当时压力是比较大的。但是总体来说控制得还是很好的，因为我们山区人口比较稀少。

突发性事件主要是一些矛盾纠纷，通过这几年的化解，我们村其实矛盾纠纷是比较少的，可能一年就那么几宗，主要是一些土地的界线、边界问题，都是一些小的纠纷，大的纠纷我们村暂时还没有。因为我们一直也对这方面比较重视，平时多一些沟通，现在矛盾逐年减少，基本上没有很大的突发性事件。自然灾害只有一些道路塌方，有时会有小规模的泥石流，山区不会有内涝。如果出现道路塌方，我们自己就去处理，尽快恢复道路通行。

在山区农村，主要还是重视防灾减灾，如防火、防洪、防塌方之类，公共卫生事件其实在我们村出现得比较少。当然，我们也有预案，很多都没有经历过，疫情防控的时候经历过一些，平时都是按我们的一些预案来解决。

9.梅州市五华县坪南村

五华县坪南村是华阳镇最大的行政村，总面积 22 千米²，分米潭、黄布、阳星 3 个片区，辖 41 个村民小组，在册户数 1 214 户 6 861 人，常住人口 3 100 人，外出务工 3 761 人，耕地面积 2 334 亩。坪南村有 100 多名共产党员，设村党委，按片区辖 3 个党支部。坪南村还是省定贫困村，由广州市科学技术协会对口帮扶。

坪南村气候温暖湿润，以低丘山岗、山间盆地为主，附近有益塘水库、汤湖热矿泥山庄、五华平安寺、长乐学宫、兰芳楼等旅游景点，有五华长乐烧酒、七畬径茶、大田柿花、五华酿豆腐、金柚等特产。2020 年 8 月 24 日，广东省农业农村厅公布首批广东省"一村一品、一镇一业"专业村名单，坪南村以龟鳖名列其中。

坪南村是一个突发事件多发的行政村，最近五年发生的几起突发事件具有鲜明的乡村特色，如台风、泥石流、旱灾、森林火灾、非洲猪瘟、布鲁氏杆菌、小范围群体性抗议等突发事件。其主要做法是：①村联防队、护林员加强日常巡查，排查隐患；②全方位监控，全村有监控摄像头 50 多个，各个角度全覆盖，盗抢案件很少；③如果发生突发事件，村干部第一时间到达现场，小事自己解决，大事立即上报。存在的主要问题有：①坪南村是华阳镇最大的行政村，防范和应对突发事件常常感到人手不够；②扑火队员缺乏培训，扑火工具不够、原始；③资金不足，村级无专项经费；④应急管理责任下沉，但村级只有协调权，没有强制权，个别群众不听指挥，村级无法解决；⑤村干部都是全职上班，但工资少，每月仅有 3 000~3 500 元，难以养家糊口，很多人不愿意干，而护林员、联防队员基本是义务性质，仅有少量补贴。因此，迫切需要加强防洪、防泥石流等基础设施建设，改善扑火、防控猪瘟羊瘟、防控疫情等工具设备，增加资金投入，提高相关人员待遇。

第二节 问卷与量表设计

一、被解释变量

本研究将居民对社区应急能力的总体评价以及居民对社区常态防范能力、

居民对社区快速反应能力、居民对社区社会动员能力、居民对社区应急处置能力、居民对社区事后恢复能力的评价作为研究的被解释变量。

二、解释变量

陈文涛（2007）从系统理论角度出发，通过层次分析法（AHP），将社区应急能力评价指标分为监测预警能力、应急准备能力、先期处置和协助处置能力、恢复能力 4 个一级指标和 26 个二级指标。张勤等（2009）通过层次分析法将城镇社区地震应急能力指标分为组织应急反应能力、居民应急反应能力、工程抗震能力、应急准备能力、应急救援能力 5 个一级指标和 23 个二级指标。现阶段，我国专门对某个城市进行应急管理指标体系构建的研究较少，杨凤平（2014）在"一案三制"的基础上，建立了北京市应急管理标准化评价体系，包括预案建设、法制建设、体制建设、机制建设、应急保障建设、应急管理成效、应急科技创新和信息化建设、基层应急文化建设 8 个一级指标和 29 个二级指标。盛丹萍（2018）从成都市三元社区入手，构建了应急管理能力评估指标体系，包括应急认知能力、信息处理能力、监测预警能力、应急处置能力、应急保障能力、居民反应能力、社会疏导能力与应急动员能力 8 个一级指标和 26 个二级指标。刘杰等（2022）构建了云南省社区应急能力指标体系，包括 8 个一级指标和 21 个二级指标。

本研究在参考既有研究的基础上，结合危机生命周期理论，将社区应急能力评估指标划分为常态防范能力、快速反应能力、社会动员能力、应急处置能力、事后处理能力 5 个一级指标和 32 个二级指标，选取社区应急能力评估指标中 32 个二级指标作为解释变量。具体情况见表 4.2。

三、控制变量

为了体现不同类型城乡社区的应急能力差异，本研究选取城乡社区类型作为研究的控制变量，在下文实证分析中单因素方差分析部分使用。

四、量表设计

本研究针对不同测量维度中不同的题项，分别设置了三级式和五级式量表进行赋值记分，数字越大表示结果越好。三级式量表中，0 表示"没有"，1 表示"不清楚"，2 表示"有"；五级式量表中，1 表示"很差"，2 表示"差"，3 表示"一般"，4 表示"好"，5 表示"很好"。

表 4.2 调查问卷指标

一级指标	二级指标
常态防范能力	志愿者组织
	应急疏散通道
	应急防控设施
	应急辨别标识
	应急管理制度
	应急宣传培训
快速反应能力	接收预警信息时间
	接收预警信息渠道（手机）
	接收预警信息渠道（社区宣传板）
	接收预警信息渠道（社区工作人员）
	接收预警信息渠道（社区广播）
	上报街/镇效率
	发布预警信息效率
	组织居民情况
社会动员能力	调动志愿者/义工
	调动业主委员会
	调动物业管理公司
	调动社工机构
	各社会力量工作效率
	社区调动各社会力量能力
应急处置能力	居民报警求助
	居民自助互救
	社区工作人员现场指挥能力
	物资分配情况
	人员分工安排
	舆情导控
	相关工作部门间的协同程度
事后处理能力	社区秩序恢复
	事后心理干预
	灾后安置工作
	灾后补贴/物资发放
	水电气恢复

第三节 调查对象与问卷发放

城乡社区中防范与应对突发事件时起主要领导作用的是基层政府主管部门，重要参与者是社区非政府组织和居民。因此，本研究主要针对镇街主管部门干部、社区干部、社工机构人员、社区志愿者与社区居民等群体展开调查，做到不同类型的城乡社区、不同类型的参与主体全覆盖。

本研究进入社区调查，从 2020 年 12 月至 2021 年 8 月，历时 9 个月。抽样方法在总体上采取多段抽样方式。①正如前述，在选择调查社区时，采取系统抽样方式，选择 112 个社区进行调查；②在选定社区，对镇街主管部门干部、社区干部和社会组织采取定额抽样方式进行调查；③在选定社区，对居民采取分层抽样的方式，按照"社区—网格/村民小组—居民户"的顺序进行。

考虑到五类社区的同等重要性，调查问卷数量在各社区基本上平均分配。本研究在每个社区发放 50 份问卷（包括各类人员），共计发放 5 600 份；回收问卷 5 468 份，回收率 97.64%。问卷收集完成后，使用 Excel 表录入数据，对问卷数据进行初步筛选过滤，剔除填写问卷不完整或用时过短、问题选择几乎一致、回答问题前后矛盾等问卷，得到有效问卷 5 432 份，有效率 97.00%。各类社区有效问卷回收情况见表 4.3。

表 4.3 各类社区有效问卷回收情况

社区类型	发放问卷（份）	回收有效问卷（份）	占比（%）
单元型社区	1 050	1 020	18.78
单位型社区	900	876	16.13
转制型社区	1 100	1 065	19.61
地缘型社区	700	680	12.52
农村社区	1 850	1 791	32.96
合计	5 600	5 432	100.00

第五章　城乡社区应急能力的实证分析

第一节　描述性统计分析

描述性统计分析是对样本数据基本情况和总体特征的描述分析，是进行数据分析的前提和基础。本研究从五类城乡社区人口统计变量以及各影响因素入手，对样本的总体概况进行描述统计分析，分别从性别、年龄、文化程度、社区类型等人口统计学特征对样本数据进行描述统计，分析样本数据的总体分布情况，具体情况见表5.1。

表5.1　样本数据的人口统计描述

属性	特征	样本数（份）	百分比（%）
性别	男	2 570	47.31
	女	2 862	52.69
年龄	30 岁以下	873	16.07
	30～44 岁	1 606	29.57
	45～60 岁	1 976	36.38
	60 岁以上	977	17.98
文化程度	初中及以下	962	17.71
	高中/中专	2 551	46.96
	大学	1 709	31.46
	研究生	210	3.87
社区类型	单元型社区	1 020	18.78
	单位型社区	876	16.13
	转制型社区	1 065	19.61
	地缘型社区	680	12.52
	农村社区	1 791	32.96

基于上述样本的人口特征数据，其主要特征是：

（1）性别。从样本的性别分布来看，接受本研究问卷调查的群体性别比例较为均衡。样本总量为 5 432 人，男性 2 570 人，占 47.31％，女性 2 862 人，占 52.69％，女性受访者比例略高于男性，受访意愿没有明显的性别差异。

（2）年龄。从样本的年龄分布来看，基本呈正态分布。其中，45～60 岁年龄段的人数最多，为 1 976 人，占 36.38％；30～44 岁年龄段的人数次之，为 1 606 人，占 29.57％；60 岁以上的老年人和 30 岁以下的青年人占比较低。由此可以看出，中青年群体是本研究调查的主要对象，也是最关心社区应急能力的群体。

（3）文化程度。从样本的文化程度来看，高中或中专学历的人数最多，为 2 551 人，占 46.96％；大学学历次之，为 1 709 人，占 31.46％。接受过高等教育的人数为 1 919 人，占 35.33％，超过了 1/3。一般而言，高学历人群多为学生、文职人员或技术人员，接受教育时间长，对社会现象理解更为深刻，由高学历人群填写的问卷往往质量更为可靠，在一定程度上能够确保问卷的客观性和有效性。

（4）社区类型。本研究旨在揭示不同类型的城乡社区应急能力的差异，为了使样本数据具有代表性，在社区选择时就考虑到了不同类型社区在广东的总量差异，并未简单地平均分配。相应地，不同类型社区的调查问卷占比，与不同类型社区的选择占比基本相当。

第二节　信度分析

信度分析是用于测量数据真实可靠性程度的研究方法。信度研究方法通常有四种，分别是 Cronbach α 信度系数、折半信度系数、McDonald's ω 信度系数和 theta 信度系数。本研究使用的是 Cronbach α 系数作为信度分析系数。关于信度系数的衡量标准，通常情况下，信度系数值高于 0.8，表明其可靠性高；信度系数在 0.7～0.8，表明其可靠性较好；信度系数在 0.6～0.7，表明其可靠性可以接受；信度系数小于 0.6，表明其可靠性不佳。CITC 指标用于判断题项是否应该作删除处理，如果值小于 0.3，应当删除相应的项目。

对所有题项进行分析获得总体的信度系数和各个变量的信度系数值，通过观察表 5.2 发现，各分析项的 CITC 值均大于 0.4，说明各题项之间具有良好的相关关系，同时表明问卷信度水平良好。此外，数据总体的信度系数值（0.978）以及各变量的信度系数值均高于 0.8，综合说明数据信度质量高，可用于进一步分析。

表 5.2 信度检验结果

变 量	题项内容	各变量 Cronbach α	CITC
常态防范能力	志愿者组织		0.553
	应急疏散通道		0.773
	应急防控设施	0.929	0.846
	应急辨别标识		0.886
	应急管理制度		0.864
	应急宣传培训		0.837
快速反应能力	接收预警信息时间		0.559
	接收预警信息渠道（手机）		0.534
	接收预警信息渠道（社区宣传板）		0.756
	接收预警信息渠道（社区工作人员）	0.900	0.793
	接收预警信息渠道（社区广播）		0.682
	上报街/镇效率		0.793
	发布预警信息效率		0.821
	组织居民情况		0.805
社会动员能力	调动志愿者/义工		0.778
	调动业主委员会		0.815
	调动物业管理公司		0.783
	调动社工机构	0.930	0.844
	各社会力量工作效率		0.873
	社区调动各社会力量能力		0.858
应急处置能力	居民报警求助		0.437
	居民自助互救		0.428
	社区工作人员现场指挥能力		0.882
	物资分配情况	0.923	0.915
	人员分工安排		0.918
	舆情导控		0.884
	相关工作部门间的协同程度		0.854
事后处理能力	社区秩序恢复		0.921
	事后心理干预		0.891
	灾后安置工作	0.967	0.939
	灾后补贴/物资发放		0.917
	水电气恢复		0.866

第三节　效度分析

效度研究有助于分析研究题项是否合理且有意义。效度分析分为内容效度、结构效度、区分或聚合效度。本研究采用结构效度作为测量问卷效度的分析方法。一般情况下，结构效度是使用探索性因子分析来探究研究项的内部逻辑结构。通常情况下，效度水平情况的验证，可以通过对研究项内部逻辑结构的判断来实现。在进行因子分析前，必须进行 KMO 样本测度和 Bartlett 球形检验。KMO 值如果高于 0.8，表明非常适合信息提取；如果在 0.7～0.8，表明比较适合信息提取；如果在 0.6～0.7，表明可以进行信息提取；如果小于 0.6，表明信息较难提取。Bartlett 球形检验对应 p 值需要小于 0.05。分析 KMO 值后，可以进行因子分析。因子分析中因子载荷系数用于衡量因子和题项对应关系，当因子载荷系数绝对值大于 0.4 时，表明选项和因子有对应关系；共同度值用于排除不合理研究项，当共同度值低于 0.4 时，表明研究项信息无法被有效表达；方差解释率值用于说明信息提取水平。

需要说明的是，第一次分析时快速反应能力和应急处置能力出现了部分题项共同度小于 0.4 的情况，表明该研究项信息无法被有效表达，为提高量表的结构效度，故将这些题项删除，删除后再次分析。因此，本研究效度分析表格数据均为第二次效度分析结果。

一、常态防范能力的探索性因子分析

常态防范能力的分析结果如表 5.3 和表 5.4 所示。表 5.3 结果显示常态防范能力的 KMO 值为 0.906，KMO 值大于 0.8，通过了 Bartlett 球形检验，说明研究数据非常适合提取信息，可以进行因子分析。

表 5.3　常态防范能力的 KMO 和 Bartlett 球形检验结果

变　　量	KMO 值	Bartlett 球形检验	
		近似卡方值	2 532.193
常态防范能力	0.906	自由度	15
		显著性	0.000

表 5.4 显示志愿者组织、应急疏散通道、应急防控设施、应急辨别标识、应急管理制度、应急宣传培训对应的共同度和因子载荷系数均大于 0.4，说明

题项信息可以被有效提取并且隶属于其对应的因子。累积方差解释率73.815%＞50%，说明可以提取出题项73.815%的信息量。

表 5.4　常态防范能力的因子载荷矩阵

变　量	题项内容	因子载荷系数	共同度 （公因子方差）	特征值	累积方差 解释率（%）
常态防范能力	志愿者组织	0.650	0.422		
	应急疏散通道	0.844	0.713		
	应急防控设施	0.899	0.808	4.429	73.815
	应急辨别标识	0.927	0.860		
	应急管理制度	0.911	0.830		
	应急宣传培训	0.893	0.797		

二、快速反应能力的探索性因子分析

由于第一次效度分析，接收预警信息时间和接收预警信息渠道（手机）共同度值均小于 0.4。因此，本研究选择将这两项进行删除，下表为删除后再次分析的结果。

快速反应能力的分析结果如表 5.5 和表 5.6 所示。表 5.5 结果显示快速反应能力的 KMO 值为 0.902，KMO 值大于 0.8，通过了 Bartlett 球形检验，说明研究数据非常适合提取信息，可以进行因子分析。

表 5.5　快速反应能力的 KMO 和 Bartlett 球形检验结果

变　量	KMO 值	Bartlett 球形检验	
快速反应能力	0.902	近似卡方值	2 322.221
		自由度	15
		显著性	0.000

表 5.6 显示接受预警信息渠道（社区宣传板）、接受预警信息渠道（社区工作人员）、接受预警信息渠道（社区广播）、上报街/镇效率、发布预警信息效率、组织居民情况对应的共同度和因子载荷系数均大于 0.4，说明题项信息可以被有效提取并且隶属于其对应的因子。累积方差解释率 73.945%＞50%，说明可以提取出题项 73.945%的信息量。

表 5.6　快速反应能力的因子载荷矩阵

变　量	题项内容	因子载荷系数	共同度（公因子方差）	特征值	累积方差解释率（%）
快速反应能力	接收预警信息渠道（社区宣传板）	0.820	0.672		
	接收预警信息渠道（社区工作人员）	0.873	0.763		
	接收预警信息渠道（社区广播）	0.804	0.646	4.437	73.945
	上报街/镇效率	0.890	0.792		
	发布预警信息效率	0.909	0.826		
	组织居民情况	0.859	0.737		

三、社会动员能力的探索性因子分析

社会动员能力的分析结果如表 5.7 和表 5.8 所示。表 5.7 结果显示社会动员能力的 KMO 值为 0.871，KMO 值大于 0.8，通过了 Bartlett 球形检验，说明研究数据非常适合提取信息，可以进行因子分析。

表 5.7　社会动员能力的 KMO 和 Bartlett 球形检验结果

变　量	KMO 值	Bartlett 球形检验	
社会动员能力	0.871	近似卡方值	2 912.497
		自由度	15
		显著性	0.000

表 5.8 显示调动志愿者/义工、调动业主委员会、调动物业管理公司、调动社工机构、各社会力量工作效率、社区调动各社会力量能力对应的共同度和因

表 5.8　社会动员能力的因子载荷矩阵

变　量	题项内容	因子载荷系数	共同度（公因子方差）	特征值	累积方差解释率（%）
社会动员能力	调动志愿者/义工	0.847	0.718		
	调动业主委员会	0.887	0.788		
	调动物业管理公司	0.858	0.737	4.658	77.633
	调动社工机构	0.900	0.811		
	各社会力量工作效率	0.901	0.813		
	社区调动各社会力量	0.890	0.793		

子荷载系数均大于 0.4，说明题项信息可以被有效提取并且隶属于其对应的因子。累积方差解释率 77.633%＞50%，说明可以提取出题项 77.633% 的信息量。

四、应急处置能力的探索性因子分析

由于第一次效度分析，居民报警求助和居民自助互救共同度值均小于 0.4。因此，本研究选择将这两项进行删除，下表为删除后再次分析的结果。

应急处置能力的分析结果如表 5.9 和表 5.10 所示。表 5.9 结果显示应急处置能力的 KMO 值为 0.910，KMO 值大于 0.8，通过了 Bartlett 球形检验，说明研究数据非常适合提取信息，可以进行因子分析。

表 5.9 应急处置能力的 KMO 和 Bartlett 球形检验结果

变 量	KMO 值	Bartlett 球形检验	
		近似卡方值	3 189.525
应急处置能力	0.910	自由度	10
		显著性	0.000

表 5.10 显示社区工作人员现场指挥能力、物资分配情况、人员分工安排、舆情导控、相关工作部门间的协同程度对应的共同度和因子荷载系数均大于 0.4，说明题项信息可以被有效提取并且隶属于其对应的因子。累积方差解释率 87.882%＞50%，说明可以提取出题项 87.882% 的信息量。

表 5.10 应急处置能力的因子载荷矩阵

变 量	题项内容	因子载荷系数	共同度（公因子方差）	特征值	累积方差解释率（%）
	社区工作人员现场指挥能力	0.930	0.864		
	物资分配情况	0.958	0.918		
应急处置能力	人员分工安排	0.959	0.919	4.393	87.882
	舆情导控	0.939	0.881		
	相关工作部门间的协同程度	0.901	0.812		

五、事后处理能力的探索性因子分析

事后处理能力的分析结果如表 5.11 和表 5.12 所示。表 5.11 结果显示事后处理能力的 KMO 值为 0.907，KMO 值大于 0.8，通过了 Bartlett 球形检验，说明研究数据非常适合提取信息，可以进行因子分析。

表 5.11　事后处理能力的 KMO 和 Bartlett 球形检验结果

变　量	KMO 值	Bartlett 球形检验	
		近似卡方值	3 268.525
事后处理能力	0.907	自由度	10
		显著性	0.000

表 5.12 显示社区秩序恢复、事后心理干预、灾后安置工作、灾后补贴/物资发放、水电气恢复对应的共同度和因子载荷系数均大于 0.4，说明题项信息可以被有效提取并且隶属于其对应的因子。累积方差解释率 88.550%＞50%，说明可以提取出题项 88.550% 的信息量。

表 5.12　事后处理能力的因子载荷矩阵

变　量	题项内容	因子载荷系数	共同度（公因子方差）	特征值	累积方差解释率（%）
事后恢复能力	社区秩序恢复	0.950	0.903		
	事后心理干预	0.930	0.865		
	灾后安置工作	0.962	0.926	4.428	88.550
	灾后补贴/物资发放	0.948	0.898		
	水电气恢复	0.914	0.835		

第四节　各变量的描述性统计

在上节效度分析中，本研究删除了接受预警信息时间、接受预警信息渠道（手机）、居民报警求助、居民自助互救共四个解释变量，在后续的分析中均对这四个解释变量作删除处理，不对此进行研究。

为了更全面地把握各个变量的总体特征与分布样态，本研究使用各题项均值和各变量总体均值，均值反映社区在此调查的题项所涉及的方面是否工作到位，均值越大则情况越良好，均值越小则证明社区在此项具有不足之处。通过均值查找社区应急能力中不同能力要素存在的"短板"。详细情况见表 5.13。

表5.13 社区应急能力研究的变量描述

变 量	题项内容	最小值	最大值	题项均值	变量均值
常态防范能力	志愿者组织	1.000	3.000	2.30	3.458
	应急疏散通道	1.000	5.000	3.77	
	应急防控设施	1.000	5.000	3.82	
	应急辨别标识	1.000	5.000	3.68	
	应急管理制度	1.000	5.000	3.68	
	应急宣传培训	1.000	5.000	3.49	
快速反应能力	接收预警信息渠道（社区宣传板）	1.000	3.000	2.38	2.784
	接收预警信息渠道（社区工作人员）	1.000	3.000	2.46	
	接收预警信息渠道（社区广播）	1.000	3.000	2.37	
	上报街/镇效率	1.000	3.000	2.51	
	发布预警信息效率	1.000	3.000	2.54	
	组织居民情况	1.000	5.000	3.79	
社会动员能力	调动志愿者/义工	1.000	3.000	2.51	2.954
	调动业主委员会	1.000	3.000	2.52	
	调动物业管理公司	1.000	3.000	2.51	
	调动社工机构	1.000	3.000	2.50	
	各社会力量工作效率	1.000	5.000	3.85	
	社区调动各社会力量能力	1.000	5.000	3.84	
应急处置能力	社区工作人员现场指挥能力	1.000	5.000	3.87	3.851
	物资分配情况	1.000	5.000	3.82	
	人员分工安排	1.000	5.000	3.83	
	舆情导控	1.000	5.000	3.80	
	相关工作部门间的协同程度	1.000	5.000	3.93	
事后处理能力	社区秩序恢复	1.000	5.000	3.87	3.814
	事后心理干预	1.000	5.000	3.71	
	灾后安置工作	1.000	5.000	3.82	
	灾后补贴/物资发放	1.000	5.000	3.78	
	水电气恢复	1.000	5.000	3.88	

分析表5.13的统计数据，结合社区干部、社工机构人员和居民的访谈记录，与实地观察的情况基本吻合。

常态防范能力，"志愿者组织"的平均值较低，说明部分社区在建立居民志愿者组织方面重视不够。在实地调研时也发现，目前很多社区没有专门的志愿者组织，只能在突发事件发生后紧急组织一批志愿者应对突发事件。

快速反应能力，总体来看还有待加强。接受预警信息的多个渠道平均值都低于快速反应能力这个变量的整体均值，其中社区广播渠道均值最低，说明不同社区的预警通知方式较为单调，并且使用的方式也出现部分不相同的情况。在实地考察中发现，城市中的社区更多是以当地应急管理部门发布预警信息以及媒体播报为主，因此社区并不是传播预警信息的主要力量。

社会动员能力，"调动志愿者/义工""调动业主委员会""调动物业管理公司""调动社工机构"的均值均小于变量整体均值，其中"调动社工机构"的均值最低，在实地调研过程中，笔者发现目前基层社区并不是都配备社工站，社工机构主要分布在大中型城市。

应急处置能力，总体数据显示出我国社区在应急处置能力的建设方面相对到位，且有突出的表现，但也存在需要改进的方面。"舆情导控"的均值最低，说明部分社区在舆论引导方面还有待加强；"相关工作部门的协同程度"平均值最高，说明社区与相关部门配合较好，是我国应急管理体系建设逐步深入基层的体现，社区工作压力得到缓解的表现。

事后处理能力，总体来看各方面水平基本均衡，但还有所欠缺。"事后心理干预"平均值较小，综合事后处理能力的其他指标的量化数据，说明社区在事后恢复的建设中注重物质生活方面的恢复建设，而对居民灾害心理上的干预则有所忽视。"灾后补贴/物资发放"的均值较小，与应急处置能力维度中的"物资分配"指标情况相符合，说明不管是发生过程中的应急或是灾后的恢复，物资的分配都属于"短板"，需要重点关注。

综上所述，城乡社区防范与应对突发事件的五个能力要素之中，应急处置能力和事后处理能力受到较大程度的重视，因此指标量化值相对良好，但是"物资分配"方面存在不足；常态防范能力基本合格，但是有明显的"短板"出现，常态防范能力中的"志愿者组织"为明显的"短板"；值得注意的是快速反应能力和社会动员能力方面的不足，快速反应能力和社会动员能力相对其他能力要素明显不足，出现多个"短板"，"接收预警信息"的多个渠道、"调动社工机构"需要受到重视。

第五节　单因素方差分析

单因素方差分析主要用于研究单个影响因子不同水平是否对被解释变量产生显著影响。首先需要判断 p 值，如果 p 值小于 0.05，说明呈现出差异性，

如果 p 值大于 0.05，则说明没有差异性产生。当数据呈现出差异性后，具体差异再通过对比平均值得出。

一、常态防范能力的社区差异

采用单因素方差分析法，研究常态防范能力中各题项在单元型社区、单位型社区、转制型社区、地缘型社区和农村社区的显著差异性。当显著性 p 值小于 0.05 或 0.01 时，说明两者间存在显著性差异，结果见表 5.14。

表 5.14 常态防范能力的单因素方差值

题项内容	社区类型	N	M	SD	F	p
志愿者组织	单元型社区	1 020	2.23	0.76		
	单位型社区	876	2.38	0.81		
	转制型社区	1 065	2.47	0.69	1.827	0.141
	地缘型社区	680	2.28	0.75		
	农村社区	1 791	2.25	0.72		
应急疏散通道	单元型社区	1 020	3.79	1.00		
	单位型社区	876	4.11	0.90		
	转制型社区	1 065	3.94	0.94	5.384	0.001**
	地缘型社区	680	3.58	1.10		
	农村社区	1 791	4.05	1.03		
应急防控设施	单元型社区	1 020	3.96	0.90		
	单位型社区	876	3.96	1.00		
	转制型社区	1 065	3.85	1.08	3.529	0.015*
	地缘型社区	680	3.63	1.15		
	农村社区	1 791	3.59	0.95		
应急辨别标识	单元型社区	1 020	3.79	1.00		
	单位型社区	876	3.88	1.13		
	转制型社区	1 065	3.77	1.09	3.708	0.012*
	地缘型社区	680	3.48	1.10		
	农村社区	1 791	3.22	0.89		
应急管理制度	单元型社区	1 020	3.79	0.97		
	单位型社区	876	3.93	1.03		
	转制型社区	1 065	3.82	1.05	5.982	0.001**
	地缘型社区	680	3.44	1.08		
	农村社区	1 791	3.38	0.92		

（续）

题项内容	社区类型	N	M	SD	F	p
应急宣传培训	单元型社区	1 020	3.45	1.16		
	单位型社区	876	3.67	1.11		
	转制型社区	1 065	3.69	1.10	1.763	0.153
	地缘型社区	680	3.39	1.16		
	农村社区	1 791	3.42	1.03		

注：＊表示 $p<0.05$，＊＊表示 $p<0.01$。

五种城乡社区对于志愿者组织和应急宣传培训这两项并不会表现出显著差异，而对应急疏散通道、应急防控设施、应急辨别标识、应急管理制度这四项呈现出显著差异。具体分析情况如下：

1. 应急疏散通道

根据组别平均值得分对比，五种城乡社区对比结果为：单位型社区＞农村社区＞转制型社区＞单元型社区＞地缘型社区。由此说明单位型社区在应急疏散通道设置方面是做得最好的，而地缘型社区亟需加强。

2. 应急防控设施

根据组别平均值得分对比，五种城乡社区对比结果为：单元型社区＝单位型社区＞转制型社区＞地缘型社区＞农村社区。由此说明单位型社区和单元型社区在应急防控设施方面准备充分，而地缘型社区和农村社区在五种城乡社区类型中准备得不够到位。

3. 应急辨别标识

根据组别平均值得分对比，五种城乡社区对比结果为：单位型社区＞单元型社区＞转制型社区＞地缘型社区＞农村社区。由此说明在应急辨别标识设置方面单位型社区是做得最好的，而农村社区亟需加强。

4. 应急管理制度

根据组别平均值得分对比，五种城乡社区对比结果为：单位型社区＞转制型社区＞单元型社区＞地缘型社区＞农村社区。由此说明单位型社区应急管理制度制定得较为详细，而农村社区在应急管理制度制定方面仍需加强。

总的来说，在城乡社区常态防范能力方面，单位型社区、转制型社区和单元型社区常态防范能力水平不相上下，而地缘型社区和农村社区在五种城乡社区中表现较弱。

二、快速反应能力的社区差异

采用单因素方差分析法，研究快速反应能力中各题项在单元型社区、单位型社区、转制型社区、地缘型社区和农村社区的显著差异性。当显著性 p 值小于 0.05 或 0.01 时，说明两者间存在显著性差异，结果见表 5.15。

表 5.15 快速反应能力的单因素方差值

题项内容	社区类型	N	M	SD	F	p
接收预警 信息渠道 （社区宣传板）	单元型社区	1 020	2.36	0.69		
	单位型社区	876	2.43	0.67		
	转制型社区	1 065	2.47	0.72	0.609	0.609
	地缘型社区	680	2.35	0.67		
	农村社区	1 791	2.28	0.63		
接收预警 信息渠道 （社区工作人员）	单元型社区	1 020	2.40	0.68		
	单位型社区	876	2.56	0.63		
	转制型社区	1 065	2.60	0.64	1.845	0.138
	地缘型社区	680	2.43	0.69		
	农村社区	1 791	2.35	0.62		
接收预警 信息渠道 （社区广播）	单元型社区	1 020	2.26	0.71		
	单位型社区	876	2.42	0.75		
	转制型社区	1 065	2.53	0.67	2.867	0.036*
	地缘型社区	680	2.41	0.69		
	农村社区	1 791	2.85	0.62		
上报街/镇效率	单元型社区	1 020	2.50	0.57		
	单位型社区	876	2.54	0.58		
	转制型社区	1 065	2.58	0.59	0.400	0.753
	地缘型社区	680	2.50	0.61		
	农村社区	1 791	2.51	0.55		
发布预警 信息效率	单元型社区	1 020	2.52	0.56		
	单位型社区	876	2.63	0.54		
	转制型社区	1 065	2.65	0.55	1.474	0.221
	地缘型社区	680	2.51	0.62		
	农村社区	1 791	2.49	0.52		
组织居民 情况	单元型社区	1 020	3.74	0.99		
	单位型社区	876	3.96	0.94		
	转制型社区	1 065	3.98	0.97	1.935	0.123
	地缘型社区	680	3.71	1.06		
	农村社区	1 791	3.86	0.95		

注：＊表示 $p < 0.05$，＊＊表示 $p < 0.01$。

五种城乡社区对于接受预警信息渠道（社区宣传板）、接受预警信息渠道（社区工作人员）、上报街/镇效率、发布预警信息效率、组织居民情况这五项并不会表现出显著差异，而对接受预警信息渠道（社区广播）这一项呈现出显著差异。具体分析情况如下：根据组别平均值得分对比，接受预警信息渠道（社区广播）在五种城乡社区中的排序为：农村社区＞转制型社区＞单位型社区＞地缘型社区＞单元型社区。

三、社会动员能力的社区差异

采用单因素方差分析法，研究社会动员能力中各题项在单元型社区、单位型社区、转制型社区、地缘型社区和农村社区的显著差异性。当显著性 p 值小于 0.05 或 0.01 时，说明两者间存在显著性差异，结果见表 5.16。

表 5.16　社会动员能力的单因素方差值

题项内容	社区类型	N	M	SD	F	p
调动志愿者/义工	单元型社区	1 020	2.45	0.58		
	单位型社区	876	2.63	0.57		
	转制型社区	1 065	2.66	0.54	2.964	0.032*
	地缘型社区	680	2.49	0.62		
	农村社区	1 791	2.58	0.61		
调动业主委员会	单元型社区	1 020	2.48	0.57		
	单位型社区	876	2.63	0.52		
	转制型社区	1 065	2.66	0.54	2.892	0.035*
	地缘型社区	680	2.47	0.60		
	农村社区	1 791	—	—		
调动物业管理公司	单元型社区	1 020	2.54	0.55		
	单位型社区	876	2.61	0.55		
	转制型社区	1 065	2.58	0.62	2.903	0.034*
	地缘型社区	680	2.41	0.62		
	农村社区	1 791	—	—		
调动社工机构	单元型社区	1 020	2.46	0.56		
	单位型社区	876	2.63	0.52		
	转制型社区	1 065	2.58	0.59	2.216	0.085
	地缘型社区	680	2.46	0.60		
	农村社区	1 791	2.42	0.55		

（续）

题项内容	社区类型	N	M	SD	F	p
各社会力量 工作效率	单元型社区	1 020	3.79	0.92		
	单位型社区	876	4.08	0.85		
	转制型社区	1 065	3.94	0.96	2.112	0.098
	地缘型社区	680	3.79	1.00		
	农村社区	1 791	3.83	0.98		
社区调动各社 会力量能力	单元型社区	1 020	3.82	0.94		
	单位型社区	876	4.06	0.90		
	转制型社区	1 065	3.94	0.94	2.150	0.093
	地缘型社区	680	3.74	0.98		
	农村社区	1 791	3.76	0.95		

注：＊表示 $p<0.05$，＊＊表示 $p<0.01$。

五种城乡社区对于调动社工机构、各社会力量工作效率、社区调动各社会力量能力这三项并不会表现出显著差异，而对调动志愿者/义工、业主委员会、物业管理公司这三项呈现出显著差异。具体分析情况如下：

1. 调动志愿者/义工

根据组别平均值得分对比，五种城乡社区对比结果为：转制型社区＞单位型社区＞农村社区＞地缘型社区＞单元型社区。由此说明转制型社区调动志愿者/义工的能力最强。

2. 调动业主委员会

根据组别平均值得分对比，除农村社区外，四种城市社区对比结果为：转制型社区＞单位型社区＞单元型社区＞地缘型社区。由此说明转制型社区调动业主委员会能力较强。需要说明的是，农村普遍都没有成立业主委员会，故这项信息留缺，只对城市社区进行对比。

3. 调动物业管理公司

根据组别平均值得分对比，除农村社区外，四种城市社区对比结果为：单位型社区＞转制型社区＞单元型社区＞地缘型社区。由此说明单位型社区在调动物业管理公司方面表现得最好，而地缘型社区由于历史原因，可能存在缺失物业管理公司问题。仍然需要说明的是，农村普遍都没有聘用物业管理公司，故这项信息也留缺，仅对城市社区进行对比。

总的来说，在社会动员能力方面，地缘型社区较弱。

四、应急处置能力的社区差异

采用单因素方差分析法，研究应急处置能力中各题项在单元型社区、单位型社区、转制型社区、地缘型社区和农村社区的显著差异性。当显著性 p 值小于 0.05 或 0.01 时，说明两者间存在显著性差异，结果见表 5.17。

表 5.17　应急处置能力的单因素方差值

题项内容	社区类型	N	M	SD	F	p
社区工作人员现场指挥能力	单元型社区	1 020	3.81	0.92		
	单位型社区	876	4.08	0.87		
	转制型社区	1 065	4.00	0.92	2.180	0.090
	地缘型社区	680	3.80	1.00		
	农村社区	1 791	3.95	0.94		
物资分配情况	单元型社区	1 020	3.76	0.94		
	单位型社区	876	3.99	0.91		
	转制型社区	1 065	3.95	0.97	1.499	0.214
	地缘型社区	680	3.76	1.03		
	农村社区	1 791	3.88	1.04		
人员分工安排	单元型社区	1 020	3.81	0.89		
	单位型社区	876	3.92	0.87		
	转制型社区	1 065	3.98	0.93	1.007	0.389
	地缘型社区	680	3.77	1.01		
	农村社区	1 791	3.86	1.02		
舆情导控	单元型社区	1 020	3.78	0.89		
	单位型社区	876	3.97	0.89		
	转制型社区	1 065	4.00	1.01	2.384	0.069
	地缘型社区	680	3.70	1.04		
	农村社区	1 791	3.72	1.02		
相关工作部门间的协同程度	单元型社区	1 020	3.90	0.89		
	单位型社区	876	4.06	0.85		
	转制型社区	1 065	4.13	0.91	2.180	0.089
	地缘型社区	680	3.83	0.98		
	农村社区	1 791	3.96	1.03		

注：＊表示 $p<0.05$，＊＊表示 $p<0.01$。

五种城乡社区对于社区工作人员现场指挥能力、物资分配情况、人员分工安排、舆情导控、相关工作部门间的协同程度这五项均不会表现出显著差异，说明五种城乡社区在应急处置能力方面水平相当。

五、事后处理能力的社区差异

采用单因素方差分析法，研究事后处理能力中各题项在单元型社区、单位型社区、转制型社区、地缘型社区和农村社区的显著差异性。当显著性 p 值小于 0.05 或 0.01 时，说明两者间存在显著性差异，结果见表 5.18。

表 5.18　事后处理能力的单因素方差值

题项内容	社区类型	N	M	SD	F	p
社区秩序 恢复	单元型社区	1 020	3.85	0.89		
	单位型社区	876	4.01	0.86		
	转制型社区	1 065	4.05	0.93	2.036	0.108
	地缘型社区	680	3.78	0.96		
	农村社区	1 791	4.12	0.94		
事后心理 干预	单元型社区	1 020	3.70	0.98		
	单位型社区	876	3.92	0.88		
	转制型社区	1 065	3.81	1.07	1.740	0.158
	地缘型社区	680	3.62	1.04		
	农村社区	1 791	3.56	1.03		
灾后安置 工作	单元型社区	1 020	3.81	0.87		
	单位型社区	876	3.96	0.91		
	转制型社区	1 065	3.97	0.92	1.599	0.189
	地缘型社区	680	3.74	0.97		
	农村社区	1 791	4.05	0.88		
灾后补贴/ 物资发放	单元型社区	1 020	3.76	0.90		
	单位型社区	876	3.90	0.98		
	转制型社区	1 065	3.97	0.97	1.769	0.152
	地缘型社区	680	3.69	1.01		
	农村社区	1 791	4.16	0.89		
水电气恢复	单元型社区	1 020	3.89	0.83		
	单位型社区	876	4.08	0.87		
	转制型社区	1 065	3.98	0.95	2.371	0.070
	地缘型社区	680	3.77	0.97		
	农村社区	1 791	3.65	0.88		

注：* 表示 $p < 0.05$，** 表示 $p < 0.01$。

五种城乡社区对于社区秩序恢复、事后心理干预、灾后安置工作、灾后补贴/物资发放、水电气恢复这五项均不会表现出显著差异，说明五种城乡社区在事后恢复能力方面表现得相差无几。

第六节　回归分析

一、相关分析

在进行回归分析之前，先做相关分析，以研究数据之间的关系情况，包括数据是否存在相关性及关系紧密程度，主要是根据皮尔逊相关性系数（Pearson 相关系数）来进行判断。皮尔逊相关性系数取值在 $-1 \sim 1$，正值代表变量间存在正相关关系，负值表示自变量与因变量存在负相关关系，绝对值越大，表明变量之间的相关关系越紧密。一般来说，皮尔逊相关性系数为 0 时，说明没有线性相关性；绝对值在 $0.1 \sim 0.3$ 时，说明相关性较弱；绝对值在 $0.3 \sim 0.5$ 时，说明相关性适中；绝对值在 $0.5 \sim 1.0$ 时，说明相关性较强。同时，根据显著性检验方法所得到的 p 值小于 0.05 则表示有较为显著的影响。

本研究将城乡社区五种应急能力下的题项分别合并成一个整体维度进行分析，分析结果见表 5.19。五种应急能力与居民对社区应急能力的总体评价及居民对社区常态防范能力、居民对社区快速反应能力、居民对社区社会动员能力、居民对社区应急处置能力、居民对社区事后处理能力的评价分别两两成显著正向相关关系，并且相关性系数绝对值均在 0.5 以上，说明数据之间存在强相关关系，可以进行回归影响关系研究。

表 5.19　社区应急能力与社区居民评价相关分析

变　量	常态防范能力	快速反应能力	社会动员能力	应急处置能力	事后处理能力	总体评价	对常态防范能力评价	对快速反应能力评价	对社会动员能力评价	对应急处置能力评价	对事后处理能力评价
常态防范能力	1										
快速反应能力	0.706**	1									
社会动员能力	0.781**	0.832**	1								
应急处置能力	0.791**	0.792**	0.848**	1							
事后处理能力	0.804**	0.767**	0.842**	0.940**	1						
总体评价	0.781**	0.721**	0.789**	0.865**	0.889**	1					
对常态防范能力评价	0.783**	0.697**	0.775**	0.842**	0.873**	0.913**	1				

（续）

变　量	常态防范能力	快速反应能力	社会动员能力	应急处置能力	事后处理能力	总体评价	对常态防范能力评价	对快速反应能力评价	对社会动员能力评价	对应急处置能力评价	对事后处理能力评价
对快速反应能力评价	0.778**	0.736**	0.792**	0.862**	0.881**	0.909**	0.896**	1			
对社会动员能力评价	0.755**	0.726**	0.785**	0.849**	0.877**	0.897**	0.901**	0.924**	1		
对应急处置能力评价	0.786**	0.730**	0.801**	0.859**	0.885**	0.897**	0.892**	0.931**	0.916**	1	
对事后处理能力评价	0.776**	0.733**	0.801**	0.858**	0.890**	0.897**	0.886**	0.905**	0.923**	0.941**	1

注：* 表示 $p < 0.05$，** 表示 $p < 0.01$。

上文的相关性分析初步验证了社区五种应急能力与居民对社区防范与应对突发事件总体评价和各个能力的评价存在相关性，下面通过回归分析做进一步分析。本研究采用线性回归分析方法，分别将五种应急能力子维度题项作为解释变量，居民对社区应急能力的总体评价及居民对社区常态防范能力、居民对社区快速反应能力、居民对社区社会动员能力、居民对社区应急处置能力、居民对社区事后恢复能力的评价作为被解释变量，分析其影响效应。

一般情况下，R^2 表示拟合程度，其取值在 $0 \sim 1$，值越近 1，说明模型越好，显著性方面主要观察 p 值，当 p 值小于 0.05 时，说明解释变量对被解释变量存在影响关系，可以通过分析回归系数 B 值，对比分析解释变量对被解释变量的影响程度，回归系数 B 值大于 0 说明正向影响，反之呈负向影响。

二、常态防范能力与居民评价的回归分析

将常态防范能力中志愿者组织、应急疏散通道、应急防控设施、应急辨别标识、应急管理制度、应急宣传培训作为解释变量，而将居民对社区常态防范能力的评价作为被解释变量，进行线性回归分析。由表5.20可知，模型 R^2 值为 0.638，表明这些自变量能够解释居民对社区常态防范能力评价的 63.8% 变化原因。对模型进行 F 检验时发现模型通过 F 检验（$F = 145.087$，$p = 0.000 < 0.05$），也就是说至少有一个自变量会对居民对社区常态防范能力的评价产生

影响关系。

具体分析表 5.20，志愿者组织的回归系数值为 -0.026（$t=-0.648$，$p=0.517>0.05$），意味着志愿者组织不会对居民对社区常态防范能力的评价产生影响关系。应急疏散通道的回归系数值为 0.133（$t=3.404$，$p=0.001<0.01$），意味着应急疏散通道会对居民对社区常态防范能力的评价产生显著的正向影响关系。应急防控设施的回归系数值为 0.143（$t=3.015$，$p=0.003<0.01$），意味着应急防控设施会对居民对社区常态防范能力的评价产生显著的正向影响关系。应急辨别标识的回归系数值为 -0.022（$t=-0.417$，$p=0.677>0.05$），意味着应急辨别标识并不会对居民对社区常态防范能力的评价产生影响关系。应急管理制度的回归系数值为 0.267（$t=5.192$，$p=0.000<0.01$），意味着应急管理制度会对居民对社区常态防范能力的评价产生显著的正向影响关系。应急宣传培训的回归系数值为 0.246（$t=5.949$，$p=0.000<0.01$），意味着应急宣传培训会对居民对社区常态防范能力的评价产生显著的正向影响关系。

综合上述，应急疏散通道、应急防控设施、应急管理制度和应急宣传培训这四项 p 值均小于 0.05 且回归系数值均大于 0，因此应急疏散通道、应急防控设施、应急管理制度和应急宣传培训这四项与居民对社区常态防范能力的评价存在显著的正向影响关系。而志愿者组织、应急辨别标识这两项的 p 值均大于 0.05，说明志愿者组织、应急辨别标识这两项与居民对社区常态防范能力的评价并不存在显著的影响关系。

表 5.20 常态防范能力回归结果

	非标准化系数（B）	标准误	标准化系数（$Beta$）	t	p	R^2	F
常数	1.114	0.107	—	10.405	0.000**		
志愿者组织	−0.026	0.040	−0.021	−0.648	0.517		
应急疏散通道	0.133	0.039	0.149	3.404	0.001**		
应急防控设施	0.143	0.047	0.163	3.015	0.003**	0.638	$F_{(6, 494)}=145.087$, $p=0.000$
应急辨别标识	−0.022	0.054	−0.026	−0.417	0.677		
应急管理制度	0.267	0.051	0.302	5.192	0.000**		
应急宣传培训	0.246	0.041	0.306	5.949	0.000**		

注：＊表示 $p<0.05$，＊＊表示 $p<0.01$。

三、快速反应能力与居民评价的回归分析

将快速反应能力中接收预警信息渠道（社区宣传版）、接收预警信息渠道（社区工作人员）、接收预警信息渠道（社区广播）、上报街/镇效率、发布预警信息效率、组织居民情况作为解释变量，而将居民对社区快速反应能力的评价作为被解释变量，进行线性回归分析。从表 5.21 可知，模型 R^2 值为 0.638，意味着这些自变量可以解释居民对社区快速反应能力评价的 63.8% 变化原因。对模型进行 F 检验时发现模型通过 F 检验（$F=145.121$，$p=0.000<0.05$），也就是说至少有一个自变量会对居民对社区快速反应能力的评价产生影响关系。

表 5.21 快速反应能力回归结果

	非标准化系数（B）	标准误	标准化系数（Beta）	t	p	R^2	F
常数	0.925	0.117	—	7.876	0.000**		
接收预警信息渠道（社区宣传板）	0.157	0.057	0.116	2.760	0.006**		
接收预警信息渠道（社区工作人员）	0.067	0.066	0.049	1.015	0.311	0.638	$F(6, 494)=145.121$, $p=0.000$
接收预警信息渠道（社区广播）	−0.013	0.052	−0.010	−0.250	0.803		
上报街/镇效率	0.073	0.084	0.046	0.871	0.384		
发布预警信息效率	−0.077	0.092	−0.048	−0.834	0.404		
组织居民情况	0.634	0.041	0.689	15.447	0.000**		

注：* 表示 $p<0.05$，** 表示 $p<0.01$。

具体分析表 5.21，接收预警信息渠道（社区宣传版）的回归系数值为 0.157（$t=2.760$，$p=0.006<0.01$），意味着接收预警信息渠道（社区宣传版）会对居民对社区快速反应能力的评价产生显著的正向影响关系。接收预警信息渠道（社区工作人员）的回归系数值为 0.067（$t=1.015$，$p=0.311>0.05$），意味着接收预警信息渠道（社区工作人员）并不会对居民对社区快速反应能力的评价产生影响关系。接收预警信息渠道（社区广播）的回归系数值为 −0.013（$t=−0.250$，$p=0.803>0.05$），意味着接收预警信息渠道（社区广播）并不会对居民对社区快速反应能力的评价产生影响关系。上报街/镇效率的回归系数值为 0.073（$t=0.871$，$p=0.384>0.05$），意味着上报街/镇效

率并不会对居民对社区快速反应能力的评价产生影响关系。发布预警信息效率的回归系数值为-0.077（$t=-0.834$，$p=0.404>0.05$），意味着发布预警信息效率并不会对居民对社区快速反应能力的评价产生影响关系。组织居民情况的回归系数值为0.634（$t=15.447$，$p=0.000<0.01$），意味着组织居民情况会对居民对社区快速反应能力的评价产生显著的正向影响关系。

综合上述，接收预警信息渠道（社区宣传板）和组织居民情况这两项p值均小于0.05且回归系数值均大于0，说明这两项与居民对社区快速反应能力评价存在显著的正向影响关系。接收预警信息渠道（社区工作人员）和上报街/镇效率这两项与居民对社区快速反应能力评价两项p值均大于0.05且回归系数值大于0，说明数据间不存在影响关系。接收预警信息渠道（社区广播）和发布预警信息效率这两项p值均大于0.05且两项回归系数值均小于0，说明这两个解释变量与居民对社区快速反应能力评价不存在显著影响关系。

四、社会动员能力与居民评价的回归分析

将社会动员能力中调动志愿者/义工、调动业主委员会、调动物业管理公司、调动社工机构、各社会力量工作效率、社区调动各社会力量能力作为解释变量，而将居民对社区社会动员能力的评价作为被解释变量，进行线性回归分析。从表5.22可以看出，模型R^2值为0.640，意味着这些解释变量可以解释居民对社区社会动员能力评价的64.0%变化原因。对模型进行F检验时发现模型通过F检验（$F=146.446$，$p=0.000<0.05$），也就是说至少有一个自变量会对居民对社区社会动员能力的评价产生影响关系。

表5.22　社会动员能力回归结果

	非标准化系数（B）	标准误	标准化系数（$Beta$）	t	p	R^2	F
常数	0.554	0.123	—	4.511	0.000**		
调动志愿者/义工	0.064	0.070	0.041	0.920	0.358		
调动业主委员会	0.040	0.088	0.025	0.455	0.649		$F(6, 494)=146.446$,
调动物业管理公司	0.166	0.075	0.106	2.207	0.028*	0.640	$p=0.000$
调动社工机构	0.110	0.085	0.068	1.293	0.197		
各社会力量工作效率	0.188	0.067	0.193	2.816	0.005**		
社区调动各社会力量	0.422	0.066	0.436	6.417	0.000**		

注：* 表示$p<0.05$，** 表示$p<0.01$。

具体分析表 5.22，调动志愿者/义工的回归系数值为 0.064（$t=0.920$，$p=0.358>0.05$），意味着调动志愿者/义工并不会对居民对社区社会动员能力的评价产生影响关系。调动业主委员的回归系数值为 0.040（$t=0.455$，$p=0.649>0.05$），意味着调动业主委员会并不会对居民对社区社会动员能力的评价产生影响关系。调动物业管理公司的回归系数值为 0.166（$t=2.207$，$p=0.028<0.05$），意味着调动物业管理公司会对居民对社区社会动员能力的评价产生显著的正向影响关系。调动社工机构开展的回归系数值为 0.110（$t=1.293$，$p=0.197>0.05$），意味着调动社工机构并不会对居民对社区社会动员能力的评价产生影响关系。各社会力量工作效率的回归系数值为 0.188（$t=2.816$，$p=0.005<0.01$），意味着各社会力量工作效率会对居民对社区社会动员能力的评价产生显著的正向影响关系。社区调动各社会力量能力的回归系数值为 0.422（$t=6.417$，$p=0.000<0.01$），意味着社区调动各社会力量能力会对居民对社区社会动员能力的评价产生显著的正向影响关系。

综合上述，调动物业管理公司、各社会力量工作效率和社区调动各社会力量能力这三项 p 值均小于 0.05 且回归系数值均大于 0，说明这三个解释变量与居民对社区社会动员能力的评价存在显著的正向影响关系。调动志愿者/义工、调动业主委员会和调动社工机构这三项 p 值均大于 0.05 且三项回归系数值均大于 0，说明这三个解释变量与居民对社区社会动员能力的评价不存在影响关系。

五、应急处置能力与居民评价的回归分析

将应急处置能力中社区工作人员现场指挥能力、物资分配情况、人员分工安排、舆情导控、相关工作部门间的协同程度作为解释变量，而将居民对社区应急处置能力的评价作为被解释变量，进行线性回归分析。从表 5.23 可以看出，模型 R^2 值为 0.745，意味着这些自变量可以解释居民对社区应急处置能力评价的 74.5% 变化原因。对模型进行 F 检验时发现模型通过 F 检验（$F=289.337$，$p=0.000<0.05$），也就是说至少有一个自变量会对居民对社区应急处置能力的评价产生影响关系。

具体分析表 5.23，社区工作人员现场指挥能力的回归系数值为 0.286（$t=5.628$，$p=0.000<0.01$），意味着社区工作人员现场指挥能力会对居民对社区应急处置能力的评价产生显著的正向影响关系。物资分配情况的回归系数值为 -0.008（$t=-0.123$，$p=0.902>0.05$），意味着物资分配情况并不会对居民对社区应急处置能力的评价产生影响关系。人员分工安排的回归系数值为 0.120（$t=1.889$，$p=0.059>0.05$），意味着人员分工安排并不会对居民对社

表 5.23 应急处置能力回归结果

	非标准化系数（B）	标准误	标准化系数（Beta）	t	p	R^2	F
常数	0.380	0.095	—	4.002	0.000**		
物资分配情况	−0.008	0.063	−0.008	−0.123	0.902		
社区工作人员现场指挥能力	0.286	0.051	0.295	5.628	0.000**	0.745	$F_{(5, 495)}=289.337,$ $p=0.000$
人员分工安排	0.120	0.063	0.122	1.889	0.059		
舆情导控	0.320	0.051	0.337	6.224	0.000**		
相关工作部门间的协同程度	0.174	0.043	0.176	4.049	0.000**		

注：* 表示 $p<0.05$，** 表示 $p<0.01$。

区应急处置能力的评价产生影响关系。舆情导控的回归系数值为 0.320（$t=$ 6.224，$p=0.000<0.01$），意味着舆情导控会对居民对社区应急处置能力的评价产生显著的正向影响关系。相关工作部门间的协同程度的回归系数值为 0.174（$t=4.049$，$p=0.000<0.01$），意味着相关工作部门间的协同程度会对居民对社区应急处置能力的评价产生显著的正向影响关系。

综合上述，社区工作人员现场指挥能力、舆情导控和相关工作部门间的协同程度这三项 p 值均小于 0.05 且回归系数值均大于 0，说明这三个解释变量与居民对社区应急处置能力评价存在显著的正向影响关系。人员分工安排 p 值大于 0.05 且回归系数值大于 0，说明人员分工安排与居民对社区应急处置能力评价不存在影响关系。物资分配情况 p 值大于 0.05 且回归系数值小于 0，说明物资分配情况与居民对社区应急处置能力评价不存在显著影响关系。

六、事后处理能力与居民评价的回归分析

将事后处理能力中社区秩序恢复、事后心理干预、灾后安置工作、灾后补贴/物资发放、水电气恢复作为解释变量，而将居民对社区事后处理能力的评价作为被解释变量，进行线性回归分析。从表 5.24 可以看出，模型 R^2 值为 0.794，意味着这些自变量可以解释居民对社区事后处理能力评价的 79.4% 变化原因。对模型进行 F 检验时发现模型通过 F 检验（$F=381.161$，$p=0.000<0.05$），也就是说至少有一个自变量会对居民对社区事后处理能力的评价产生影响关系。

表 5.24 事后处理能力回归结果

	非标准化系数（B）	标准误	标准化系数（Beta）	t	p	R²	F
常数	0.277	0.085	—	3.252	0.001**		
社区秩序恢复	0.201	0.053	0.201	3.800	0.000**		
事后心理干预	0.166	0.043	0.182	3.858	0.000**	0.794	$F_{(5, 495)} = 381.161$, $p = 0.000$
灾后安置工作	0.137	0.060	0.137	2.261	0.024*		
灾后补贴/物资发放	0.185	0.051	0.194	3.606	0.000**		
水电气恢复	0.237	0.043	0.235	5.475	0.000**		

注：* 表示 $p < 0.05$，** 表示 $p < 0.01$。

具体分析表 5.24，社区秩序恢复的回归系数值为 0.201（$t = 3.800$，$p = 0.000 < 0.01$），意味着社区秩序恢复会对居民对社区事后处理能力的评价产生显著的正向影响关系。事后心理干预的回归系数值为 0.166（$t = 3.858$，$p = 0.000 < 0.01$），意味着事后心理干预会对居民对社区事后处理能力的评价产生显著的正向影响关系。灾后安置工作的回归系数值为 0.137（$t = 2.261$，$p = 0.024 < 0.05$），意味着灾后安置工作会对居民对社区事后处理能力的评价产生显著的正向影响关系。灾后补贴/物资发放的回归系数值为 0.185（$t = 3.606$，$p = 0.000 < 0.01$），意味着灾后补贴/物资发放会对居民对社区事后处理能力的评价产生显著的正向影响关系。水电气恢复的回归系数值为 0.237（$t = 5.475$，$p = 0.000 < 0.01$），意味着水电气恢复会对居民对社区事后处理能力的评价产生显著的正向影响关系。

综合上述，社区秩序恢复、事后心理干预、灾后安置工作、灾后补贴/物资发放、水电气恢复这五项 p 值均小于 0.05 且回归系数值均大于 0，说明事后处理能力整体与居民对社区事后处理能力评价存在显著的正向影响关系。

七、回归分析小结

本研究将显著性大于 0.05 且回归系数值大于 0 的题项视为社区应急能力中暴露出来的"短板"，将显著性大于 0.05 且回归系数值小于 0 的题项视为社区应急能力中所存在的"盲区"。

根据上文回归分析结果，研究结论如下。

社区防范与应对突发事件过程中存在的"短板"包括：快速反应能力中"接收预警信息渠道（社区工作人员）""上报街/镇效率"，社会动员能力中

"调动志愿者/义工""调动业主委员会""调动社工机构"，应急处置能力中"人员分工安排"。

社区防范与应对突发事件过程中存在的"盲区"包括：常态防范能力中"志愿者组织""应急辨别标识"，快速反应能力中"接收预警信息渠道（社区广播）""发布预警信息效率"，应急处置能力中"物资分配情况"。

第七节　实证结论

实证研究结果表明，不同类型的社区应急能力存在明显差异。

单元型社区、单位型社区和转制型社区五种应急能力水平相当，但是单元型社区快速反应能力中"社区广播预警"一项存在明显的盲区。

地缘型社区五种应急能力在防范与应对突发事件过程中暴露出较多问题，常态防范能力中"应急疏散通道""应急防控设施""应急管理制度"、社会动员能力中"调动业主委员会""调动物业管理公司"为社区应急能力短板，常态防范能力中"应急辨别标识"为盲区。

农村社区五种应急能力在总体上与地缘型社区相当，常态防范能力中"应急防控设施""应急管理制度"为社区应急能力短板，"应急辨别标识""志愿者组织"为盲区。而社会动员能力中"调动业主委员会""调动物业管理公司"则不参与比较，因为农村社区普遍都没有成立业主委员会和聘请物业管理公司。

从社区应急能力整体上来看，五种城乡社区应急能力中均存在以下盲区，包括常态防范能力中"志愿者组织"，快速反应能力中"发布预警信息效率"，应急处置能力中"物资分配情况"。

同时，五种城乡社区应急能力中均暴露出以下短板，包括快速反应能力中"上报街/镇效率""社区工作人员预警"，社会动员能力中"调动社工机构"，应急处置能力中"人员分工安排"，事后处理能力中"心理危机干预"。

归纳起来，不同类型的社区防范与应对突发事件的能力差异见表5.25。

表 5.25　不同类型社区应急能力比较

社区类型	常态防范能力	快速反应能力	社会动员能力	应急处置能力	事后处理能力
单元型社区	志愿者组织—	社区广播预警— 发布信息效率— 上报街/镇效率— 社区人员预警—	调动志愿者＝ 调动社工机构＝	物资分配情况— 人员分工安排＝	心理危机干预＝

（续）

社区类型	常态防范能力	快速反应能力	社会动员能力	应急处置能力	事后处理能力
单位型社区	志愿者组织－	发布信息效率－ 上报街/镇效率＝ 社区人员预警＝	调动社工机构＝	物资分配情况－ 人员分工安排＝	心理危机干预＝
转制型社区	志愿者组织－	发布信息效率－ 上报街/镇效率＝ 社区人员预警＝	调动社工机构＝	物资分配情况－ 人员分工安排＝	心理危机干预＝
地缘型社区	应急疏散通道＝ 应急防控设施＝ 应急辨别标识＝ 应急管理制度＝ 志愿者组织－	发布信息效率－ 上报街/镇效率＝ 社区人员预警＝	调动业委会＝ 调动物管公司＝ 调动社工机构＝	物资分配情况－ 人员分工安排＝	心理危机干预＝
农村社区	应急防控设施＝ 应急辨别标识－ 应急管理制度＝ 志愿者组织－	发布信息效率－ 上报街/镇效率＝ 社区人员预警＝	调动社工机构＝	物资分配情况－ 人员分工安排＝	心理危机干预＝

注："＝"表示能力存在"短板"，"－"表示能力存在"盲区"。

第二篇

应 急 警 务

第六章 广州市 Y 派出所应急警务概述

第一节 广州市 Y 派出所及其应急职能

一、广州市 Y 派出所概况

广州简称"穗",别称"羊城"和"花城",是广东省省会、副省级城市、国家中心城市、特大城市、广州都市圈核心城市,也是国务院批准的中国重要中心城市、国际贸易中心和综合交通枢纽。截至 2020 年,广州市辖 11 个区,总面积 7 434.40 千米^2,常住人口 18 676 605 人。

广州位于我国的南方,地处珠江下游,与南海距离较近,是我国南部战区司令部驻地。长期以来,广州都是国家的物流枢纽、国家综合门户城市、国际综合交通枢纽。广州是我国首批沿海开放城市,是中国通往世界的南大门,是粤港澳大湾区、泛珠江三角洲经济区的中心城市和"一带一路"的枢纽城市。

Y 派出所成立于 2016 年 3 月,隶属广州市公安局 B 分局,B 分局管辖面积 795 千米^2,辖 20 个街道 4 个镇,常住人口 374 万人。Y 派出所管辖面积 4.02 千米^2,户籍人数 1.72 万人,登记住户数 6.39 万人。辖区内房屋 4 848 栋,公寓 39 栋,公司单位 3 072 家,大型居住小区 14 个,学校 11 所。目前,Y 派出所有民警 50 人,辅警 150 余人,联防队员 200 余人,详见表 6.1。

表 6.1 广州市 Y 派出所基本情况

Y 派出所辖内情况	统计情况
Y 派出所辖内总人口	户籍人数 1.72 万人,登记住户数 6.39 万人
Y 派出所辖内面积	4.02 千米^2

（续）

Y 派出所辖内情况	统计情况
Y 派出所辖内建筑情况	房屋 4 848 栋，公寓 39 栋，公司单位 3 072 家，大型居住小区 14 个，学校 11 所
Y 派出所警务人员构成	民警 50 人，辅警 150 余人，联防队员 200 余人

二、广州市 Y 派出所应急警务的主要职能

作为社会基层的保卫力量，公安派出所在突发事件的应急状态中担任着第一防线、第一现场及第一环节的重要作用，其应急警务的主要职能体现在以下几方面：

首先，派出所是维护辖区稳定的工作龙头。派出所的日常重要工作责任即做好区域内管理治安稳定，尤其是一旦发生突发事件，破坏社会秩序，影响公共安全，派出所要第一时间掌握有效情报，并及时对突发事件快速响应，保证指挥畅通、控制得力。

其次，派出所是社会情报信息的重要枢纽。广泛覆盖的监控网络和强大的警务综合数据平台，是公安部门较于其他行政单位的情报收集、处理优势。派出所最贴近社会基层单位，能够获得第一手有效情报信息，科学、准确的信息研判是突发事件的预警预防阶段的风向标。同时，派出所对各类信息归纳总结，向上级决策机关提供详尽充分的资料佐证，可以使突发事件的应急处置做到高瞻远瞩、运筹帷幄。

最后，派出所是全面协同处置的协调单位。"政府放开手，推动社会多元自治，恰恰是保证中国长治久安的道路。"从公共管理的治理理论角度而言，要整合社会各阶层力量和资源共同应对突发事件，实现突发事件的应急管理参与主体多元化。在处置突发事件的过程中，不能仅仅依靠公安部门的力量，其他政府机构、社会组织、民众个人也是社会多元协调治理的主体。一旦发生突发事件，派出所应有效调动其他职能部门，发动社会组织力量，引导民众积极参与，实现资源的优化整合。

第二节　实地调查概述

一、问卷设计与调查

本研究设计的问卷由六部分组成：第一部分是基本信息，包括前 5 个问题，主要涉及问卷参与者的性别、年龄、工作类别、受教育程度和警务工作年

限，应根据实际情况填写；第二部分是队伍保障方面现状调查，包括第 6 至
12 个问题；第三部分是法律保障现状调查，包括第 13 至 19 个问题；第四部
分第 20 至 26 个问题，主要是针对警用武器设备的现状考察；第五部分是经费
后勤保障方面调查，包括第 27 至 33 个问题；第六部分主要是开放性问题，包
括第 34 个问题，主要听取被调查者根据自己的工作经验，讲述其在应对突发
事件中，警务保障方面还有哪些不足，但被问卷所忽视。问卷中所有问题均采
用李克特 5 级量表法设置选项，由高到低排列。

目前公安机关是应急警务工作的主体，在处理应急警务工作中，一线基层
民警的处置权最大。由于公安机关任务繁重，而基层警力紧张，警务辅助人员
的出现大大缓解这一矛盾。警辅人员作为公安机关一支不可或缺的重要力量，
在协助民警维护社会治安、打击违法犯罪、开展行政管理和服务人民群众方面
都发挥了重要作用。为了更好地了解广州市 Y 派出所突发事件应急警务情况，
笔者对广州市 Y 派出所的警务人员和辅助人员进行问卷调查，选取的调查对
象都涉及或了解突发事件处置的公安派出所民警、辅警、安保人员等。本次发
放了 380 份调查问卷，回收了 378 份问卷，问卷回收率为 99.47%；最终收回
有效问卷为 360 份，问卷有效回收率为 94.74%。

二、样本特征

调查对象里男性占比为 88%，有 316 人，女性占比为 12%，有 44 人。本
次所调查的 360 名受访者中，公安干警 50 人，辅警 140 人，联防队员 160 人，
保安 10 人。学历在小学及以下的有 20 人，初中学历的有 52 人，高中学历和
中专毕业的有 96 人，大专学历的有 139 人，本科学历及以上的有 53 人。工作
时长在 5 年之内的有 148 人，6～15 年的有 180 人，16～30 年的有 29 人，超
过 31 年的有 3 人（表 6.2）。

表 6.2 调查样本构成

属　　性	选　　项	频　　数	比例（%）
年龄段	30 岁以下	75	21
	30～39 岁	162	45
	40～49 岁	108	30
	50～60 岁	15	4
性别	男	316	88
	女	44	12

（续）

属　　性	选　　项	频　　数	比例（％）
职业类型	公安干警	50	14
	辅警	140	39
	社区联防队员	160	44
	住宅区保安	10	3
文化程度	小学及以下	20	6
	初中	52	14
	高中/中专	96	27
	大专	139	39
	本科及以上	53	15
工作年限	5 年以下	148	41
	6～15 年	180	50
	16～30 年	29	8
	31 年以上	3	1

三、数据的信度和效度分析

选取问卷的所有选择题，共 34 道，通过 SSPS22.0 软件予以信度分析，得出以下结果，见表 6.3。

表 6.3　可靠性统计量

Cronbach's Alpha	基于标准化项的 Cronbach's Alpha	项　　数
0.909	0.899	28

Cronbach's 系数的结果是 0.899，说明试卷信度良好。查看项总计统计量中"项已删除的 Cronbach's Alpha 值"，所有题目删除后 Cronbach's Alpha 值提升结果不到 0.01，信度提高并不明显，因此所有题目都达到信度。

根据题目选项的有序性，选取问卷第 4、5、6、7、8、9、10、12、15、16、17、18、19、21、22、23、24、25、26、27、29、30、31 题，进行 KMO 和 Bartlett 的检验，以便检验问卷题目是否适合做因子分析，结果见表 6.4。结果发现，KMO 为 0.857，大于 0.5，sig. 值达到显著性，因此说明适合继续做因子分析。

表 6.4　KMO 和 Bartlett 的检验

取样足够度的 Kaiser – Meyer – Olkin 度量		0.857
Bartlett 的球形度检验	近似卡方	2 036.147
	df	253
	sig.	0.000

接着提取因子，一共可以提取 6 个，6 个因子的总累计解释达到 66.536，说明提取的 6 个因子可以解释整体的 66.536%，超过一半，提取的因子合理。

最后采用主成分法，进行旋转最大方差法，正交旋转得出结果，发现因素负荷绝对值都大于 0.45，说明问卷的结构效度良好。

四、半结构式访谈

2020 年 3—6 月，课题组与广州市 Y 派出所相关人员进行了访谈，其中访谈的人员有派出所领导、民警、联防队队长/队员以及楼盘保安队队长或队员等。通过与广州市 Y 派出所 6 名相关人员进行单独访谈，了解 Y 派出所突发事件应急警务的相关情况，访谈人员包括 Y 派出所领导 2 人，Y 派出所民警 2 人，Y 派出所联防队队长 2 人，记录访谈内容，后文采用，用编号 M 表示（表 6.5）。

表 6.5　广州市 Y 派出所工作人员访谈

序　号	受访者	访谈时间	访谈地点	编　号
1	Y 派出所领导 1	2020 年 3 月	广州市 Y 派出所会客室	M1
2	Y 派出所领导 2	2020 年 3 月	广州市 Y 派出所会客室	M2
3	Y 派出所民警 1	2020 年 4 月	广州市 Y 派出所会客室	M3
4	Y 派出所民警 2	2020 年 4 月	广州市 Y 派出所会客室	M4
5	联防队队长 1	2020 年 5 月	广州市 Y 派出所会客室	M5
6	联防队队长 2	2020 年 5 月	广州市 Y 派出所会客室	M6

第三节　广州市 Y 派出所应急警务的基本情况

全国各地的应急警务体系不够完善，发展也较为不平衡，各地公安机关通常以处理常规警务为主来应对突发事件。在 2001 年，"9·11"事件的出现，使各地都开始注重应急警务的完善和构建。2003 年"SARS"疫情暴发，我国对应急管理的研究更加深入与详细，"应急警务"也随之出现在公众视野。国际会议和规模较大的赛事举办对广州的警务建设要求更加全面，也一定程度上推动了广州市的 Y 派出所应急警务工作的完善。笔者主要从应急处置程序、应急队伍建设、应急警务保障和舆情管控四个方面对广州市 Y 派出所在新冠肺炎疫情防控期间的应急警务基本情况进行描述。

一、应急处置程序

为组建快速反应机制，根据广州市公安局的重要指示，Y 派出所所在 B 公安局在疫情发生时迅速建立与疾控、应急、消防等部门的信息互通机制和通道，做好相互协作的准备工作。

为短时间内预警和核实人员的健康问题，全面完成突发事件防控工作。按照上级部门的统一部署，分局建立防疫数据信息专项小组，充分依托"云盾"平台，综合利用公安大数据，对 B 区内突发事件敏感人员进行全面梳理、分析研究、实施分类，对健康关注人员分类预警、分类处置，不断总结经验，堵塞漏洞，大力推进基础建设，不断提高流动人员的动态管控能力。走访核查警务区专业网格内的重点对象和日常对象①。

派出所作为涉疫封控管控区域治安管控处置工作的第一责任单位，当发生疫情时第一时间到达现场开展处置工作；依据现场实际情况制定安保岗位工作方案，落实上岗人数、时间、轮换批次，并对岗位情况及时记录和上报；在目标区域内架设警戒带、铁马、水马等，会同交警部门协调对目标区域周边主干道封闭；建立临时应急处置单元，加强目标区域的应急处组织力度和强化周边巡逻工作；协助有关部门对涉疫封控管控区域内的居民做好解释工作，协力做好居民物资保障；对区域及其周边的舆情进行研判，收集不稳定因素，及时化解矛盾纠纷。

出现突发事件时，Y 派出所的警力会以最快的速度集结到位，上级下发指令后，严格遵从突发事件的阶段性特征，对事件发生的情况，详细包括位置、事件造成的损害和影响、事件规模大小等，及时采取匹配的应对措施以及作出警力的合理分配，严格按照领导的指示，快速到达事件发生位置，及时作出处

---

① 重点对象：一是来穗系统下发的登记 A 省户籍来穗人员，二是"云盾"系统推送的在册登记的 A 省户籍人员（包括原户籍在 A 省的人员）。日常对象：日常工作中新发现的 A 省来穗人员，以及根据群众提供的线索需要走访的人。

理，妥善解决，让突发事件造成的损害降低至最小。

（资料来源：访谈，M3，Y 派出所民警，2020 年 4 月。）

为了更好地应对公众突发事件，派出所会设定警戒区域，在警务人员到达的第一时间，按照现场情况对事故现场进行区分，拉警戒线把围观人员和事故关联者区分开。对比较重要的区域，采取人墙和警戒线双重警戒模式，有效避免不相关人员破坏现场而造成失控局面。警察进入重点区域的时候必须穿戴警务人员专用的衣帽以及防护盾。此外，对于一些恶意制造现场混乱的人员，可以通过合法方式对其进行证据采取，对其犯罪行为依法处理。

同时在现场进行法制宣传。执勤人员对现场人员反映的情况要及时反馈并想办法解决，也要告诉现场人员如不配合公安机关而作出不法行为，公安机关有权对其按照法律规定采取措施。此外，要做好群众的工作，告诉他们不要传播谣言，不信谣，不被坏人利用，不做违法的事情，通过合法手段维护自己的利益。现场警务人员对老人、小孩、妇女要特殊照顾，劝诫他们离开现场，以免他们遭受不必要的伤害。执勤民警在分离群众、疏通道路、封锁现场、管控局面后，把与事件有关的人员带回派出所进行调查，一直到最后事件顺利处置妥当。

（资料来源：访谈，M1，Y 派出所领导，2020 年 3 月。）

二、应急队伍建设

当前，人力资源在公安工作中居于主体地位，应急警务工作也如此，因此提高警务人员的专业能力，建设专业应急队伍，是应急警务建设工作的第一任务。例如，2012 年，成立广州市应急救援总队。《国务院办公厅关于加强基层应急队伍建设的意见》（国办发〔2009〕59 号）指出："各区域的政府单位要依靠公安消防队伍和其他具有应急救援优势的队伍，组建一支'一专多能'的全面化县级紧急事故救援队伍。"

指挥部署如图 6.1 所示。在新冠肺炎疫情暴发后，广州市 Y 派出所所属 B 分局依据《新型冠状病毒引发肺炎疫情防控工作方案》（穗公云〔2020〕17 号），分局成立由 S 局长任组长、C 政委任常务副组长的疫情防控工作领导小组，由各分管局领导挂帅成立应急响应、网络防控、后勤保障、情况整合、内部防控、监督检查等 6 个工作组，指挥中心、政工办、网警大队、巡特警大队、治安大队、交通大队、人口大队、警保室、各派出所负责领导为工作组成员。各派出所、协作单位"一把手"领导严格按照工作计划的要求，跟踪落实具体措施，做好防疫工作。

疫情防控工作领导小组
组长：分局局长
常务副组长：分局政委

| 应急响应 | 网络防控 | 后勤保障 | 情况整合 | 内部防控 | 监督检查 |

各分管局领导为工作组组长，指挥中心、政工办、网警大队、巡特警大队、治安大队、交通大队、人口大队、警保室、各派出所领导为工作组成员

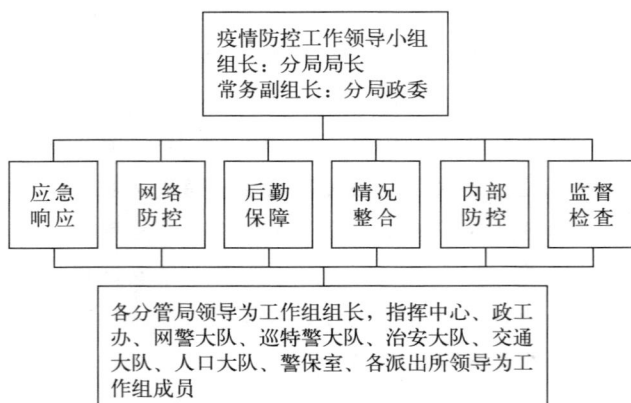

图 6.1 指挥部署情况

涉疫封控管控区内的应急警力配备，建立 3 个梯次的应急处置梯队，根据疫情事态逐步递增常态备勤力量。第一梯队为相关区域的属地派出所值班组派出安保力量，接到指令后第一时间到达目标区域的核心封控区及安全警戒区域开展应急管控处置工作；第二梯队为巡特警大队力量，协助开展核心封控区、安全警戒区域的安保工作；第三梯队为分局机关单位力量，由涉疫封控区根据目标现场需求，向上级报告进行统一调度安排，重点是加强外围防护和巡控工作。应急处置警力配备如图 6.2 所示。

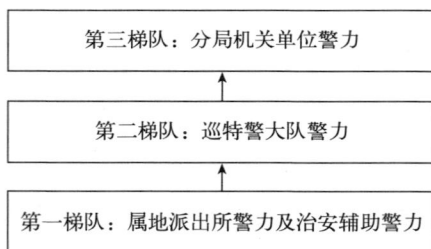

第三梯队：分局机关单位警力

第二梯队：巡特警大队警力

第一梯队：属地派出所警力及治安辅助警力

图 6.2 应急处置警力配备情况

据统计，2020 年 6 月，Y 公安派出所社区民警积极参与协助防控工作，共出动警力 300 人次，协助"三人工作组"上门核查健康关注人员 150 人。1—6 月推广启用通行码 63 160 个，其中企业 3 058 间（启用率 93.66%），房屋 3 578 栋（74.22%）。全所移动警务终端走访核查 33 684 人次。

三、应急警务保障

从技术信息保障角度来看，当前广东省公安厅在加快推进以大数据智能化

建设应用为核心的智慧新警务建设。智慧新警务建设以大数据信息技术、互联网信息技术、云计算技术等为依托，打造警务工作智慧化的新理念和新模式。在实行智能警务措施后，更集中化的省级公安大数据云中心与统一移动的警务应用平台应运而生，此外在大数据的促进下，贴合度高、团结作战、流程化运作的控制中心、情报处理中心、新闻中心与网络监管中心都形成了警务新体系、新方法，让公安系统更加综合化、信息化、智能化、现代化。新系统的出现为 Y 派出所应对突发状况的认知、判断、命令、处理提供了强大科技的保障。

从后勤保障方面来看，Y 派出所结合辖区及队伍实际情况，不断拓宽采购渠道，加强防疫物资保障，并对购置的防疫物资进行统筹管理，充分发挥防疫物资的最大效能，切实保障基层一线民警的安全。积极协调街道党工委，落实口罩、防护服、消毒水等防疫装备。在做好公务用车、饭堂管理等日常后勤保障的同时，注意细节防护，办公区域定期消毒、执勤车辆消毒防护、饭堂分批就餐、提倡自带餐具等，尽力避免队伍内部出现感染疫情情况。

在应对新冠肺炎疫情的后勤保障方面，派出所所属 B 分局的警务保障室需及时了解局所属各单位的装备情况，根据疫情发展情况，按需采购和及时发放防护装备，全力确保应急队伍，一线执勤警务人员和辅警得到有效保护。要牵头与人口、监所单位、派出所等单位，进一步加强对监所、对外办证窗口、办公场所等安全防疫工作场所的清洁消毒。

（资料来源：访谈，M2，Y 派出所领导，2020 年 3 月。）

四、舆情管控

疫情防控期间密切关注群众反映的问题，对群众做好解释工作，稳定群众情绪，消除群众的忧虑和恐惧心理。拓宽官方信息发布渠道，及时公布疫情信息，营造"不造谣、不传谣、不信谣"的防控氛围，维护社会稳定。

对内所有单位都需要对工作严格保密，所有疫情处理信息不应发送至微信群，只能在微信企业账号点对点或群发通知。在防疫期间，政工办、监督室、警务室、治安大队、人口大队、网警大队、交防大队、拘留所、看守所等，每日 12 时前将当天突出情况利用 OA 发送到指挥中心值班日志中，由指挥中心汇总后报送相关单位和上级领导。各单位日常传播疫情信息，可使用微信企业号"信息咨询群"。

同时，强化民警保密教育，要求走访工作小组严守保密制度，严禁将人口信息、家庭情况、涉疫工作情况向无关人员透露，以防信息泄露，被别有用心者歪曲事实、制造事端，引发网络舆情。

第四节　广州市 Y 派出所应急警务现状

一、应急警务压力大且应急队伍待充实

派出所工作强度大、基层任务重、警力缺口大，近几年来公安机关开展优化警力配置结构，提高基层待遇，推动警力下基层，取得了不错的成效。警力缺口问题得以缓解，出警速度提高，基层队伍活跃性增强，一定程度保证了基层应急警务人员的资源优化配置。由于公安机关对其所属的各警种有统一调度和使用的权利，所以在突发事件的应对中采取多警种合成作战的方式，实现优势互补和装备互用。从表6.6可知，42%的受访者认为处置警力充足程度尚可，45%认为预防和预警警力充足程度中等。

每年安排2个市局机关民警下派到我们派出所支援工作，期限一般为一年。之后随着新警的分配，再把空缺岗位填上。这一方案确实扩充了我们的警力，分担了现有的工作压力。但是机关民警对基层业务并不熟悉，我们要花时间精力去教他们，但刚掌握没多久，他们又要调回原来的岗位。

（资料来源：访谈，M4，Y派出所民警，2020年4月。）

面对社会面的复杂形势，为了维护辖区内的安全稳定，我们联防队组建了一支夜间巡逻队——"夜鹰"，负责夜间10时至凌晨4时的路面巡逻工作，如有打架斗殴、群众纠纷、偷盗抢夺等各类情况，我们会及时到达现场，协助公安部门开展工作。

（资料来源：访谈，M5，Y派出所辖内联防队长，2020年5月。）

总体来说，由调查可知，在突发事件的处置及预防预警阶段，警力基本达到保证；应急警务人员风险意识和应急技能多数达标；民警自身的体能状况尚可，普遍身体素质较高。

针对突发事件危机发生的突然性、紧急性、破坏性和危害性等特点，Y派出所作为地域危机的第一处置、管理和执行主体，要制定好突发事件的解决措施，对政府每个部门进行详细分工、有关机构进行协调、做好社会大众的动员工作，这样有助于紧急事故得到及时处理和控制。假如危机出现，指挥中心可以及时调动有关部门、专业人员与社会大众的力量及时处理危机，尽快让危机解除以及善后。如表6.6所示，在问卷调查中，超过半数的人表示在参与突发

事件处置时社会联动主体参与性中等及以上，但社会联动效果较满意的人只占30%。这表明 Y 派出所的应急联动工作准备较充足，但突发事件处置时的社会联动效果仍需优化。

表 6.6 队伍保障统计 单位:%

序号	观测变量	好	较好	一般	差	较差
1	处置警力充足程度	15	17	10	45	13
2	预防和预警警力充足程度	16	20	9	40	15
3	风险意识与应急技能	10	6	46	18	20
4	体能	13	10	59	8	10
5	警务保障	38	21	15	18	8
6	社会联动主体	30	17	17	25	11
7	社会联动效果	16	14	40	14	16

二、应急警务人员素质提升和应急法制意识较强

统一的入职考试，单位定期开展的法律培训、考试，以及公安工作实践的经验积累，都为警务人员的专业法律素养打下基础。虽然受访者含警务辅助人员、联防安保队员，法律水平有限，但调查显示仍有过半数大致了解处置的法律法规及制度依据，见表 6.7。

表 6.7 法制保障统计 单位:%

序号	观测变量	好	较好	一般	差	较差
1	处置突发事件中警察权使用	37	10	44	7	2
2	法律法规、制度与执法时安全性	16	3	46	18	17
3	平时预防和预警状况	10	44	8	6	32
4	突发事件的预防和预警效果	18	10	55	8	9
5	突发事件处置的相关预案情况	41	35	5	5	6
6	突发事件处置的预案演练情况	14	10	56	9	11
7	处置突发事件时的舆论应对	11	10	56	10	13

从表 6.7 中可以看出，所在地区和单位对突发事件的预防和预警比较重视，有 81% 的人认可突发事件处置的相关预案，其中 41% 表示非常满意，表明 Y 派出所的应急预案设置较为完备，科学有效的预案机制能够协调好各部门的运行，达到既定目标。但是预案演练的效果仍需提高。

当前社会已开启数字化时代，人们获取信息的主要方式从传统媒体逐渐向新媒体转变，主要特点是信息覆盖面广、传播速度快、作用效果明显。Y派出所也逐步重视塑造警察形象，建立良好警民关系。定期开展警民活动，敏感应对舆情案件，科学舆情管控。如表6.7所示，仅有23％的调查者认为所在单位在处置突发事件时的舆论应对效果差或较差。

"不忘初心110，共建共治享安宁"是今年110宣传日的主题，我们分局开展了110报警互动、酒驾醉驾体验、防诈宣传、警用装备展示等多项活动，群众参与度都很高，市民对公安工作的了解也加深了。希望日后警民关系能够越来越好，这也有助于我们的日常工作开展。希望群众对我们多一分理解，少一些误解。

（资料来源：访谈，M2，Y派出所领导，2020年4月。）

三、应急警用武器装备硬件过关但武器使用软件不足

多年来，广州市公安局都在加强多个领域层面的应急警务保障建设，应急装备的配备、使用范围、科技水平、操作可适用性上都有所提升。如表6.8所示，武器装备的高科技技术运用情况已获得半数受访者的认可，武器装备对应急处置的适应性也较高，达到65％。

表6.8　武器保障统计　　　　　　　　　　　单位:％

序号	观测变量	好	较好	一般	差	较差
1	警用武器装备的研发程度	9	4	10	66	11
2	警用武器装备的日常管理和维护	19	10	44	17	10
3	警用武器装备配备的质量	1	19	10	59	11
4	警用武器装备技术参数标准化工作的开展	21	11	10	54	4
5	非致命性武器和防护装备的配备和使用现状	13	4	44	15	24
6	高科技技术运用	12	11	44	21	12
7	警用武器装备保障情况对突发事件处置的适应性	18	42	5	20	15

73％的人认为警用装备的日常管理和维护已做到位，规范化的管理有利于提高警用武器装备的通用化、组合化、系列化水平，确保警用武器装备的质量，提升警用武器装备使用的经济效益。

派出所的武器装备选择和采购是一种自发性和无序的状态，还有大量涌入的新警用武器和设备，由于民警不知道设备如何部署，有的甚至不知道如何使用，这无疑限制了派出所应急处置的有效性。其次，也有必要加强警用武器装备的研发，警用武器装备的研发水平和质量保证还需要不断提高，研制出贴近实战、易操作、品质优良的武器装备。

四、应急后勤有保障但仍需法律制度约束

后勤保障工作对公安工作的开展至关重要，公安派出所作为最直接的基层作战实体，有力的经费保障是其区域内安全防范和严格管理的重要先决条件。表6.9显示，52％的人认为经费保障程度中等及以上，17％的人认为经费保障程度"好"。由于各地经济发展水平不同，也没有相对统一的经费保障标准，警务保障受地方经济发展而产生地域性，要警惕执法中的"三乱"、以罚代刑等不正常的现象，维护公安机关在人民心中的形象。

公安应急经费管理和使用需要完善，公安应急经费在平时预防阶段投入整体较好。例如，表6.9表明公安应急经费在日常预防时期投入程度认为"好"的是13％，表示"较好"的是37％。

多数受访者赞同：公安内勤应急保障工作需要有法可依以及制度约束。此外，73％认为处置突发事件中的后勤保障效果尚可，但仍有改进空间。

表 6.9　后勤经费保障统计　　　　　　　　　单位:％

序号	观测变量	好	较好	一般	差	较差
1	经费保障程度	17	10	25	10	38
2	公安应急经费的管理和使用状况	14	11	36	15	24
3	公安应急经费在应对突发事件的日常准备阶段投入	13	37	8	13	29
4	公安应急后勤保障机构专业程度	33	10	6	34	17
5	后勤保障工作中法律支撑和制度约束	3	12	10	45	30
6	后勤装备的发展对满足突发事件的处置所需状况	19	4	42	32	3
7	后勤保障效果	16	10	47	10	17

第七章 广州市 Y 派出所应急警务存在的问题及原因分析

第一节 广州市 Y 派出所应急警务存在的问题

一、队伍建设不足

1. 处置警力依然不足

中国的警力不足是客观事实，狭义上的警力不足是一种数量概念，学术界中的"警力不足"没有一个具体的、统一的衡量标准，但常常用"警力比例"作为衡量警力是否充足的参考。但"警力比例"来作为数据分析的指标，不够全面且不够科学。目前，部分研究用警力通过警务活动转化为的警务效能是否满足社会治安的需求来衡量警力是否充足。这一指标的影响因素由两个方面决定：其一，警察与警务效果的匹配程度；其二，社会治安需求程度。

当前我国的警力存在资源不足、资源配置不合理的情况，这种情况尤其在基层体现得更加明显。近几年来，公安部也对公安机关警力资源各方面进行优化，如培养专业人才、提高基层警察待遇、推动警力下基层，目前已取得不错的成效。但在面对突发事件时，基层警力资源仍存在资源不足、警务人员应急处置能力待提高的问题。若发生大规模的骚乱、群体性事件，警力则更显"单薄"。从问卷调查中可知，58％的受访者认为参与突发事件处置时的警力配备较差，有55％的受访者对突发事件的预防预警警力配备情况表示不满意。

当前社会矛盾凸显，突发事件多发，对于警力的需求不断攀升，但我国警力长期"供不应求"，导致基层民警身心疲惫，影响民警处置能力，也影响突发事件处置效果。民警个人身心基本需求得不到保障会使其产生离职倾向，突发事件处置效果不良会使上级机关及人民群众对公安机关给予更大的压力，如此，会形成负反馈机制，造成民警离职潮，如北京、云南等地的警察离职潮情况，这对原本警力不足的窘境更加"雪上加霜"。

2020 年 3 月 Y 派出所所在街道启动疫情封控情况：封控区（9 栋楼，在住居民 169 人），全部在住居民家门已安装门磁；管控区（32 栋楼，在住居民 539 人），管控区围敞共有 18 个巷口、两个主路口、楼宇。而派出所总共警力 50 人，不仅要保证派出所日常运作的警力，还要兼顾辖区内的学校安保、重大会议安保等任务，疫情封控区域另需增设警力部署，实行"三班倒"，每班 10 人（分局支援警力 8 人，Y 派出所 2 人），给 Y 派出所的日常警务工作带来巨大人员压力。

2. 处置主体的风险意识和应急警务技能缺乏

突发事件的处置主体即公安机关一线警务工作者，他们在参与处置突发事件时暴露出自身的一些问题：一是在自身工作中风险意识薄弱。风险社会理论表明，在世界国家形势严峻和疫情冲击的时代背景下，突发事件和危机预防逐渐成为常态化。而现在的基层对于突发事件的处置能力和处置思维仍停留在传统模式上，缺乏对各类风险进行科学预判和总结经验的能力，导致被动应对工作。警务工作者需要与时俱进，提高应对风险的意识，适当有效地运用自由裁量权，避免突发事件再产生新的风险。二是警务工作者应急警务技能缺乏。警务技能是指公安民警在依法履行职责和执行任务时经常使用的技能，应急警务技能便是指警察在应急活动中所依法使用的技能。就目前而言，相较专业的处置队伍如特警队、防暴队等，其他的一般警务工作者在应急警务技能方面还是略微欠缺，如在武器使用技能、警械及其他战术装备使用技能、徒手防卫控制技能、通信技能、急救技能以及其他技能方面都存在不足。结合问卷调查，超过 1/3 的受访者认为自己及同事在处置突发事件方面的风险意识与应急技能较差，由此可见，警务人员的应急技能不强是目前在应急事务处理过程中不可回避的一个问题，个别警务人员的体能情况还有待提高。

我不记得实战培训的具体次数。我们所民警少，实行"四班倒"的工作模式，日常工作量很大，也没有很多时间去培训学习。培训科目挺多，但是我们都是很多单位一起集中培训，为了顾及各个单位，培训的科目大多是通用的，如人员控制、擒拿格斗等。派出所工作经常面临的一些实际需求方面的培训内容比较少，如处置主体的风险意识、应急警务技能等。而且有些培训在实际工作中也用不上，所以即便培训之初掌握了，回到忙碌的工作岗位之后没有时间和条件去实践温习，也就逐渐忘记了这些培训内容。

（资料来源：访谈，M1，Y 派出所领导，2020 年 3 月。）

3. 警务保障专业人才稀缺

警务保障专业人才是指在公安机关从事警务保障工作中具有较高专业知

识、技能和创新能力，并以创造性的工作对警务保障工作作出贡献的人。通过调研和访谈了解到基层各实战单位的警务保障人员占总警力的比例偏低，更别说警务保障专业人才了。

专业人才的稀缺也是导致总体上出现警务工作低效的原因之一。其中，警务保障工作作为应急警务处置中的重要一节，警务保障工作人才的欠专业化和系统化会导致公安机关无法较好为处置突发事件做好警务保障工作。

警务保障专业人才是公安机关完成日常繁杂的警务保障工作所必需的，但是目前 Y 派出所警务保障专业人才非常稀缺，很难满足目前的警务建设现状。我们所民警人数少，人均年龄偏大，目前单位的警务保障工作由内勤兼任，工作任务比较繁重。而且由于是非科班出身，在一些警务保障支出方面缺乏专业规划。希望未来能够有更多专业的警务保障人才，改善基层这一局面。

（资料来源：访谈，M2，Y 派出所领导，2020 年 3 月。）

警务保障工作在公安机关日常工作中常被忽视，导致公安机关主观上对于警务保障工作产生思想误区。大家普遍以为警务保障只是核算工资、收支、采购等工作内容，警务保障工作的任职人员多为文员，所学专业有的是财务管理、审计会计等，但都没有系统地学习过警务保障和应急管理知识，公安机关也少有开展对应的专业技能培训工作。还有一个原因是，不注重专业人才的培养，警务保障人员的专业化程度低。2010 年，"警务保障"才实现科学化，首次在公安大学设立，开始警务保障专业的人才培养。但因警务保障在我国无先例可借鉴，起步和发展都较慢，目前警务人才培养在课程设计、师资教育、培养方案等仍有待改进。

4. 社会联动效果不理想

社会大众和组织参与处理社会危机的情况已经是普遍现象，此外处理紧急事故的警务人员建设也是覆盖范围比较广的一项工作，即使公安部门是处理事件的主体，但仅仅是公安部门去处理紧急事件，效果达不到预期的，仍需要社会中专业化水准比较高的组织来辅助，如医疗救护人员、维修人员、抢险人员等共同进行应急保障。如果通过常规配备来达到预期的应急处置效果，成本将大大提高，公安机关作为公共性组织难以承担高昂的聘用成本。而如果聘用人员没有达到预想的专业水准，也会造成人力资源浪费。最可行的方法就是实施社会联动，发挥社会主体优势、节约公安机关资源，为人民群众参与以及监督公安工作提供渠道。我国应急联动建设处于起步阶段，公安机关与社会联动主体之间未制定相互约束的机制，同时协同训练和演练匮乏，二者间协调能力差，信息共享渠道不畅通，难以科学优化整合社会资源，致使社会联动效果并不乐观。由问卷调查可知，超过一半受访者认为社会联动主体的参与性一般或较差，就参与突发事件处置的社会联动效果来看，有 14％的受访者认为"差"，有 16％的认为"较差"。可见在应对突发事件的过程中，目前的社会联动性和联动效果都有待提高。

二、法制建设不健全

法律是警察处置突发事件的合法依据。目前较为完整的应急警务法律体系包括国家统一的突发事件应对法，以及法律法规或者规章形式调整属于公安机关主管范围内的特定突发事件应对法，和其他法律法规或者规章中规定的要求公安机关承担协助性职责的部分条款。总体上看，我国仍缺乏针对突发事件的单行法。在对 Y 派出所进行的问卷调查中，超过八成的受访者对参与处置突发事件时现行的法律法规、制度与执法时的安全性有待提高。在日常的勤务工作中，民警只能依据《中华人民共和国刑法》《中华人民共和国人民警察法》等通用法律来处置突发事件，合法使用武器、开展工作、对现场进行管制以及采取强制措施等，但这在日益频发且性质复杂的突发事件中效果有限。Y 派出所民警还反映，当遇有突发事件时，可参考的法律条文准则有限，对民警个人也没有法律保障。如《中华人民共和国人民警察法》陈年已久，其中仅有一小部分条例中对公安部门在处理紧急事件的职责有模糊表述；而《中华人民共和国治安管理处罚法》的重点侧重于公安部门解决治安问题，对多数突发情况是不适用的。

另外，法律对警械武器使用方面存在模糊地带，而新器械的产生则更是不在法律的规定使用范围内。没有合法性和具体化的条律对警械武器进行规定会导致两个极端：一是警察受制于法律，害怕担责，打击警务人员的积极性；二是警察滥用法律法规，过分侵害公民权利。

在处理群体性事件中，没有可供参考的法律准则，我们的角色和处境是非常尴尬和危险的。在应对群体性事件中，多数时候我们是作为"人墙"去维护现场秩序，易引起群众的不满和厌恶，也造成警力资源滥用的局面。《中华人民共和国人民警察使用警械和武器条例》中没有明确具体的突发事件条件下警用武器装备使用等级，我们在应对一些紧急情况时警用武器装备使用无章可循，一旦有聚集性的群众闹事，我们的警棍、盾牌根本抵挡不住。但倘若升级使用武器装备，处理不当，极易造成现场状况失控，加剧事件的恶化。

（资料来源：访谈，M3，Y 派出所民警，2020 年 4 月。）

三、常态预警预案不完善

在应急管理中，预警是在突发事件暴发前，采取各种手段风险分析，告知可能受害的群体，做好预防准备。突发事件一般属于"冲突性危机"，即两个或以上的利益主体产生利益冲突或者利益矛盾。它对社会的核心制度、主流价值观或者社会结构都产生影响，在处理上比较困难。突发事件的演变具有规律性，有萌发、扩散和暴发的过程。突发事件的处置也可分两个阶段，即突发事件的预备预警阶段和处置阶段。

在危险因素潜伏期，大家都不以为然，觉得还尚未转化为公共突发事件，所以并没有及时告知潜在的受害群体，使其提前做好应对准备。当危险因素发酵为公共突发事件时出现了较快的发展过程，导致公安机关无法应对。

（资料来源：访谈，M3，Y 派出所民警，2020 年 4 月。）

"预防"是突发事件在应急管理中的关键部分，而我国的应急工作多在事后，导致突发事件发酵至较大，警务工作量增加，这也从侧面看出我国公安机关预警系统的脆弱。法律制度中没有明确公安机关在突发事件的预防预警中所承担的职责，各部门的信息不对称、应急处置的侧重点在事后阶段等因素将预防预警的效能降低。社会安全事件的预防预警将是世界性的课题。

在《国家突发公共事件总体应急预案》的基础上，各级公安机关结合各自情况，有针对性地制定了多种多样突发公共事件的应急预案，分析存在和预见问题、进行研究，并且最大限度地给出了可能的解决方案，以此规避一些事件和安全问题的出现。但即便如此，计划在执行过程中也会存在偏差。

在全国突发公共事件应急预案的顶层设计中，一些应急预案缺乏独创性和可操作性。应急预案的设置应当结合事件实质、地方环境特点、机关部门所辖事务，进行定制。它们不应该是教条式的、文本式的、"纸上谈兵"，应该避免"大而全、大而空"和"照搬雷同"。《中华人民共和国突发事件应对法》第 29 条规定："县级人民政府及其有关部门、乡镇人民政府和街道办事处应当组织开展应急知识宣传活动，进行必要的应急演练。"Y 派出所的问卷调查表明虽然有八成的受访者认可突发事件处置的相关预案，但是预案的实际演练情况却不尽如人意。对预案演练情况不够满意的受访比例高达 76%。可以看出，在应对突发事件的过程中，目前广州市 Y 派出所的预警方案还要在实际演练中逐步完善。

四、公共舆情引导薄弱

舆情在一定程度上是公民的社会政治态度，好的舆情能使社会、政府得到优化。坏的舆情容易使事件走向恶化。如今我国政府在处置突发事件方面已建立颇有成效的舆情引导机制，但单就公安部门来看，舆论引导存在诸多问题：一是未及时对公共舆情引导。不发布或延迟发布权威消息导致信息不对称、谣言四起，容易造成群众对政府部门的不信任和误解，使政府处于被动境地，导致流言蜚语演化成负面舆情，更不利于事件的处置。二是事件后续宣传少。公安机关主要关注在维护社会秩序和治安方面，对事件发生的缘由、公众的态度、群众的教育等事后信息关注少，没有把握培养公众素质的好时机。三是警务人员自身不重视。现在的社会人们获取信息简单快捷，传播速度快，警务人员在执法过程的言语行为稍不慎极易引起负面舆情，损害警察队伍的形象。问卷调查中，仅有 21% 的受访者认为单位处置突发事件时的舆论应对"较好"，可见 Y 派出所在公共舆情的引导方面还需改进。

Y 派出所曾有过一例小范围公共舆情事件，民警路面排查五类车辆过程中，一违法车辆驾驶员拒不配合执法，双方出现言语冲突和肢体摩擦，个别围观人员用手机拍了视频并上传网络，标题为"执法人员粗暴查车"，这一视频在互联网上迅速传播，被大量不明真相的网友转发，形成舆论炒作，将政府和公安机关推向舆论的对立面，引起群众不满，警务人员遭受网络谩骂，严重损害警察队伍的形象。后经 B 公安分局监督室介入调查此事，还原事情真相。公安机关的现场处置不妥导致该事件发酵，被别有用心的人利用，造成负面影响。

（资料来源：访谈，M2，Y 派出所领导，2020 年 3 月。）

五、警用武器装备保障不全

警用武器装备在警务处置工作中有着举足轻重的作用，直接影响事件处理的成败结果。目前武器装备保障在技术方面和管理方面都存在弊端。

在警用武器装备保障技术方面，研发与质量都还有待加强。这几年时间，我国陆续增加了对警用武器设备的投入，效果明显，尤其在警用武器、非致命性装备、信息通信设备、技术检测装备等，研究的新型警用武器装备科技含量较高。但是武器研发的实际使用和质量保证仍有待提高，要紧密贴合实战效果、使用便捷的实际需求。例如，在 Y 派出所配备的 92 式手枪平均射击寿命标准低于欧美国家的立柱式警用手枪，弹匣设计存在缺陷，易卡壳，且弹匣做工粗糙；79 式微型冲锋枪，存在连续射击速度高、弹匣容量小、更换弹匣反向装填等问题，不适宜当下的城市反恐需求。

同时，警用武器装备构成的战斗力程度不高，警用武器装备的发展水平与公安机关所担负的职责和任务不匹配。例如，处置群体性事件非致命性武器不足，防护装备不够，装备佩戴舒适度低，难以达到预期目标。甚至少数民警对警用武器装备的性能不了解、不熟悉，警用武器装备潜在的技术水平难以发挥，影响公安实际战斗力。问卷调查显示，仅有两成的受访者认为突发事件的处置中高科技技术运用较好，40％的受访者认为警用武器装备保障对突发事件处置的适应性需提高。

在警用武器装备保障管理方面，采购、使用、管理方面欠缺规范性规定。我国现行的警用武器装备相关的法律法规有《中华人民共和国人民警察使用警械和武器条例》《中华人民共和国枪支管理办法》《公安防暴队装备配备标准》和《公安单警装备配备标准》等一系列配套标准。然而，我国警用武器装备在采购、使用和管理方面的法律制度却较为空白，这就导致部分基层公安机关在对装备的采购和管理上处于自由散乱的状态。

六、经费后勤配置不合理

1. 财力有限与经费配置效益不高并存

据 2015 年公安部的部门预算上显示，公共预算开支 774 514.80 万元，其中 591 022.92 万元用于公共安全（类），占 76.31％，61 741.12 万元用于科学技术（类），占 7.97％，再集合地方各级政府的财政支撑，公安经费看似足够，但事实并非如此。其一，当下国内社会治安情况的日趋复杂，公安机关面临的挑战与任务以及各种警务活动增加，客观地要求增加资金；其二，基于目前经济处于转型期，地方政府财政增加较少，加上公安经费保障实行分级管理，地方经济发展水平直接影响公安经费高低。在问卷中 48％的受访者认为公安经费保障程度较差，对于经费的管理和使用状况，更是有 75％的受访者表示有待改进。

当前 Y 派出所公安经费比较紧张，公安机关内部也缺乏对经费的科学管理措施，导致现在公安经费保障的效益很低，有很多民警对此已经产生了抱怨。目前公安机关的人均工作经费由过去的 4.15 万元降至 1.8 万元，使各项工作的开展都承受很大压力，往往力不从心。

（资料来源：访谈，M4，Y 派出所民警，2020 年 4 月。）

公安经费的不科学合理使用，造成公安经费保障的效益甚微。有些单位在基础设施创建、群防群治、民警训练等工作上资金配额相对节俭，而事实上突发事件能否成功预防和处置与这些公安机关的工作直接相关。总体而言，公安机关对财务管理工作缺少深入的研究分析。

2. 公安应急经费缺乏合理分配使用

公安应急保障具有公共产品的高风险、低收益的特点，经费的投入具有不可回收性和低收益性，基层单位在现有的财政支出中对应急保障的倾斜少，甚至是将应急经费另做他用。比如 Y 派出所属于新建所，各项设施配备都不齐全，上级财政拨款有限，出于改善公安基层硬件设施薄弱的目的，便只能减少应急开支，以增加硬件设施的投入。

第二节 广州市 Y 派出所应急警务
存在问题的原因

一、应急警务队伍建设缺乏程序性

现阶段，国内公安机关的应急警务建设仍是探索阶段。尽管自 2003 年"SARS"公共卫生事件发生之后，中国的应急管理已经历将近 20 年的发展。由于应急事件的数量逐渐增多，我国的警务工作也逐渐制度化和程序化，但资金并不充裕，在各种条件的影响下，建设难以实现全面发展，管理者更喜欢处理"眼前"的问题，而且对应急警务队伍建设的重视程度不高，导致队伍建设相对被动。

若对以上问题的潜在原因深究，依据贝克《世界风险社会》理论中的"有组织的不负责任"概念，为何风险暴发，却几乎没有人或组织为此事负责？贝克在《解毒剂》中认为，部分公司、政府、决策者和专家组成的联盟在当代社会中制造了危险，然后创造了一种转移责任并将其制造的危险转化为风险的话语，这种联盟是有组织的不负责任。这一概念揭示了国家治理形式的失灵，包括结构失灵、制度失灵和政策失灵。倘若这三种失灵出现在政治、经济、社会、文化等范畴，将对现有的社会稳定秩序造成直接或间接冲击。本研究旨在用这一概念来解释公安部门应急警务建设中存在的现象。

在 Y 派出所，当处理紧急情况时，管理人员闭门作出决定，牺牲程序以消除责任。面对突发事件，无论大小，都要逐步建立制度化的应对方式，摒弃决策机制的封闭性和随意性。

二、缺乏法律制度支撑

第一，应急处置法律制度不健全。现行的《中华人民共和国防洪法》《中华人民共和国防震减灾法》《核电厂核事故应急管理条例》《中华人民共和国传染病防治法》《突发公共卫生事件应急条例》等单行法对特定的灾害有较强的法律指导性，但是目前多数突发事件发生突然，性质多样，不一定适用单行法规。而现有的突发事件处理相关法律法规分布广，内容分散，缺乏统一性，不利于公安机关的实施和运作，还会出现公安机关滥用职权的弊端。

第二，法律法规对突发事件中的各部门的职权规定不明确。由于法律法规没有明确规定突发事件中政府部门的分工，同一事件的处理各部门都有其相应的指挥办法，公安机关作为基层应急的主体部分，在面对各方命令时甚至不知服从谁。各部门由于自身涉密要求，无法关键时刻分享有效数据，易导致应急工作陷入被动局面。

由此可以看出，我国的应急警务法律制度和应急处置体系有待改进，关于警察在应急处置中的权利和义务没有法可循，增加了应急处置过程中的不确定性，也容易出现警察介入复杂的问题。

三、预警应急处置制度落后

在 Y 派出所应急警务建设过程中，没有在相关理论的基础上进行针对性的研究，致使风险意识整体不足。领导缺乏风险意识，缺乏风险意识上的组织教育，相应地就无法提高民警的风险意识。在当前所面临的社会环境下，突发事件发生频率较高，且变化性大，如果公安机关不能对已发生的事件处置经验进行研究总结、提出对策，那么就会被这些变化多端的事件牵着鼻子走，在应急处理上处于被动位置。

根据新公共服务理论来看，公安机关、政府部门等应该以为公民服务与授权为基础，充分发挥出自身职能的作用，建立完善的公共机构，是一种职权的回应与整合。然而，在突发事件应急处置中，Y 派出所并没有完全做到这一点，首先，Y 派出所缺乏一套完善的应急警务机制，也没有健全的应急处置制度，更没有相关的法律法规明确警务人员的职能职责，从而造成突发事件处理中不确定因素的产生，同时也会给民警对突发事件的处置造成困扰，怀疑处置突发事件是否为职责内的义务。

四、网络舆论应对机制薄弱

面对突发的网络舆论危机时，Y 派出所存在的问题是：第一，缺乏健全的工作体系，没有有效的突发事件网络舆情解决方针，缺乏组织性和纪律性来应对网络舆情危机突发状况，处理事件时盲目性较大，造成工作被动；第二，难以得到民众的信服，在关于舆论信息方面没有一个标准的分类方式；第三，各相关责任人职能不清，导致工作没有受到应有的重视；第四，缺乏具有专业应对网络舆情能力的人才，网络舆论瞬息万变，警务人员现有的知识能力迎合不了舆论的发展；第五，缺乏完善的网络舆情预警体系，网络舆情的监察力度不够，突发事件引发网络舆情隐患的查处力度较小。以上种种因素造成 Y 派出所在应对网络舆论方面显得非常被动。

五、经费保障不足

我国中央与地方财政施行"分级管理，分级负担"的管理模式，在公安机关内部，如果没有有效的经济保障，公安机关的整体运行必将受到影响，在新形势下，繁重的工作任务对公安机关来说也会是个巨大的挑战。而我国经济发展不平衡，也没有相对统一的经费保障，警务保障受地方经济发展的制约产生地域性，这样就出现了众生怪象的"三乱"、以罚代刑等不正常的现象。

资金保障的缺乏，是应急警务建设滞后的一项关键因素。除此之外，应急警务资金不足的原因有两个。第一，目前还没有建立完善的应急警务预算机制，没有安排专项应急警察预算资金，还未形成合理明确的中央与地方公共安全预算分担机制。或者有一部分专项建设资金，但没有严格的实施监督制度，往往被其他项目资金占用。第二，主要是全体公安部门的资金保障机制仍不完善，存在较多漏洞。资金保障不足一直是各基层公安部门面临的共同问题，影响着公安部门建设的各个方面。

通过查阅 Y 派出所历年的预算数据，发现该派出所除行政支出资金外，其余费用需要由基层派出所的行政处罚收入报销。资金不足的问题严重影响了基层公安部门的工作，一些队伍甚至难以维持日常工作的运转。

六、公安应急后勤保障不全面

应急状态下的公安后勤保障工作核心是指公安机关后勤保障部门提升自身建设，增强内部协调与外部联动，充分发挥自身职能。公安应急后勤保障本身是全方位、多层次、全面性的特点，近年来突发事件高发，公安机关甚至要跨区域展开应急工作，给公安应急后勤保障工作带来了巨大的挑战。经过对基层实战经验的总结与分析，分析公安应急保障不全面有三个方面：

一是应急后勤保障机构设置缺乏统一规范。群体性事件、恐怖主义事件、严重暴力刑事案件高发，国家已意识到应急处置的关键性，先后颁布施行《国家突发公共事件总体应急预案》和《中华人民共和国突发事件应对法》，各级政府在解决突发事件时的组织体系和有关运行机制及监督约束等方面逐步制度化，而在公安应急后勤保障方面却没有构建合理、规范的专业组织，公安应急后勤和公安内部各部门在应对紧急情况方面缺少有效协调，还可能影响公安机关与政府职能或社会组织间的协同合作。

二是应急后勤保障缺少法律法规支柱。公安机关在解决突发事件时依法行使警察权，而公安机关在应急处置中的后勤保障却没有法律法规明确，缺乏刚性约束与有效管束，易出现责任推诿、资源挥霍、效率低等境遇，不利于公安应急后勤的正规制度化创建。

三是应急后勤装备建设不当。我国近年来不断加大对公安工作建设的投入，取得了很大的成效。然而，公安应急后勤装备保障在种类、数量、质量、功能等方面皆出现短缺现象。同时，公安应急后勤装备还未统一标准，也无相应的上级指导或规范要求，使公安应急装备的采购、更新和淘汰都没有统一的规定，从而导致公安应急装备管理缺乏制度化、标准化，这对公安机关处理突发事件时应急能力的发挥有很大的影响。

第八章 公安派出所应急警务的完善策略

第一节 构建完善的应急警务保障体系

一、基层警力队伍补充与完善

若要使警力满足突发事件的需要，就必须使警察部队的效率转化为警察的效能，以满足社会需求。使警力满足社会的需要有以下两方面的措施。一是增加参与一线服务的警员人数。充足的警力配备可以在突发事件的预防、处理和恢复阶段提供人员支持，有效防止突发事件的发生或减少其可能带来的伤害。由于突发事件的不可预测性，使公安派出所必须在日常警务工作的基础上拥有一支应急后备警力，以备不时之需。二是科学配置现有警务资源，将"闲置警力"转变为"后备警力""应急后备警力"，提高应对突发事件的效率，履行工作职责。

二、警员专业能力提升及素养保持

警员专业能力提升及素养保持可以从后备警员和在职警员两个人群进行分阶段阐述。警校是后备警员的主要来源，目前我国警察院校开设的各类警务专业日趋完善，警务建设专业综合了管理学、法学、经济学等诸多学科知识，其教学师资队伍、考核制度、课程设立等都在逐步改进，把以理论为导向转变为以问题为导向的教育模式，掌握基层单位对专业人员的实际要求，探索出一条贴合实战的专业警务人员的培养道路。

对于在职警员的能力培养要基于社会对警务人员的需要。当代社会对一线警务工作人员的要求日益提升，除了基础的警务技能外，警务工作人员的风险意识、责任意识、法律意识等多方面能力要进行综合性培养。为此，应当定期对一线警务人员开展在职培训以提高专业素质，了解警务建设的新发展、新需求，学习警务建设的新技术、新理论，紧跟形势不落伍，服务于实战。尤其是对警务人员的风险识别能力及应急处理措施进行专业训练，以适应社会对警务人员风险管控能力的要求。通过多种培训方式结合，将警力资源高效转化为警务效能。

三、完善警务部门协同能力与机制

目前警务部门应急协同能力存在两方面的不足：部门内部应急协同能力不足及部门外部社会协同能力不足。在突发事件的处置中，警务部门内部管理层级多、内容交叉重叠，部门之间沟通不畅；部门外部各社会主体在联动方面不同程度上表现出"不联不动，联而慢动，联而乱动"的现象。针对这一问题，我们应加强多元化的社会联动系统建设，完善应急协同机制。结合治理理论的含义，操控、控制和引导，潜在的政治含义就是让不同利益相关者形成合力，并相互认同，以此来促进某项计划的开展。治理可以看作各种公共的或私人的个人和机构管理其共同事物的诸多方式的综合。其是能让相互冲突的或不同的利益调和并且采取联合行动的持续过程。因此，让各个部门共同协作，不仅可以提升各部门的能力，而且能够增强部门之间的协调能力。

对于部门内部应急协同能力不足的情况，各警务部门可从体制机制以及基础技术两个方面进行提升。首先是体制机制的提升上，各警务部门要提高对应急警务的认知及识别能力，对应急警务的流程及机制进行梳理完善，确立一套流程明确、行之有效的应急警务处理流程，将责任落实到部门、落实到人。并对应急事件处理结束后进行复盘，不断更新完善应急警务管理的体制机制。技术上，可引入有关信息化技术，建立有关应急管理的信息流通平台，提高部门及警员的反应速度及反馈速度，以尽量短的时间处理应急警务事件。

对于部门外部社会协同，派出所与社会主体联动协同方面，加强对社会协同系统的构建，提高社会参与和公安机关的协调能力。建立以公安部门为主体、社会主体为辅助的多元化社会联动系统。并形成规范制度以保证公安部门应急事件处理能力。

第二节　健全法律法规体系

一、应急法律体系建设及完善

根据应急管理理论的要求，为了有效降低突发事故出现的次数，需要提前防范、约束对社会制度与安全造成严重威胁的突然发生的事故，并及时将其消灭在萌芽状态，因此，需要在突发事件发生之前拟定应急措施，制定预防与解决措施，建设应急管理和救援组织，从而确保人民生命财产安全不受伤害，进一步确保国家、社会和环境安全，维护社会秩序正常运行。因此应健全应急法律体系建设。

一个合理、完整的国家紧急状态法律制度，应当以宪法和国家紧急状态基本法为指导制定，以一批部门规章组成，以信息性法律规范为横向结构，以不同层次的法律规范为横向结构，由适用范围和效力层次不同，以和谐严格的内外部协调法律相结合。为此，应构建科学完善的应急法律体系：一是确立应急响应法作为基本法的地位，发挥引导作用。二是加快出台相应的实施规则，使其在实践中更具可操作性。三是完善部门应急法律制度，加快制定社会保障事件领域的应急法律，如群体性事件应急法规。四是完善地方应急立法。地方应急法律规范作为国家紧急状态法律体系的重要组成部分，就像国家紧急状态法律体系的"毛细血管"，可以使应急响应法建立的制度框架更具实操性，以取得更好的效果。五是完善警用武器法律，警察在处理突发事件中能合理、准确地使用武力等级。六是进一步完善应急管理法律监督机制。要进一步加大应急法律知识的宣传力度，加强警务权力的监督，明确公安机关滥用职权或被动不作为的责任，建立行政复议、国家赔偿等多种维权机制。

二、预防预警常态化

第一，完善突发事件监测网络，建立统一的信息平台，有效整合现有资源，实现信息共享。例如，在信息收集方面，建立多渠道信息收集系统，囊括公安机关日常工作中收集汇总的情报信息，以及情报人员提供的信息；在信息共享方面，建立自上而下、左右互联的信息交换体系，打破阻碍信息交流的障碍。

第二，建立科学预警体系，信息收集交流后，应定期对各渠道信息进行搜集和整合并发现其风险。对其潜在风险加强控制。同时可多方进行讨论以保证预警的科学性。

第三，建立相应的物资储备制度，对常用品及紧急物资进行储备，以备不时之需。

第四，推进预安体系建设，公安部门应通过对以往的突发事件进行总结并结合专家学者的建议，对几类常发生的应急案件作出预备方案。并在实际发生时紧急调用预案并根据实际情况实施。并在预演、实际使用过程中不断丰富预案的内容及使用体制。

总之，科学的预防预警可以帮助公安机关把握风险的发展方向，还能动态维护社会秩序，在此基础上以提高公安的应急事件处理效率。

三、预案体系科学化

"凡事预则立，不预则废"。预案即预备方案，简单来说，突发事件警务应急预案就是公安机关以更好处置社会安全事件为目的，根据对事件规律的认识以及以往的处置经验而制定的预备方案。科学的预案应包含以下方面：一是在预案的制定方面，预案是预先准备的方案，具有超前反映事态"应然反映"的特性，因而在预案制定时科学研判情报信息，积累总结处置经验，并从各单位实际出发，细化预案内容，提高可操作性，制定出贴合实战的预案。二是在预案的演练方面，以制度形式确定预案演练程序，确保事件发生时处置工作能有条不紊地展开。三是在预案的修订方面，预案的演练和实际运用效果直接检验预案订立的效果，发现其中纰漏与不足并及时完善，使预案体系科学化。

四、加强公共舆情引导

突发事件中，舆情包括公众对突发事件的自身立场和对公安机关应急处理的评价态度两方面。舆情处理是应急事件的重要环节，想处理好舆情，必须协调好公安机关、公众、媒体三者之间的关系：公众对于应急事件有极高敏锐度，突发事件发生后公安机关要对案件进行实时跟进，有效引导舆论，做到信息透明化、公开化，避免谣言引起的社会恐慌；重视媒体的影响力，创建官方的政府对外信息平台，为公众了解讯息提供正确途径，增强警务活动的透明度，并接受舆论的监督；有力管控媒体的失真报道和公众个人散布的谣言，确保信息的真实性、可信度，提升群众甄别信息正确与否的能力。

第三节　加强警用武器装备应急警务建设

一、提高警用武器装备技术水平

警用武器装备作为应急警务处置的重要工具之一，其耐用性、有效性、防护性为第一要求。提升警用武器装备的水平，保证一线警务人员的安全以及满足其使用需求，是提高应急警务能力的有效途径。作战、防御、迅捷、排险、交流为警用武器的重要作用。其具体的提高途径如下：

在作战能力方面，加强警用武器的研制和改进，根据警察在处理事件时可能面临的复杂环境，开发新型武器或改进原有武器，以满足警务活动的需要。同时在处理突发性群体事件中，出于对普通人民群众的安全保护，大部分警用武器装备不可造成致命伤害，因此需创造性地开发具有高效率的非致命型武器。

在防御能力方面，主要目标是保护警察免受犯罪分子枪击、利刀和爆炸物等各种伤害袭击，因此防护性能、人机功效和经济性等因素是重要考量方面。

在快速能力方面，我们应该立足于中国当前形势，开发和研制装备高性能、高可靠性的机动工具。目前，公安机关的各类警车参数不统一，多数由民用车改装而来，其质量和性能有时难以适宜紧急情况，为此我们可以加强研发，配备通勤能力强的警车，确保在处理事故时快速响应。同时，因地制宜地提高武器装备水平，一些符合条件的区域可以配备直升机，对于一些沿河、沿海地区，也可配备一定数量的船艇。

在风险消除能力方面，为了应对不断更新和出现的无休止的恐怖暴力犯罪，公安机关应配备一定数量的设备，以防发生事故时的生物和化学核攻击，同时在使用和改进传统安全检查和风险清除设备的基础上加大研发投入。

在信息系统方面，可采用多种信息方式如监控、遥感、网络等方法建立一个多样化信息来源的处理系统以提高信息来源的丰富性及多样性。通过对信息系统的有效建立，提高办案的效率及能力。

二、加强警用武器装备的科学管理与使用

如何使警用武器装备能够在实际使用中发挥其功效，除了与武器的有效性有关之外，还与如何管理和使用武器有关。

在实际对武器的使用中，要建立和完善武器的管理体制，并实时对武器进行检查和更新。避免因武器失效而造成应急事件处理的迟缓，事件的不当扩散，甚至是人员的伤亡。除此之外，建立完善的警用武器装备管理体制，做到"缺时补充、闲时维护、用时迅速、归时准确"。

并且在武器使用出现问题时，通过体制的完善将责任落实到人，并不断依据需求的变化对武器管理的体制进行革新和完善。必要时可联系专家学者对武器使用的制度建设提出建议和方案。

对于武器的更新，要推动武器的标准化，降低管理成本。并通过实际使用中存在的问题与生产企业进行有效沟通互动，提高武器使用的科学性、有效性。除此之外，在武器更新后，对于新武器要做到使用方法培训及时、使用规

则配套迅速。同时，对于武器也要定期进行清查淘汰，防止武器超负荷使用而导致警务人员伤亡。

第四节　完善应急警务经费后勤保障

一、健全公安经费保障机制

为使警务保障能够顺利实现，公安经费保障不可或缺。目前，我国公安经费不足将对我国的应急警务的处理产生极大不利影响。为应对这一情况，建立合理有效的公安机关经费保障机制有其必要性。可以从以下几方面着手：

第一，推动公安资金保障法制化。以法治警，使公安经费的来源、分配、使用等方面实现有据可循、有法可依，明确各级政府保障地方公安机关资金的标准。如通过补充完善《中华人民共和国人民警察法》来合理确定公安经费在国家财政总支出的比例；补充完善地方法律来明确公安机关各项具体费用在公安经费中的具体比例以及各项每年的增长比例；还可以尽快出台《公安机关经费保障条例》，明确各级政府对当地公安机关的经费保障标准。

第二，完善公安经费补助机制。各地公安机关的经费保障水平存在较大差异，其与我国各地的财政状况和经济发展有必然联系，因而需要建立对经济欠发达地区公安机关的经费补助机制。目前我国基本确立了中央和省级财政对欠发达地区公安机关的补助机制，但仍存在不足，公安部、省公安厅下发的经费补贴是以地级市为单位，但部分城市和区县经济发展不平衡，需要督促地市公安机关建立健全贫困地区、县公安机关资金补贴机制，还要完善各级公安机关对区县公安机关的补贴机制，加大补贴力度，明确数额、范围、增长速度等。实现公安基金补贴机制协调运行。

第三，构建科学的公安经费管理机制。在经费有限、需求量高的公安工作中，构建科学的经费管理机制，提高经费的使用效益，减少资金的滥用、漏用、错用等情况，把每一分钱都花在"刀刃"上。同时还要转变公安经费的使用惯性思维，国外研究指出政府管理的目的是使用少量的资金预防，而不是花大量的资金治疗。因而应对公安应急经费进行合理分配使用，建立风险意识评估，加大对突发事件预防预警工作的投入力度，争取用"少量资金的预防"来代替"大量资金的治疗"。

第四，完善公安经费预算管理机制。在我国预算制使用较为普遍，预算具有制度性、严肃性特点。但对于公安机关，其工作具有不确定性和不稳定性，公安经费的使用难以以一个稳定的资金使用趋势进行预算管理。对于公安的经费管理，需要在传统预算制经费使用基础上灵活化，在分级财政保障的体制下，各级地方政府应在批准公安机关经费预算的基础上，再安排合理数额的应急备用金，由各级公安机关办理相应手续后领用，还应为公安机关追加经费留有途径，以保证有充足的资金来处置好突发事件。

二、构建坚实的后勤保障体系

为保障应急警务的管理与实现，其后勤保障制度的建立以及后勤科学化的管理必不可少。

完善公安应急后勤保障机构建设。为避免机构设置的重复、职能规定的重叠，可以按照"单一部门，双重职能"的原则对公安应急后勤保障机构进行设置，各级公安机关都设有后勤保障机构，上至公安部装备财务局，下到县公安局警务保障室。这些机构具有日常后勤保障和战时应急保障双重职能，平时负责本机关正常运转的保障工作，战时则转变成事件处置时的应急后勤保障机构，负责与各部门、各警种、各社会组织的沟通协调，努力做好应急后勤保障工作。根据事件发生的辖区与事件等级，确定最高级别处置机关的后勤保障机构为后勤工作的总指挥，做到统一指挥，使后勤保障的资源调配与前方处置活动的重点保持一致，其他后勤保障机构进行辅助。同时各级公安后勤保障机构要做好应急物资和应急装备的储备管理工作。

推进公安应急后勤保障的制度化。依据共性与个性相结合的基础，各省公安机关后勤保障机构应有一套适宜自己的管理制度，在处置突发事件的后勤服务中，要根据具体情况不断修正、完善。在装备采购、库房管理、食品卫生等方面运用行政管理规范各种行为。同时注重监督制度的制定与运用，随时检查装备的数量，库存管理是否严格，装备保养是否到位，账目是否清晰。在每次事件处置结束后都要及时总结经验教训，并建立归档制度，为以后的后勤保障工作做好经验积累。

完善公安应急后勤装备建设。公安应急后勤保障应立足实战需要，切实做到"保障跟着行动走"，让民警在突发事件处置过程中能吃上热饭、喝上热水，保证基本的生活需求。针对跨区域作战、长时间作战等实际需要，公安应急后勤装备便更能凸显出其价值，如新型警用帐篷、新型炊事车、洗澡车等后勤装备的列装使用，最大限度地满足了处置警力的需要，使其在完成任务之余，能得到充分的休息，确保有更多的体力和精力去实现事件的成功处置。因而我们仍应不遗余力地去推动公安应急后勤装备的建设，在装备的种类、数目、质量、功能上逐步完善，实现后勤装备标准化，装备维护、更新制度化，积极配合公安实战部门处置好突发事件。

注重公安应急后勤的协调与联动。在内部协调中，纵向上，下级公安应急后勤保障部门要基于实战需要，通过与上级公安及时沟通、交流信息，给予反馈，实现应急资源的高效有序调配；横向上，公安应急后勤保障部门加强与其他部门的沟通协调，掌握其物资装备，协调补短，统筹后勤大局。在对外联动的情况下，公安后勤应急保障机构要加强与社会部门的联系，注重自我保护，必要时可以借助社会部门的协助，提高应急后勤保障的实效。

第三篇

社 工 参 与

第九章　实地调查与理论视角

第一节　突发公共卫生事件

《突发公共卫生事件应急条例》明确指出，突发公共卫生事件是突然发生，造成或者可能造成社会公众健康严重损害的重大传染病疫情、群体性不明原因疾病、重大食物和职业中毒以及其他严重影响公众健康的事件。我国突发公共卫生事件划分为特别重大（Ⅰ级）、重大（Ⅱ级）、较大（Ⅲ级）和一般（Ⅳ级）四级。

突发公共卫生事件的特点主要表现为：

（1）发生的突发性。突发性是突发公共卫生事件的最基本特点，往往事先没有征兆或者是征兆难以识别，是区别于一般卫生问题事件的显著标志。如新冠肺炎疫情从发现首例病人到大规模发生，只有短短数日，无论是从传播时间，还是社会危害来讲，都具有突发性。

（2）传播的广泛性。突发公共卫生事件常常在一定区域内产生传播，而在当今全球化的大环境下，人员流动频繁，国际物流快捷，这就会存在一旦造成传播，便会容易成为全球性的传播，如 2003 年的非典疫情和现在的新冠肺炎疫情都是短时间内世界范围的传播。

（3）成因的多样性。物理、化学、生物等因素是导致突发公共卫生事件发生的常见因素。除此之外，自然灾害、事故灾害、社会安全事件均可引起突发公共卫生事件。"大灾之后，必有大疫"，像地震、洪涝灾害等大的自然灾害或事故灾害，常常会导致人员伤亡，基础设施破坏，居住环境恶劣，水源、食物等生活用品污染，若同时卫生条件及防疫措施迟滞，便会造成灾区大规模流行病、传染病、食物中毒等疫病的暴发流行。社会安全事件也是形成突发公共卫生事件的一个重要原因，如美国"9·11"事件之后发生的为期数周的炭疽杆菌生物恐怖袭击事件，导致 5 人死亡，17 人被感染。同时，突发公共卫生事件成因是复杂的，往往是在多种因素的综合作用下发生的，如新冠肺炎疫情，新型冠状病毒作为病原体是新冠疫情发生的生物学因素，然而作为在全球大流行的突发公共卫生事件，其最终成因还没有准确结论。

（4）分布的差异性。传染性疾病导致的突发公共卫生事件往往存在着空间与时间的分布差异。如疟疾的高发季节主要集中在夏秋季节，且多在非洲、东南亚等热带、亚热带地区发生；流行性出血热高发季节多在冬季，亚洲的东部、北部和中部地区多发，且多集中在城郊和农村。

（5）发展的阶段性。造成严重社会危机的突发公共卫生事件，发生、发展具有阶段性，而且在不同的阶段有不同的特征。可大致分为事件先兆期、发生期、扩散期、处理期、后遗症期。先兆期是解决潜在危机因素发展扩散的重要阶段；发生期往往是在先兆期阶段未得到有效管理的情况下，以某种显性方式突然出现，对社会发展和公众健康均会有严重损害；扩散期即是发生期不能立即处理，事件的波及范围和强度扩大或加重，其表现形式就是事件的流行病学分布的变化；处理期为事件发展的关键阶段，决定着事件的发展结局，其中社会建立高效健全的应急机制有助于事件的正确处理；后遗症期往往是事件处理存在不完善的方面，在事件结束后会存在遗留社会问题或事件进入新一轮的酝酿期。虽然突发公共卫生事件可能会经历几个阶段，但只要防控措施得当，将事件控制在先兆期或发生早期，则事件可能消灭于萌芽阶段，或及时控制而不经历这几个完整的阶段。

（6）危害的严重性。突发公共卫生事件造成的危害往往具有群体性，如传染病事件呈现复杂的流行病学特点，波及范围广，一旦防控不当，便易导致大规模流行，甚至超出国界。不仅对人民群众的生命健康危害极大，而且会对社会秩序、社会功能、经济发展、资源环境，甚至国家安全稳定等造成严重的破坏。

（7）治理的综合性。突发公共卫生事件因其成因多样复杂，传播广泛迅速，社会危害严重，具有不同的阶段性，因而治理起来便相对困难，只有多方面的结合才行。即在完善高效的应急处置体系下，需要技术层面和价值层面结合，责任部门和协助部门结合，政府力量和社会力量结合，直接任务和间接任务结合，国内和国际合作结合。另外，在解决治理突发公共卫生事件时，还要注意解决一些深层次的问题，如社会体制、机制的问题等。只有通过综合的协调治理，突发公共卫生事件才能得到更好的防控。

第二节　实地调查概述

在突发公共卫生事件研究模块，本研究以广州为观察对象，以新冠肺炎疫情为案例事件，以社会工作为观察主体，以揭示社会工作在突发公共卫生事件中的作用过程。据统计，2021年广州市持证社工数量2.4万余人，每年服务群众超400万人次，服务困境群体超7.8万人，化解的各类社区公共问题多达400多个，整合链接的社会物资和资金价值超5 000万元。新冠肺炎疫情发生以来，广州社工持续开展"红棉守护"行动，开通了200余条广州社工"红棉守护"热线，截至2021年6月10日，全市社工服务机构、203个社工服务站、专项项目服务点保持234条广州社工"红棉守护"热线24小时畅通，累计投入接线服务社工1 492人，全方位、全天候为市民提供防疫知识咨询、防疫政策咨询、紧急援助、心理疏导、情绪支持、保障支持等线上便利服务135 500人次，服务内容涵盖疫情防控工作的方方面面，现选择几个具有代表性的社工机构，列成表9.1①。

表9.1　广州社工"红棉守护"行动服务

社会工作服务中心名称	服务内容
广州市南沙区百民社会工作服务中心	充分发挥党员先锋模范作用，机构30余名党员认真履行责任，部署防疫工作，调动防疫资源，发布抗疫公告，组建防疫队伍，印发倡议单页，募集防疫物资，开展党群志愿服务等多项工作
广州市穗星社会工作服务中心	驻点服务的赤岗街、华洲街、昌岗街、南洲街、凤阳街社工服务站均全面开通"广州社工红棉守护热线"，为社区居民提供新冠肺炎的防疫知识咨询、心理及情绪援助、弱势困境群体防疫援助等服务
广州市阳光天使社会工作服务中心	积极配合番禺区、南沙区各基层镇街做好疫情防控、宣传措施，为辖区兜底性服务群体及困境群体提供线上线下社区关怀服务。2020年初新冠肺炎疫情暴发时期共电话探视136户，其中服务困境儿童家庭40户，低保低收家庭34户，重症妇女家庭26户，独居孤寡长者23名，单亲特困家庭9户。及时筹备物资，为2户低保户家庭送上御寒物资及日常生活用品
广州市北斗星社会工作服务中心	龙津街、黄埔街、五山街、元岗街、兴华街、岭南街6个社工站自疫情开始至今，一直利用公众号发布相关防疫资讯。2020年初新冠肺炎疫情暴发时期，机构组织社工致电社区重点服务对象（独居、孤寡、高龄、低保低收、特殊困境家庭）461户，积极提供电话热线服务，动态关注跟踪困境长者的身体、心理、社交及防疫等方面的情况，及时为各类困境长者提供线上的服务和关怀

① http://news.ycwb.com/2021－06/10/content_40069533.htm。

本研究以广州市社会工作者参与新冠肺炎疫情防控为研究对象，运用了多种调研手段，获取第一手数据。

第一，收集相关文献资料。对本研究涉及的文献资料进行查阅汇总，通过阅读和整理收集到的相关资料，从中梳理和提炼，寻找社区社会工作应对突发公共卫生事件防控的理论方法和经验总结。同时，借阅社工站保存的相关活动开展的资料，以及服务案例文本。通过对这些社区实践的原始文件、方案、总结报告进行分析整理，为社会工作参与社区防范与应对突发事件找到思路和经验，并借以拓展社会工作在防范与应对社区突发事件中的实践内容。

第二，半结构式访谈。采用深度访谈作为主要方法进行资料的收集和分析，访谈针对的主要问题是从三方主体（机构主管、社工、服务对象）角度探讨社工在防范与应对突发公共卫生事件中存在的阻碍和所应承担的责任。通过对不同人员进行深入访谈，从而为本研究提供客观真实的情况材料。本研究共访谈了社区领导、社工和社区居民共33人，见表9.2。

表9.2　访谈对象汇总

序号	类别	编码	访谈时间	社区/社工站
1	社区居民	A	2020年12月12日10:05—10:55	五山茶山
2	社区居民	B	2021年7月5日9:50—10:25	文冲
3	社区居民	C	2021年7月5日16:05—16:40	文冲
4	社区居民	D	2020年12月12日15:00—15:40	五山农科院
5	社区居民	E	2021年3月20日9:55—10:30	五山华工
6	社区居民	F	2021年12月15日9:50—10:20	五山粤垦
7	社区居民	G	2020年12月17日10:10—11:00	五山瘦狗岭
8	社区居民	H	2020年12月15日10:40—11:30	五山汇景
9	社区居民	I	2021年3月20日16:10—16:35	五山粤垦
10	社区居民	J	2021年4月9日10:45—11:35	五山华工
11	社区居民	K	2021年5月25日15:35—14:15	文冲
12	社区居民	L	2020年12月21日10:15—11:15	五山粤垦
13	社区居民	M	2020年12月26日9:30—10:10	五山茶山
14	社区居民	N	2021年10月17日13:30—14:10	五山华农
15	社区居民	O	2021年12月6日16:10—17:00	五山华工
16	社区居民	P	2021年8月28日9:30—10:20	五山茶山
17	社区居民	Q	2021年8月28日10:30—11:10	五山茶山
18	社区居民	R	2021年9月4日15:30—16:10	五山瘦狗岭

（续）

序号	类别	编码	访谈时间	社区/社工站
19	社工	A	2021 年 5 月 25 日 10:00—11:15	文冲社工站
20	社工	B	2020 年 12 月 13 日 19:00—20:00	五山社工站
21	社工	C	2021 年 1 月 4 日 18:00—18:50	五山社工站
22	社工	D	2021 年 7 月 2 日 12:00—13:00	文冲社工站
23	社工	F	2021 年 5 月 23 日 19:00—20:00	文冲社工站
24	社工	E	2021 年 10 月 10 日 18:50—19:30	五山社工站
25	社工	H	2021 年 12 月 27 日 19:10—20:10	五山社工站
26	社工	G	2021 年 3 月 6 日 10:20—11:20	五山社工站
27	社工机构主任	I	2021 年 12 月 9 日 16:00—17:00	五山社工站
28	社工	J	2021 年 7 月 21 日 19:00—21:00	文冲社工站
29	社工	K	2021 年 6 月 2 日 17:35—18:35	五山社工站
30	社工	L	2021 年 5 月 23 日 20:00—21:00	文冲社工站
31	社工	M	2021 年 7 月 24 日 12:10—13:10	文冲社工站
32	社工机构副主任	N	2021 年 1 月 23 日 12:20—13:00	五山社工站
33	社区领导	A	2021 年 7 月 6 日 15:00—15:40	文冲居委会

第三，体验式观察。这种方法需要研究者亲身去体验，通过实地考察搜集，得到有关价值、行为、现象等研究资料的方法。课题组成员疫情防控期间在广州居住，作为居民、志愿者、社工机构实习生参与过疫情防控相关工作。通过亲身体验，社会工作者对如何参与社区突发公共卫生事件有了更加全面细致的认知体会。

第三节　理论视角：社区赋权理论

自 20 世纪 70 年代以来，赋权取向的社会工作实践大规模应用，这是在继承历代社会工作者社会改革的理念、知识与行动基础上开辟的新天地。正是一代代人的共同努力促成了社会工作的不断发展创新，以至当前赋权取向的观点已被多数实务工作人员与研究者认可。

一、赋权

赋权是指增强个人、群体以及社区，对自身环境掌控、行使合理权利和实现自身目标的能力，帮助自己和他人在独立和合作的过程中最大化地提升自身生活质量。赋权在个体、团体以及社区中的表现形式主要为高度的自决、自尊、生存能力、自我效能感以及源自内部而非外部的控制中心。赋权主要包括三个层次：第一，激发更具积极意义的个体发展潜能的权利感实现；第二，通过人际层面的赋权，建构知识与能力，拓展社会资源网络，争取公平公正的社会环境；第三，社会参与的赋权，即通过获得政府层面支持，形成资源和策略，为实现个人和集体目标搭建一个公平合理的社会大环境（范斌，2004）。

赋权既是一种理论，也是一种方法。作为理论，赋权可以使个体或社群拥有能力去控制自身的生活、获取自身所需的资源、进行自我发展与自我抗争；作为方法，赋权包括挑战压制性的个人与体系，这些体系阻碍个体、团体或社区获得满足自身基本需求的重要资源，并将权利与控制回归到边缘化与被压制的群体的手中。

二、社区赋权理论

传统社会自上而下的管理模式中，社区往往被排斥在权力分享过程之外，被动地参与基层社会管理，使得社区常常处于"失语""无权"状态，其结果导致社区处于低效松散状态，社区内问题长期积压得不到解决，严重影响社区稳定与发展。

社区赋权作为基层社会管理转型的有效条件，是提高社区治理的一种新模式。

社区赋权工作，即案主增加权利感与对自身生活的控制过程，其最终目标就是拥有权利，获得成长与发展的必要优势、资源以及控制力。通俗讲，即给予社区相应的资源和权利，激发居民参与意识，增强居民参与治理的能力的过程，其目标是提升社区自治能力，为社区和谐发展创造良好的条件。

社区意识的激活是社区赋权成功的首要阶段目标，使社区成员在社区生活中获得归属感，具备社区认同感，从而增强社区集体价值观，使社区可以更好地整合内部资源、调动内部积极性，具备通过自身能力采取多样化策略解决社区问题的能动性，以促进社区建设与发展。除此之外，社区赋权同样需要拥有良好的伙伴关系，建立有效的外部支持网络，即与社区外的个人、团体或组织互动，以取得外部资源对社区建设的支持和帮助。政府作为社区赋权的管理者和执行者，为社区赋权的全过程提供资源支持，政府的支持能使社区有效反应，社区组织的权威与合法性得到保障。同时，在政府支持下创造的良好外部环境，可以带动非政府组织参与到社区的连接与运转当中，以促进社区治理水平的提高。

总而言之，社区赋权是从社区自身出发，使社区能够主动参与、有效控制、合理分配和使用资源，增强社区在社会发展和管理中的参与权和监督权，以实现社区参与治理下的基层社会健康可持续发展，为建设"美丽中国"夯实社会基础。

第十章 突发公共卫生事件中的居民需求

第一节 突发公共卫生事件中的居民物质需求

新冠肺炎疫情暴发后，全国各地多个城市对居民社区实行封闭管理，要求居民非必需不外出。据此通过对社区居民采访调查，以及日常实践观察和阅读新闻报道总结出，居民在新冠肺炎疫情防控中的物质需求主要为基本生活必需品和防疫物资及药品。

一、基本生活必需品需求

由于最开始公众对新冠肺炎疫情认识不足、防御意识薄弱，疫情的暴发及快速传播使全国人民措手不及，导致疫情来临时社区居民家中普遍存在着生活物资储备不足的情况。

为保障居民身体健康和生命安全及疫情防控需要，疫情防控期间实施迅速对社区封闭管理、居民居家隔离。居民无法及时购买所需物资，造成食品、日用品普遍缺乏现象，特别对于困境人群来说因物价上涨就更难满足所需。

交通运输的限制使居民所需的农副产品和其他物资配给不足，这是疫情暴发后影响居民食物消费的主要因素。防疫期间各行各业的停工与停产、供不应求导致部分农产品价格上涨，这就限制了部分低收入居民获取足够量、足够种类食品。

（资料来源：访谈，社区领导 A，2021 年 7 月 6 日 15：00—15：40，文冲。）

通过调查发现，新冠肺炎疫情社区封闭管理期间，广州社区居民生活必备物资购买途径大致可分为三种：一是持有出入证，定期外出购置生活必需物资；二是被隔离居民，在隔离期间只能依靠手机点单或社区上门递送所需物资；三是低风险区快递可到达社区，可通过网络购物满足需求。

我们家是物业帮助办了出入证，有了出入证还能去买菜，还好没断粮，基本生活需求能保证，但我们也是没菜了才出门，一次多买点。

（资料来源：访谈，居民 A，2020 年 12 月 12 日 10:05—10:55，五山茶山。）

我们小区可以在手机上下单，前天买了蔬菜和肉，第二天就被直接放在门口了，挺方便的，就是辛苦工作人员了。

（资料来源：访谈，居民 B，2021 年 7 月 5 日 9:50—10:25，文冲。）

我们家这边低风险，还算挺正常的，快递也没有停，我有时候看直播并在网上买点吃的、消毒用的，都能送到，去快递点拿回来就行。

（资料来源：访谈，居民 C，2021 年 7 月 5 日 16:05—16:40，文冲。）

通过以上三种途径，大部分社区居民的生活用品缺乏问题得以解决，但部分居民的生活仍存在困难，如独居长者、贫困居民等群体。由于智能手机的操作对大部分独居长者来说较为困难，防疫期间大部分超市商店又只支持手机支付，造成老人们疫情现状下面临购菜难、吃菜难的问题，部分贫困居民因长时间隔离而无法工作，没有收入，难以维持生计，生活幸福感降低。

我和老伴两个人生活，都七十多岁了，孩子在外地不一起住，记得是去年过年之前突然就有了这个事情。到处都封控管理，我们出不了门，孩子们过年也回不来了，就剩我们两个老人了。还好准备年货的时候多准备了一些吃的用的，后来快没有的时候也出不了门。我们不会操作手机，就会打个电话。孩子们也着急……

（资料来源：访谈，居民 F，2021 年 12 月 15 日 9:50—10:20，五山粤垦。）

一直是一个人住，我腿脚不方便也很少下楼，平时是我侄子会来看我和送些吃的，还有社工和街道会送一些慰问品，送了大米和油给我，多谢。疫情暴发后我一直在家，我侄子也来不了，我吃得就少些。他给街道打过电话，后来就送菜来了……

（资料来源：访谈，居民 D，2020 年 12 月 12 日 15:00—15:40，五山农科院。）

二、防疫用品需求

新冠肺炎疫情暴发时广州大部分社区居民缺少防疫必备物资，只有极少部分居民家中常备有口罩、酒精、消毒液等物资，有一部分平时关注时事、防范意识较强的居民看到初始病例后，赶在疫情暴发之前及时储备了防疫物资。

疫情刚刚暴发时，医用口罩、酒精、消毒水等防疫物资紧缺，且不易获取。大多数防疫物资特别是口罩都供向疫情严重地区及各大医院，普通民众很难买到。我国政府依据疫情蔓延迅速的情况采取防范措施，及时封控、交通管制、停工停产，号召人们待在家中不要出门，就地隔离。部分居民因工作或其他原因在外地，只能就地隔离，更面临物资储备不充分的困扰。

我当时在外地，住在宾馆里。疫情暴发时，我想回家，可是担心路上被感染，也担心回去有传染给家人的风险，家里还有小孩，还是待在原地保险。我想去药店买些口罩、酒精，去了好几家药店，很难买到了。

（资料来源：访谈，居民G，2020年12月17日10:10—11:00，五山瘦狗岭。）

公共卫生事件发生后社区居民防御意识普遍较弱，信息的不对称使人们没有及时正确认识公共卫生事件，从而未做好防御措施，忽视对防疫物资的采购、储备。因疫情发生突然，口罩、酒精等防疫物品需求量断崖式上涨，对企业生产造成巨大压力，出现产品供应不上的现象。多数家庭想去购买时发现已断货，无法买到。新冠肺炎疫情暴发后居民最主要的需求当属防疫物资，居民的生命安全和健康保障更因防疫物资的短缺而受到威胁。

我们家的人本来没有医用口罩、普通口罩的概念，一直觉得是口罩就行，后面才知道棉质口罩根本不管用，家里也没有酒精，就是有些平时用的84消毒液。我平时工作比较忙，不经常看新闻，特别是当时一直没有确切说法，各大媒体也报道不是"非典"，是谣言，就没有太在意，后来感觉自己太迟钝了。等看到疫情严重了想买口罩，可已经晚了，想买也买不到了。

（资料来源：访谈，居民I，2021年3月20日16:10—16:35，五山粤垦。）

三、药品需求

新冠肺炎疫情防控期间，随着确诊人数不断攀升，大众在用药方面的焦点大都聚集在潜在的治疗药物的研发进展和临床效果上。但与此同时一个不容忽视的现象是，疫情防控期间人们对退烧、咳嗽类、抗病毒、抗生素、慢性疾病药品需求不容小视。疫情暴发，大家响应防疫号召，都尽量待在家中，自我隔离、避免聚集，减小被感染的风险。部分药店也关门停业、诊所停止看诊，居民看诊购药多有不便。又因疫情防控期间人们精神紧张，对于身体不适异常警惕，出现多疑心理，部分居民把看诊需求转向"手机寻医"，一味盲目查找"病因"，对于药品需求更加急切。

1. 退热、止咳、抗病毒、抗生素类药品需求

2020 年初新冠肺炎疫情暴发正值冬天，气温变化大，是流感多发季节，退烧、咳嗽类、抗病毒、抗生素药物需求大，但新冠肺炎症状表现就是咳嗽、发烧。为提高疫情防控能力，确保人民群众生命健康安全，避免自主用药掩盖症状，药店暂停销售退烧药物，明显发热、咳嗽征兆的消费者，都被建议尽快前往医院发热门诊就医。2020 年 2 月 9 日，广东省药品监管局、广东省卫生健康委员会等多部门联合发布《关于建立疫情防控期间在零售药店购买发热、咳嗽药品人员信息登记报告制度的通知》，提出全省所有零售药店在销售发热、咳嗽类药品时实行登记报告制度。通过相关新闻报道得知，因药企未全部复工、消费者提前存货等原因，退烧、咳嗽类药物库存较为紧张，部分居民买不到此类药物。

我们家这边没有确诊，但是我记得，那时候我家小孩才刚五岁，身体虚弱，有几天降温，就感冒了，还发烧。去给孩子买药，药店不卖，告诉我"现在去哪都买不着，药店不能卖，快去医院吧"。但是那个时候不知道医院有没有感染的人，我真不敢把孩子带出去，后来在家给孩子熬洋葱水、姜红糖水、梨水，好不容易缓过来了。

（资料来源：访谈，居民 J，2021 年 4 月 9 日 10：45—11：35，五山华工。）

2. 慢性疾病药品需求

面对突如其来的疫情，慢性病患者可能无法前往医院进行正常的复诊和取药，根据中央、省市防治新冠肺炎疫情的工作要求，需防止人群过度聚集，部分专科门诊和定点医疗救治医院已暂停"特殊慢性病"诊疗。对患有糖尿病、高血压、心血管疾病、肿瘤等对医生与药物依赖程度严重的患者，造成了很大不便。很多慢性病患者会有疑问："药快吃完了，能不能隔一天吃一次，或者停一段时间，等过一阵能去医院，再接着吃？"显而易见，答案是不行的。心脑血管疾病患者，一旦停药，可能会诱发心绞痛、心肌梗死等问题；高血压患者，停服降压药后，当患者突然情绪激动时，很有可能血压突然升高，从而导致血管破裂或中风；糖尿病患者，无论是口服降糖药，还是注射胰岛素，都需要遵照医嘱按时按量使用，否则将出现病情反复（血糖升高、感染、严重心脑血管并发症等）。药物只有按规定吃才有意义，减药或者停药，病情会波动，到时候如果犯病还得去医院，甚至发生更严重的情况。

患者面临着购药难甚至濒临断药的问题，而对于此类疾病患者来说，缺药或断药很有可能危及健康。

第二节　突发公共卫生事件中的居民心理需求

突然发生的新冠肺炎疫情，颠覆了人们的日常导致居民认知与行为模式发生较大改变，打乱了人们的生活工作节奏，对未知情况的忧虑害怕，使得人们开始产生焦虑甚至恐惧的心理。焦虑虽然是人类的一种正常心理活动状态，如遇到棘手麻烦的事件时多会产生的应激反应，但是如果对其不加以遏制长期存在的话，就会对机体造成伤害，影响心理乃至身体健康。

疫情突然来袭，让人猝不及防，情绪难免有些波动，如出现担心担忧、紧张不安、情绪压抑等。在防疫期间居民长期处于封闭环境中，难以与朋友家人见面，容易产生焦虑情绪。特别是做个体和实体店铺生意和被裁员的人们，因疫情影响没有收入，心理压力较大。

"我父亲现在在医院隔离，我独自在家里，持续咳嗽近十天，没有量温度，现在害怕染上新冠肺炎，又害怕去了医院被隔离。"电话里有一位居民这样说。我能感受到他是非常着急的，其实我自己也很替他担心。我先稳定了他的情绪，同时，第一时间将信息上报，通过部门联动，及时开展排查。后经确认，该居民温度正常，属轻度感冒，因精神高度紧张，强化了咳嗽症状。

（资料来源：访谈，社工 A，2021 年 5 月 25 日 10:00—11:15，文冲社工站。）

疫情暴发期间，个别居民有高风险地区居住史或与确诊病例有过直接、间接接触，各社区均已按规定使其隔离。但部分社区发生过谣言传播，如"那栋楼有人发高烧，当晚就被送去隔离了""有人前几天和确诊人员有接触，回来还去逛超市了"，部分居民听信谣言，开始在业主群里对被造谣者进行人身攻击，给被造谣人员及其家人带来严重的身心伤害。这些被造谣的居民不但担心自己或者亲密接触的家人被感染病毒，还要面对外界的歧视与质疑，身心受到双重打击。

我参与接线服务时接到过这样的电话，一位 60 岁左右的阿姨打来："我隔离结束了，没被感染，可是一想到这事儿，总感觉呼吸困难，人就发热，晚上翻来覆去睡不着，我是不是得病了？"这位曾有密切接触史的老人在电话那头非常急躁。我先稳定住老人的情绪，询问她实测温度，确定她身体没有问题，但她又有新的烦恼："就算身体没问题，我总是觉得，他们有意在疏远我。"

（资料来源：访谈，社工 C，2021 年 1 月 4 日 18:00—18:50，五山街社工服务站。）

新冠肺炎疫情期间，无数的社区工作者和普通居民参与了社区的紧急防疫任务。奋战在防疫一线的工作人员，面对工作强度大、工作时间长、感染风险增加、作息不规律、无法照顾家人等压力，容易出现紧张、焦虑、害怕、困惑、易怒、饮食睡眠失调、警觉性增加或退缩等应激反应。

疫情给人们的健康带来威胁，也影响到正常的生活秩序。大人的情绪都受到很大影响，对于孩童来说，负面情绪、负面事件更会对孩子内心安全感带来影响，保持情绪稳定、心理健康更加不易。新冠疫情暴发，孩子都同家长长时间待在家中，长时间不出门，无法接受新鲜事物，对于活泼好动的孩子更是大的挑战，家长在保障孩子身体健康的同时，还需做好心理建设的工作。同时，对于家中有考生的家长，因推迟开学只能上网课，对孩子成绩的担心也会加大家长的心理压力，对家庭气氛也会有些许影响。

我曾接到服务对象电话："孩子马上要中考了，看到孩子好不容易有点进步，现在又延迟开学，孩子只能在家上网课。我坐在旁边观察，总觉得他跟不上老师的进度，可能没希望了！"

（资料来源：访谈，社工 F，2021 年 5 月 23 日 19:00—20:00，文冲社工站。）

年长者群体在心理承受力方面较为脆弱，疫情防控期间，各种不实信息会扑面而来，一定程度上夸大实际情况，制造了人心恐慌。老年人群社交圈相对狭小，获取信息资源的渠道较窄，经常通过微信与平时好友沟通交流，彼此交换信息，这就造成道听途说、人云亦云的可能。受疫情影响，有些老人会出现恐慌和焦虑持续存在的情况，还有些老人总担心自己被传染，并强迫自己不断地想患病后的严重后果，并为此感到痛苦。这些持续的情绪压力甚至会反映在身体上，出现问题，如出现躯体疼痛、头晕、哮喘发作等。

刚开始，我和老伴还喝板蓝根水，看文章说能增强免疫力。后来女儿给我们打电话，女儿告诉我别喝了，不能天天喝，喝了也没用，我们才不喝了。

（资料来源：访谈，居民 L，2020 年 12 月 21 日 10:15—11:15，五山粤垦。）

第三节　突发公共卫生事件中的居民信息需求

面对突发性的公共健康危机，集中统一的数据管理十分必要，这不仅能准确地判断疫情发展趋势，同时也有助于采取有效的手段遏制疫情进一步蔓延。

一、及时准确掌握相关信息的需要

在疫情暴发初期，由于对疫情传播速度和危害性不清楚，大批患者未能及时收治到医院中，而在社会上流动，造成了社会和社区家庭的进一步感染传播。这是疫情加剧的重要因素，对社会秩序和经济发展造成严重影响。

在这次疫情中，我们见到的诸多乱象，其背后恰恰是由数据的缺失与不流通造成。如省红十字会不知道具体物资供需情况，将不符合医用标准的口罩送给了紧急求助的三甲医院与尚有余力向社区分发的民营医院；一个地方排查出了确诊病例的旅行史，却只能用微博的方式寻找同程密切接触者；公众看到了死亡病例数，却不甚了解这些患者的基础疾病情况，而盲目推测致死性高。

二、及时有效的信息引导需要

新冠肺炎疫情的动态信息牵动着全国人民的心弦，电视、网络等媒介都在进行疫情相关报道，但主流媒体的报道多是国家政策大方向及重灾区防疫工作进展等内容。居民最关心的本地疫情防控政策，本社区疫情情况等信息接收较少，除社区广播外最主要是电话、短信、微信群平台、私聊、朋友圈等方式传播。这样的传播方式可能造成信息准确度、可信度降低，出现信息不对等、失真现象，对于社区中不会使用智能手机或不习惯用上述平台的居民可能出现信息滞后现象从而造成慌乱，迫切需要及时有效的信息进行引导。

一种未知疾病出现，在科学尚未破解之前，迷信和流言就已经开始了，如非典时期"抢盐"热潮等。我们处于信息时代，发达的网络不仅传播正能量信息，也夹杂难以辨别的"糟粕"。在新冠肺炎疫情发生时，人们思绪受环境影响处于紧绷状态，情绪易被带动，不法分子通过网络发布不实信息，通过煽动公众情绪等手段谋取利益。公众需官方力量引导分清糟粕信息与不实言论。

我国的医疗知识普及还不够完善，对于疫情的突然暴发，公众在不知所措的情况下出现"宁可信其有，不可信其无"的防疫举措，如抢购板蓝根、连花清瘟等药物，以及广东地区陈皮价格高涨等现象。在重大公共卫生事件发生时，及时引导对公众缓解焦虑情绪及压力有重大意义。

疫情暴发时，谁都不知道怎么回事，一家人都不出门。天天看新闻，但是信息太多，我们也很难分辨，更加焦虑了。

（资料来源：访谈，居民 M，2020 年 12 月 26 日 9：30—10：10，五山茶山。）

三、信息安全需要

在新冠肺炎疫情面前，全国人民同舟共济、共克时艰。但在当前疫情形势严峻的情况下，某些不良行为已经严重威胁到了公民的个人信息安全。如某政府人员曾因扩散泄露一名疑似新型冠状病毒患者及其家人信息被立案调查，虽然一起政府失察的案件已经被曝光，但在网络上，多名患者的名字都被发到了各大微信群和社交媒体上，包括返乡人员、确诊患者、疑似患者、密切接触者等。大量的个人信息外泄带来的是对涉疫人员乃至非相关人员的无理歧视，同时也为电信诈骗、盗窃、敲诈勒索等非法行为埋下了极大的隐患。对此，居民们都很谨慎，疫情之下，哪些信息属于应受保护的个人信息？哪些主体有权收集和公开公民个人信息？个人信息让步于公共卫生利益的边界在何处？违法公开和传播公民个人信息应当承担怎样的法律责任？公民个人信息遭受侵犯应如何寻求救济？

在抗击疫情的过程中，公众既要维护公共利益，又要维护自己的个人信息权利。涉疫人员有义务主动配合有关单位，如实、准确地提供个人信息和健康情况；有关部门和工作人员有义务采取必要的保密措施，保障涉疫人员的个人信息安全；社会公众有义务尊重涉疫人员的隐私，切勿实施侵犯他人个人信息的违法行为。这样，在疫情防控和保护个人信息方面，才能达到利益的均衡。

每次从外地回来都会有工作人员给我打电话，还要问身份证号码，但是有的工作人员直接读出我的身份证号码，其实是有点担心的。现在网络诈骗这么多，看了那么多例子，真怕自己的个人信息泄露。

（资料来源：访谈，居民 N，2021 年 10 月 17 日 13：30—14：10，五山华农。）

第十一章 突发公共卫生事件中的社工角色

2020年2月23日，习近平总书记在统筹推进新冠肺炎疫情防控和经济社会发展工作部署会议上提出，"要发挥社会工作的专业优势，支持广大社工、义工和志愿者开展心理疏导、情绪支持、保障支持等服务"，表明了社会工作者在我国应对突发公共卫生事件中作为一支有生力量发挥着不可替代的重要作用。

第一节　政府应急管理的协助者

我国的公共健康危机管理体系是以国家、省、市、县四级组织体系的垂直管理方式，以政府为主导，社会团体、社会团体和民众参与，共同参与应对重大公共卫生事件。社工机构大多是在政府主导下进行，与政府的日常工作保持着紧密的关系，而社工作为公共危机管理的运作者之一，其存在空间则是在政府、社会团体中，担任政府应急管理协助者的角色。

新冠肺炎疫情暴发后，社区社会工作者作为一线防控人员，认真落实各级政府相关政策，积极开展信息收集、问题汇总、情况排查等基础性工作，了解疫情带来的冲击，发现问题、分析需求，及时为政府提供信息支持，同时为政府有关政策制定提供资料和建议，推动相关政策出台。

同时，在经历了多次重大突发事件的考验后，政府已认识到社会工作在突发事件中所发挥的作用及专业优势。新冠疫情发生后，各级政府多次发布文件，对基层社会工作参与疫情防控协助工作提出要求，并对社工参与表达了肯定和期望。

经党中央、国务院相关决策部署，民政部发布了《关于动员慈善力量依法有序参与新型冠状病毒感染的肺炎疫情防控工作的公告》，同时民政部、国家卫生健康委员会联合印发了《关于进一步动员城乡社区组织开展新型冠状病毒感染的肺炎疫情防控工作的紧急通知》，两则文件都指明基层力量的重要性。其中《关于进一步动员城乡社区组织开展新型冠状病毒感染的肺炎疫情防控工作的紧急通知》更是强调组织引导各类社会组织、社会工作专业人才和志愿者有序参与社区防控工作，形成整体合力。广东省民政厅印发了《社会工作者、志愿者参与新型冠状病毒感染的肺炎疫情防控工作指引（第一版）》《社会工作者、志愿者参与新型冠状病毒感染的肺炎疫情防控工作指引（第二版）》《关于动员全省社会组织参与新型冠状病毒感染的肺炎疫情防控工作的通知》，广州市社会工作行业党委、广州市社会工作协会共同发布《关于广州社工积极有序参与疫情防控工作的倡议书》，倡导充分发挥社工机构（社工站）党组织的战斗堡垒作用和党员先锋模范作用，积极带头落实各项防控措施，服从工作大局，参与社区一线抗疫服务。此外，倡导社会工作者在做好自身安全防护的前提下，按照当地有关部门和镇（街）的统一安排，积极配合开展社区疫情排查、核酸检测、疫苗接种等协助性、支援性工作，以及参与隔离留观人员、隔离安置人员、隔离人员子女服务等，为快速有效阻断疫情扩散、保障广大市民健康安全提供力所能及的援助和支持。《广州市新型冠状病毒肺炎疫情防控指挥部关于新冠肺炎疫情分级分类防控工作的通告》《广州市社工站复工新冠肺炎疫情防控工作指引》《广州市社会工作行业党委关于进一步强化社工站疫情防控措施的通知》等文件，从社工机构、社工站及社工个人常态化的防控管理落实中确保防疫工作按标准进行，增强自身防疫能力，带动社区居民重视疫情防范。社会组织作为紧密联系人民群众的重要载体，这些文件的颁布实施为引导全省广大社会组织、社会工作者和志愿者依法科学、高效有序地参与疫情防控工作发挥了重要作用。

第二节　多种应急力量的协同者

新冠肺炎疫情暴发后，人民群众生活节奏被打乱，各行业领域处于停摆状态，社会发展节奏被迫按下暂停键。面对突如其来的严峻挑战，我国积极采取政府领导下的以社区为基础的应急管理模式，在保障人民生命健康与恢复公共生活秩序方面取得了显著效用。

社区在应急工作中除了要完成各项上级指派的任务外，还要从风险源头去完善和发展其风险防范与安全保障的功能，同时要直接服务于居民日常生活。疫情就是命令，防控就是责任，疫情下的社区处于封闭状态，面临着人员交叉感染风险，居民心态敏感、情绪焦虑，生活物资、防疫物资紧缺，不稳定和不和谐因素骤然增多。严峻形势下包括警察、医务人员、志愿者、红十字会在内的多方应急力量在参与疫情处置工作中均处于高负荷运作状态。作为下沉在社区的社会工作者，对社区环境和居民需求更加了解，具有信息优势和快速行动优势，参与社区应急管理的过程中，可协助各方打通信息交流传输渠道，开展防疫知识宣教、社区日常消杀、物资协调调配、心理健康疏导、治安管理等工作，很好地缓解各方压力。对多方应急力量能起到有效协同作用，使应急管理效率得到有效提升，对恢复正常社区功能发挥着重要作用。

第三节　社会资源的链接者

新冠肺炎疫情引起了全国社会各界的广泛关注，各类社会资源都尽可能向疫情严峻的地区汇聚，而资源如何转移和调配到目的地区，如何降低资源转移成本，提高资源调配效率和减少资源管理风险，这是在应对重大社会危机时资源链接工作层面所要面临的挑战。

链接有效资源是社会工作的专业特长之一。传统的社会工作者资源链接工作，往往倚重社工自身的人格魅力与资源存量。当案主求助社工时，社工依靠个人去"找"资源，社会工作本身并没有建立起足够庞大的资源链接平台以保证每一个社工的资源链接效用得到充分发挥。当前突发疫情下，社工作为一支具有专业性、代表性的团体性力量，不仅要发挥社会工作者个人的作用，社工机构和社会工作组织也需充分挖掘和宣传自身优势，打造更为精准高效、公正透明的公益形象，积极在人力、物质资源链接工作中发挥作用，以提高应急模式下各方工作成效，助力抗疫成果。

第四节　社区居民个性化服务的供给者

面对着中高风险地区和新冠确诊病例人数的日益增多，人民群众无不忧心忡忡。但对社区民众来说，疫情影响最为直接的感受，还是来自个人居住的社区。在疫情防控隔离期间，基层社区的封闭管理对居民基本的生活出行带来巨大影响。同时，民众因对于感染新冠后可能受到的社会排斥和孤立的恐惧感，更增加了社区防控的难度。社区基层工作者在人手急缺、防护条件不足的情况

下，承担了大量的防控管理和上门服务工作。此外，社会工作者还要致力于
疫情防控之下居民生活、心理、家庭及人际关系等多样化需求满足。社区封
闭状态下，人群不稳定性因素增加，随时可能会出现多种状况，社会工作者
需结合社区各自不同情况主动去发现案主，并依据专业优势为社区居民提供
个性化个案服务，以便获得群众的信任感，调动大家的积极性，促进防疫工
作的顺利开展。

第十二章 突发公共卫生事件中的社工赋权行动

第一节 积极协助政府应对突发公共卫生事件

2021年5月30日广州社工公众号发布《关于广州社工积极有序参与疫情防控工作的倡议书》，提到要全面贯彻落实广州市相关文件要求，抓好社工机构、社工站及社工个人常态化的防控管理，确保防疫工作不松懈，持续巩固"四个零"工作成果，守住社工行业不发生疫情的底线。

在新冠肺炎疫情中，社会工作者在做好自身安全防护的前提下，为缓解政府工作压力，广州"双百社工"发挥自身的专业优势，采用"社工＋志愿者＋街道"方式，按照当地有关部门和镇（街）的统一安排，积极配合社区广泛开展疫情防控宣传、重点人群排查监测和核酸检测、留观人员服务、现场及热线咨询、卫生整治、链接社会医护资源等工作。此外，还向独居孤寡老人、困境残障人士等弱势群体提供防疫物资、生活救助和社会心理援助等服务，为快速有效阻断疫情扩散、保障广大市民健康安全提供了力所能及的援助和支持。

从5月疫情发生以来，我们积极参与了疫苗接种、核酸检测、社区排查等工作，并积极发动社区志愿者参与，用"社工＋志愿者＋街道"的方式共筑社区防疫防线。到今天，五山街社工服务站联动社区党支部、社区志愿团体，共招募志愿者超500人次参与到疫情防控中，参与疫苗接种或核酸检测等疫情防控工作现场的秩序维护、信息填报、问询指引等。

（资料来源：访谈，社工K，2021年6月2日17：35—18：35，五山街社工服务站。）

加强服务指引，有序又安全。在逢源、沙面、西村三个街道的核酸检测点，社工与医务人员、社区工作人员以及志愿者一起忙碌着。"大家按秩序排好队，先扫码录入信息生成核酸码，记得截图保存。检查自己的穗康码是否绿码，黄码的需要在这边排队……""5人一组，间隔一米距离排队，检测完请迅速离开。"在核酸检测现场，到处看到社工的身影、听到社工的声音。社工们穿着隔离服，科学维护现场秩序，协助扫码，安抚居民情绪。根据不同工作任务，社工及时调整、转换、补充自己的角色，全力配合街道。经过前两轮核酸检测，社工总结经验，合理分工，促使核酸检测工作更规范有序、更快捷进行[①]。

社会工作者积极响应政府政策，一直行动在一线，为更安全有效地协助政府完成基层社区工作，他们便通过学习防疫知识，进行防疫实操演练，提高防疫服务水平。

为积极响应广州市社会工作行业党委关于印发《广州市社工服务站疫情防控应急处置演练工作方案》的通知精神，9月，社工站组织全体员工进行疫情防控应急处置演练。这次的演练包含"通知精神传达学习"和"实操演练"两个环节，也是为了能进一步提升我们工作人员疫情防控应急处置能力。在学习环节，我们中心所有工作人员一起梳理归纳"社区出现新发感染者""街道实行封控管理""片区实行封控管理""社工站内工作人员出现一名新冠肺炎确诊病例密切接触者"四个场景下，社工站的工作重点以及安排。在实操演练环节，我们依据《广州市社工服务站疫情防控应急处置演练工作方案》，分别针对"社区出现新发感染者""街道实行封控管理""片区实行封控管理""社工站内工作人员出现一名新冠肺炎确诊病例密切接触者"四个场景进行模拟演练。经过此次应急处置演练学习，大家都表示提升了疫情防控应急处置技能，在发生应急事件时做到正确防护，最大限度减小风险扩散范围。

（资料来源：访谈，社工E，2021年10月10日18:50—19:30，五山街社工服务站。）

第二节　协同多种应急力量应对突发公共卫生事件

社会工作者的工作内容较为多样，工作时间具有弹性的特点，哪里有需要就去哪里。在此次新冠肺炎疫情中，社会工作者的身影出现在社区的各个角

---

① https://mp.weixin.qq.com/s/n5n3DzmbI3ijKR3TXVQLvw。

落，如协同医务、警务人员开展社区疫情排查、核酸检测、疫苗接种等协助性、支援性工作，以及参与隔离留观人员、隔离安置人员、隔离人员子女服务等；走访疫情防控期间独居孤寡长者、低保低收入对象、贫困重度残疾人等困难群众，关注他们在基本生活保障、身体健康、心理情绪等层面的困难和问题，及时为其提供必要的政策咨询、困难援助、心理辅导、情绪疏导等服务。同时，为快速有效阻断疫情扩散，保障广大市民健康安全，协助建立社区志愿力量，为社区居民科学防疫提供力所能及的援助和支持。

一、协同医务、警务开展工作

2021 年 5 月广州出现新冠肺炎本土确诊病例，全市紧急开展应急防控工作。医护人员、民警、社区党员干部等力量的投入给人民防控增强了信心，疫情的有效防控给人民群众吃了定心丸。但随着防疫工作持续开展，人手压力日渐增强。社会工作者们积极发挥协同作用，协同医务、警务人员进行分诊筛查、防疫知识科普、网上辟谣、稳定社区安全、调节居民纠纷等工作，同时也为一线医护、警务人员提供后勤保障，为前线工作的医务、警务人员提供"医家亲""警相连"服务关怀，以最快的速度解决前线医护、警务人员生活、工作、心理等方面的需求。在开展常规工作的基础上，成立战疫心理支援小组，运用社工团队力量为有需要的医护、警务人员、患者及其家属开展心理辅导服务，为前线突击队做好坚实后盾。

在日常生活中社工们会为医护、警务人员配套生活用品如饮品、驱蚊液等，并及时送上亲切的关怀，为前线医护、警务人员和家庭解决实际困难和后顾之忧。为更好地保障医务、警务人员工作生活，做到精细化服务，社工们通过一对一的线上沟通了解个性化的解压需求，在节日、生日时，为医护、警务人员精心准备如书籍、鼓励信件等小惊喜，献上满满的祝福与温暖。

我曾辅助社区医院，为每位进入医院的市民测量体温、引导居民遵循科学合理的就医流程及宣传疫情防控知识。在元宵节的时候，我们联合热心商家准备了元宵惊喜，感谢医护、警察同志们在防疫工作中的付出。

（资料来源：访谈，社工 G，2021 年 3 月 6 日 10:20—11:20，五山街社工服务站。）

二、协同社区，培育志愿队伍

广州疫情发生以来，无数一线工作者逆行而进，冲在疫情防控的最前沿，守护人民群众的健康和生命安全。自防疫战斗号角吹响以来，广州市社会工作者在做好自身安全防护的前提下，积极配合开展核酸检测、疫苗接种等工作。但因防疫任务不断加重，人员配置面临不足，多个社工站便协同社区招募志愿者。

社会工作者在微信公众号、朋友圈等发布志愿者招募信息，招募已接种过两针新冠疫苗的居民加入志愿者队伍，用微信群收集志愿者信息，结合社区需要设置服务时间段，结合志愿者个人意愿确定工作内容、工作时长等。用实际行动织牢织密居民保护网，如广州市五山街社工服务站联动社区党支部、社区志愿团体，在 10 天内共招募志愿者超 500 人次参与到疫情防控中，参与疫苗接种或核酸检测等疫情防控工作现场的秩序维护、信息填报、问询指引等。

我是一名普通的学生，同时也是一名普通的预备党员。我对于武汉当时抗击疫情的帮助行动只停留在网络上加油打气和线上捐款，所以当新冠病毒变异株入侵广州、深圳等地时，我才真正意识到自己也可以和广大医护人员并肩作战，因此我报名了核酸检测和疫苗接种的志愿活动。在这个过程中，我也体会到了夏天穿防护服的炎热，体会到了医护人员在抗击疫情中所付出的辛勤汗水。我想和奋战在抗疫第一线的医生护士们道一声：谢谢！因为有你们的努力，才会有我们的健康和平安，辛苦你们了。谢谢你们守护着我们，只要我们共同努力，总有一天，新冠病毒一定会被中国人民打败，我们一定会摘掉口罩，过上疫情之前幸福美好的生活！

（资料来源：访谈，居民 R，2021 年 9 月 4 日 15:30—16:10，五山瘦狗岭。）

疫情发生以来，我们社工站积极配合开展核酸检测、疫苗接种、社区排查等工作，在做好这些工作的同时我们关注困境人群，通过探访、电访及时关注他们的需求，保障他们在疫情时期有正常的生活。同时我们采取"社工＋志愿者"模式，也招募到很多志愿者帮助我们一起完成这些工作。志愿者们发挥了很大的作用，我们的付出也得到了服务对象们的认可，一起共筑社区疫情防线。截至目前，我们五山街社工站共组织 2 139 人次志愿服务投入五山街临时疫苗接种点防疫指引工作中。为进一步提升现有志愿者的志愿服务能力，让志愿服务在常态化疫情防控中充分发挥作用，我们成立了疫苗接种志愿者骨干队伍。相信队员们今后能够在五山疫情防控工作中发挥更大作用，也能带动更多人参与到志愿服务中来，为社区防疫贡献力量，在志愿服务的过程中实现人生价值！

（资料来源：访谈，社工 H，2021 年 12 月 27 日 19：10—20：10，五山街社工服务站。）

2021 年 5 月广州发现阳性感染者后，开始两次大规模全员核酸检测，在此期间笔者在 W 社工机构实习，见证在疫情防控期间社工机构所做的工作。如 W 社工机构多次发出"明天全员早上 5 时 30 分到体育场协助核酸检测"等通知，社会工作者参与协助时间远远超出日常工作时间，社会工作者们毫无怨言并积极投身协同工作中。社工在多种社区力量的协同上发挥重要作用，如志愿者的招募、活动安排等。既保证社区力量的最大化，也让参与的人们获得了很大的成就感。

12 月 3 日，我们 15 名在疫情防控志愿服务中表现突出的志愿者组成疫苗接种志愿者骨干队伍，山海联盟志愿服务队正式成立。五山街社工服务站的站长在成立活动中肯定了我们的表现，并表达了社工站对志愿者骨干队伍的期待：希望我们能在接下来的工作中继续发挥志愿者骨干的模范带头作用，带领其他志愿者不断提高防疫工作的工作质量、工作效率与工作热情，共同致力于疫苗点的规范管理，形成队伍服务的亮点。社工站给我们志愿者骨干颁发了聘书。我们觉得这份聘书背后是沉甸甸的责任，也让我们这些志愿者有了归属感。我们将继续砥砺前行，继续传递公益力量。

（资料来源：访谈，居民 O，2021 年 12 月 6 日 16：10—17：00，五山华工。）

社会工作者自己全身心投入防疫工作，也作为协同者与周围多行业、多领域力量联合参与防疫，用切实行动协同多种应急力量发挥最大作用。

第三节　链接各类社会资源应对突发公共卫生事件

疫情当前，广州社会工作服务中心积极打造"政、企、社、志"资源平台，充分发挥资源链接的专业优势，采用"社工＋志愿者＋社区基金""社工＋志愿者＋企业""社工＋志愿者＋慈善"及链接各大高校等形式，为疫情防控积极贡献专业智慧、力量和资源，发动各行各业人民参与疫情防控。

一、链接社企资源

为了推动防疫工作的有序进行，广州社工站社会工作者积极链接慈善企业基金会、服务队等社会团体、企业共同参与。多种社会力量的加入，促进形成了众志成城一心抗疫的团结氛围，也让社区防疫工作更加充满温度与厚度。如广州广播电视台 FM106.1 广州应急广播，以"社工＋志愿者＋社区基金"的形式，携手广州市慈善会及广州市北斗星社会工作服务中心，发起"合力防疫公益基金"，募集"爱心包"，每个爱心包，需捐赠的部分价值 20元（包括饮用水一瓶、能量饮料一瓶、牛奶一盒、饼干一包、消毒湿纸巾两包）。以实际行动为社区防疫工作者及社区困境居民提供防疫物品及生活物资上的支持。

我们在"社工＋志愿者＋慈善"联动机制下着力于解决社区抗疫一线工作人员和物资保障不足等困难，成功链接广州市恒福社会工作服务社、羊城晚报、广东省金秋慈善基金会、敏捷集团等单位和团体，整合免洗洗手液、口罩、矿泉水、清凉饮料等物资及防疫经费，合计价值约 5 万元，提高了一线社工的安全保障和后勤补给水平[1]。

同时，社会工作者进一步发挥社会工作专业优势服务社区居民，积极链接资源，推动社会力量共建。多个社工服务中心积极响应广州社协关于实施"广州社工红棉守护行动"的倡议，开通"红棉守护行动"热线。在一次次的电访疫情排查中，了解困境人群需求。在得知困境人群需求后，社会工作者链接爱心企业和志愿者，以"社工＋志愿者＋企业"的形式为困境群体送上温暖，帮助他们应对困难。

社工站疫情防控期间以"社工＋志愿者＋企业"的形式开展服务，曾链接广州市兰瑞农业有限公司 30 箱共 600 千克爱心蔬菜资源，发动 38 名社区志愿者，将爱心蔬菜送到 100 户独居孤寡高龄长者、残疾人的家中，以及送到西村地区两家养老院里，解决长者们"吃菜难"问题[2]。

二、链接志愿力量

随着防疫工作持续开展，人手压力日渐增强，原有志愿力量不足以应对日益扩大的工作要求。于是社工随时更新服务需求，通过各个渠道招募、吸收志愿者加入防疫队伍，运用"社工＋志愿者""社工＋志愿者＋社区基金"等多种模式，全力助力社区防疫工作，在核酸检测点、疫苗接种点、居民楼等场所，开展维持秩序、登记检查信息、防疫知识宣传等工作，形成了齐心抗疫的

① https://mp.weixin.qq.com/s/5FQH7-v3ABA1qOqdwOjhvQ。
② https://mp.weixin.qq.com/s/uAbFXu22j2D9a5LsyKbSvw。

良好氛围。

除了我们工作人员，社区中还有这样一群人，收到社区疫情防控储备志愿者招募信息之后，纷纷踊跃报名。他们穿着红马甲、黄马甲，核酸检测点、疫苗接种点、居民楼是他们出没的场所，维持秩序、登记检查信息、防疫知识宣传等都有他们的身影，他们就是社区最可爱的志愿者们。有他们在，我们的工作才能这么顺利地进行。

（资料来源：访谈，社工 L，2021 年 5 月 23 日 20：00—21：00，文冲社工站。）

疫情无情，人间有情。我很高兴通过志愿服务为疫情防控贡献了自己的一份微薄之力，用自己的实际行动去践行了时代的责任与担当，同时我也参与学习了防疫知识，很有收获。

（资料来源：访谈，居民 P，2021 年 8 月 28 日 9：30—10：20，五山茶山。）

虽然过程很辛苦，也有人不理解志愿服务的辛苦，但是看到很多人注射了新冠疫苗，就觉得辛苦也是值得的，也算是为社会贡献了自己的绵薄之力。汗水浸湿了我们的防护服，喉咙也因为志愿服务而不舒服，但是我们都没有放弃，坚持到结束，送走了一批又一批接种疫苗的人。

（资料来源：访谈，居民 Q，2021 年 8 月 28 日 10：30—11：10，五山茶山。）

三、链接专业医护力量

疫情当下，防疫、救护等医疗知识尤为重要，社工邀请专业医护人员参与服务，以"社工＋医护人员＋社区基金＋志愿者"形式开展。为提高社区居民防护、救助知识水平，广州多个社工站开展知识讲座，如 2021 年 7 月 31 日五山街社工服务站联合广东省红十字会急救培训志愿服务队开展了应急救护培训进社区活动，促进社区居民学习应急救护知识与技能。

前几天，我们联同居委会、社区卫生服务中心组织开展疫苗知识宣传的主题讲座。这次活动主要是向社区居民宣传疫苗接种的知识，解答社区居民的疑问，有 30 多名社区居民参与。活动过程中，我们请社区卫生服务中心杨医生向社区居民介绍疫苗接种的知识、居民接种需要注意的事项、需要携带的资料。有居民询问医生在自身患病的情况下能否打疫苗，杨医生很细心地一一回应，缓解居民的担心。后来，我们社工又播放了《加强针解说》《60 岁以上人群接种新冠疫苗注意事项宣传视频》《3～11 岁儿童接种须知》等视频，进一步向社区居民宣传疫苗接种的知识。这次活动联合了居委会和社区医院的资源，还是挺成功的，居民反馈也很不错。通过开展疫苗知识宣传的主题讲座，不仅宣传了疫苗接种的知识，而且为居民提供了一个交流互动的平台，消除了居民的顾虑和担心。

（资料来源：访谈，社工主任I，2021年12月9日16：00—17：00，五山街社工服务站。）

第四节 为社区居民排忧解难

为贯彻落实党中央、国务院和省市政府关于新冠肺炎疫情防控工作的指示精神，在广州市民政局指导下，广州市社会工作行业党委、广州市社会工作协会于2020年1月26日发出了《关于全行业援助抗击新冠肺炎疫灾，实施"广州社工红棉守护行动"的倡议书》。自倡议书发出以来，全市社会工作服务机构纷纷响应，积极参与社区防疫抗疫服务工作。广州各个社工机构积极响应开通红棉关爱热线，通过电话访问服务，提供防疫抗疫知识普及、政策及求助信息咨询、心理疏导、情绪支持等全方位服务，多方式消除群众恐慌，同时及时传递信息，探寻需求，如入户探访、派送防疫物资等。社会工作者勇当、甘当、会当社区疫情防控"宣传员""辅导员""排查员""教学员""值班员""送货员"，竭尽全力满足社区所需，以下沉到底服务显示了防疫抗疫专业力量。

2021年5月21日疫情突发，广州市拉响全民抗疫警报，4 000多名广州社工积极响应，勇敢逆行，第一时间快速集结，依法、有序参与社区一线抗疫工作。在街道的统一安排部署下，白鹤洞街社工站党员社工寇冠伍带领同事深入鹤园、鹤翔等多个社区，第一时间参与社区疫情防控工作[①]。

新冠肺炎疫情牵动着每个人的心，广州市各社工机构投身到抗击疫情工作的前沿。各社工服务站项目积极开展联防联控、深入社区走访排查、关爱兜底人群生活等，电访独居孤寡、失独、单亲、残障人士，登记更新兜底人群的生活需求，及时为其链接服务资源，排忧解难。配合专业医护人员深入社区、上门排查，设立每日一报机制，守在社区防疫最前线。

在防控疫情的工作中，广州市各社会工作服务中心与相关组织、企业携

---

① https://mp.weixin.qq.com/s/nzPO7OLxZ6rM2FRoU5R23w。

手，在街道党委的指导下，积极行动起来，采取电话访问和微信问候的线上热线服务，如服务社区长者，采用实地探访慰问长者等多方位的智慧化服务手段，为社区长者提供疫情咨询、心理安抚等。针对高龄、独居、空巢等特殊长者，社工通过电话访问和微信问候的方式了解长者的情况与需求，对于社区内独居、行动不便的长者，家里已安装雷达生命体征检测设备，社工通过网络远程监护长者的身体情况，链接医护人员实时进行健康监测跟进和上门回访，并为其送上口罩、酒精等防护消毒用品。如果长者家里物资短缺，社工实时为长者进行网络代购等暖心服务，共同抗击疫情。

我们在为服务对象送口罩时，也会详细解说如何正确佩戴，特别是对于老人，也会提醒废旧口罩要处理好。如在低风险地区，没有密切接触的情况下，使用过的口罩可以折叠后直接丢入垃圾桶。如果设有废弃口罩专用垃圾桶，应该丢进专用垃圾桶里。如果戴口罩接触过密接人群，建议放进塑料袋，然后喷洒消毒液后密封扔掉。感染者或疑似感染者佩戴的口罩需要扔到专门的医疗废物桶，由专门的部门进行回收。

（资料来源：访谈，社工 M，2021 年 7 月 24 日 12：10—13：10，文冲社工站。）

社工在社区的工作围绕着群众需求展开，社会工作者也时刻关注群众需求。如 2020 年 9 月全国的新型冠状病毒防疫工作进入后期，全国形势一片大好，各高校陆续组织学生返校。五山街道辖区有多所高校聚集，大学生返校后人员的密集容易造成各种问题，防疫工作仍然不可松懈。五山街社工站社工关注到这一情况后发布了返校攻略，制作分发防疫手册，积极开展防疫科普宣传，提醒广大居民和返校大学生做好日常个人防护。

此外，社区居民在疫情之下可能会出现多种状况，社会工作者需结合社区不同情况主动去发现案主，并依据专业为社区居民提供个性化个案服务。

我平时的工作是负责长者领域，和社区中的叔叔阿姨交流较多，疫情防控期间我发现有位服务对象的心情比较差，和之前差别很大。但是对于老年人来说，保持情绪稳定、心情舒畅是非常重要的。后来我主动和她聊天，得知是疫情带来的各种负面影响，使她郁郁寡欢。我针对这一问题，给需要的长者一些帮助。

第一，学会面对和接受困难。告诉老人，其实每个人都知道，疫情早晚都会过去，就是时间长短问题，如我们希望冬天早日过去，春天早日到来一样。但我们无法拒绝冬天，只能接受它的存在。疫情也是如此，既然已发生，尽管我们的生活已没有规律，但也只能接受这个事实。如果不接受，那就会引起心理冲突，就会导致情绪的焦虑和忧愁。而焦虑和忧愁对度过疫情期毫无用处，反而平添了内心不适感。只有接受它，将疫情作为生活的一部分，才能坦然面对。

第二，学会转移注意力。我用白纸黑点效应来举例。如果把疫情比作一张白纸的小黑点，那么可能这个黑点就很显眼，很惹人注意。但我们忽略了偌大的一张白纸，这张主要背景为白色的白纸占据的面积是一个黑点的很多倍。看人如此，看事也如此。看人看长处，看事看积极之处。经过这么久对疫情的防控，各地对疫情的处理措施越来越科学、有力、有效。我们要学会关注生活中更多的主基调和背景，如我们仍然能够保证一日三餐，能够有居家之所，能够通信正常、水电不断，只是生活不如原来自由和规律而已。如果我们看到了疫情中的积极一面，那心理冲突就会少很多。

第三，保持相对规律的生活起居习惯。疫情防控期间，广州全市划分了很多不同等级的疫区，不同区有不同的管理措施。这些措施会导致生活上的不便，尤其是正在集中隔离、处于封控区和管控区的居民。在此期间，饮食起居可能失去规律性，也很容易日日躺着，或是天天放纵。而老年人群的交际范围狭窄，仅限于同小区的街坊邻居，一时间更是手足无措。建议服务对象尽量保持疫情前的生活习惯，如不能下楼就在家里溜达，就当作散步遛弯，以时间记录平日活动量，而非活动范围。早睡早起，一日三餐，有助于保持良好的睡眠质量和消化道功能。如果在家不活动，那食欲就会下降，所以活动和进食要结合起来。当然，也推荐老人在家进行一些益智类活动或者游戏。

第四，学会识别正常情绪和病态情绪。疫情突然来袭，让人猝不及防，情绪难免有些波动，如出现担心担忧、紧张不安、情绪压抑等，但如果这些感觉是暂时的，只局限于一天中的很少时间，对自己的生活和社会功能影响不大，那么就是正常的。因为，七情六欲，人人皆有。适度的焦虑和紧张可以让我们更好应对生活中的一些困难，但一旦过度焦虑，就可能适得其反。一般情况下，病态的焦虑主要表现为难以控制的紧张不安、担心担忧、坐卧不宁，伴有多汗、心跳加速、血压升高、喘憋、尿频、颤抖、肌肉酸痛、睡眠不佳、恶心、腹泻、呕吐、腹胀、呼吸困难甚至体温轻度升高等，症状类似于一些躯体疾病，如高血压、心脏病、胃肠道疾病等，如既往没有明确的慢性病史，则很可能是过度紧张焦虑导致的躯体不适。而抑郁主要表现为一天中大部分时间情绪低落、兴趣减退、无精打采、浑身乏力、食欲睡眠不佳、易自责、自我评价低、注意力不集中、思考能力下降、记忆力下降等。

最后，这位服务对象认识到生活中还有很多美好的事，自己还有很多有意义的事可以做，心理健康是非常重要的，生活回到正轨。

（资料来源：访谈，社工 J，2021 年 7 月 21 日 19：00—21：00，文冲社工站。）

第十三章　突发公共卫生事件中的社工赋权效果

　　社会工作作为一种支持性的专业力量，是为贫弱群体、基本生活陷入困境群体和社区提供专业社会服务的职业。面对新冠肺炎疫情引发的突发公共卫生事件，社会工作者凭借其专业的敏感性和责任感，在疫情防控中发挥着专业优势。

　　社会工作的专业优势首先表现在知识层面。疫情防控前期，社工一方面根据社会需要努力作出回应，自上而下获取政府信息，向广大居民传递关于疫情防控的各项政策和信息，及时解决居民的抱怨和不满。另一方面自下而上从居民的需求出发，实现跨学科、跨部门、跨地域的线上线下联动，动员基层干部解决基层问题。其次，社会工作的专业优势是整合资源。自疫情暴发以来，全国各地的志愿者捐赠的医疗物资以及生活物资，在社会工作的组织与安排下利用多种渠道，对接各家医院和超市、社区。同时组织志愿者对居家产生逆反心理的居民、被隔离人员及家人、病患及病患家属进行线上的情绪疏导和心理支持，向他们提供外部信息。同时联合政府部门、医疗团队、心理咨询专业团队以及基层社区委员会等多部门，相互合作，有效链接资源，分享信息。

　　面对毫无准备、毫无经验的社区防疫之战，广州社工组织积极响应防疫号召，及时回应社会需要，凭借自身专业优势走上了线上、线下相结合的抗疫之路，为社区应急行动赋能，贡献抗疫力量。

第一节　减轻政府应急管理的工作压力

　　社工是基层最朴实的工作者，始终无怨无悔为居民百姓的安危冷暖劳碌奔波。近两年的抗疫中，社工们逐家逐户进行拉网式登记和排查，无一遗漏地通过电话劝导居民不要外出，第一时间隔离人员，同发热门诊保持联系，时刻监测隔离人员体温，并充当起"外卖小哥"为居民无接触式送达生活必需品等。面对居民的不理解和时刻可能成为移动"传染源"的危机，他们始终以平凡之举发着微弱的光，点亮了大街小巷的万家灯火。

荔湾区新冠疫情防控指挥部于 2021 年 6 月 10 日发布了《关于开展荔湾区北片区域全员核酸检测的通告》，对荔湾区金花、西村、逢源、岭南、沙面等 13 条街道辖区内全体居民进行新一轮全员核酸检测。逢源人家服务中心逢源、沙面、西村三个社工站社工再次集结，前往辖内核酸检测点，支援新一轮全员核酸检测。

据统计，6 月 10 日第三轮核酸检测，逢源人家社工共参与辖内 9 个核酸点完成了 80 945 人次核酸检测[①]。

疫情防控工作的常态下，社区各个委员会的工作依然持续地推进，同时各种业务有增无减。文化需要惠民，综合治理需要强化，经营场所需要督促，特殊群体需要关爱，特色亮点需要打造，窗口业务需要简化，服务质量需要改善。随着"网格化"工作思路的提出和落实，并在实践中取得良好效果，社会上更多的检查、排查等任务逐渐以"网格"的形式，落到了社会工作者的身上。

我们各项目组社工每日点对点、一对一通过电话、短信进行抗疫防疫宣传，点对面、一对多通过线上微信群、QQ 群进行抗疫防疫宣传。截至 2 月 3 日，中心社工通过电话、短信一对一宣传 2 900 余人次，为服务对象提供心理支持性服务 4 人，通过微信群、QQ 群宣传 7 500 余人次，努力增强群众的自我防护意识和防护能力，在倡导健康行为和稳定群众情绪方面发挥了积极作用。

（资料来源：访谈，社工 G，2021 年 3 月 6 日 10:20—11:20，五山街社工服务站。）

与此同时，社工这个群体已经变得更加"智能"，服务的领域也越来越广，从邻里的矛盾纠纷调解，到国家级的"双创"工作，再到水、电、气等一些专业性较强问题的入户排查，社工已经进入社会基层服务的"多面手"角色，而不再局限于"群众自治组织"的存在，很好地协助了政府工作，增添了社会服务力量。

---

① https://mp.weixin.qq.com/s/n5n3DzmbI3ijKR3TXVQLvw.

第二节 造就社区防范和应对突发
事件的有生力量

一、科学宣教，增强信心

社工，既是宣传员又是倡导者。当"服用降压药会加速病毒复制""喝酒能抵抗新冠病毒"等夸大不实的虚假信息遍布朋友圈，一时间谣言四起，社区居民特别是年长者在信息不流通的情况下，自身无法分辨信息正确与否，片面地接受并引起恐慌，甚至引发自身慢性疾病的再次发作。

为了确保社区居民能准确掌握科学的预防新冠肺炎的个人防护措施，社会工作者们积极开展辟谣活动及新政策宣讲，如在微信群分享防疫小知识、最新疫情动态、社会政策，制作科学防疫小视频并分享在朋友圈，也有针对长者群体的知识讲座、倡导老人养成经常洗手的好习惯等。对于不会使用手机的老年人，通过前期调查和实地探访，发放宣传页，并在保持安全距离的情况下，针对其诉求进行面对面的沟通及宣讲，让老年人吃上一颗定心丸。

二、代买代送，解决基础难题

社工，既是联系人又是快递员。疫情蔓延期间由于小区采取封控管理，社区居民面临各种生活上的不方便，社工链接社区资源，让超市开在家门口，方便居民就近解决买菜难的问题；社工配合社区工作人员，和社区志愿者、医护人员一起，多方联动，统一调配，为行动不便的居民如高龄老人提供代买代送菜品、代购生活物资、代看基础诊疗等"保基本"服务，让有需求的居民足不出户还能保证基础生活不滞后，基础生活能跟上。

三、调动资源，发挥潜能

社工，既是教育者又是使能者。社工关注到社区中少数居民面临没有智能手机、不会用手机扫码等问题，因此进出社区不配合检查，闯岗、吵架的事情时常发生。针对此类没有智能手机的特殊情况，社工在与社区进行沟通协商并进行信息核实后发放出入证或帮助打印健康码，解决他们出入难的问题。针对不会使用扫码程序的老人，社工在微信群里通过图片一步步引导老年人完成前期的注册，并对有需要帮助的老人给予现场指导，助其成功扫码。

四、关注身心，助力健康

社工，既是治疗者又是推进者。在疫情防控期间，居民不乏出现紧张、认知焦虑、恐慌等负面情绪。多个社工站推出丰富多样的线上活动，如厨艺大比拼、优美瑜伽等给予居民展示自己的平台，一方面助其稳定情绪，调整心态，另一方面通过精细运动和有氧运动，增强自身抵抗力，积极适应各个方面的变化。

截至 2020 年 8 月 19 日，全市 71 家社会工作服务机构利用社工站、专项服务点等开设了 235 个"广州社工红棉守护热线"，累计投入接线服务社工 38 606 人次，累计服务市民 1 111 102 人次。为市民主要提供防疫知识咨询 230 007 次、心理辅导 36 725 次，协助开展社区困境群体的防疫援助、救助服务，累计为困境孤寡长者、患病长者提供上门送药、送口罩、送菜等紧急求援 11 271 次，服务 21 703 人次；跟踪服务的困境人群共计 239 460 人次，其中跟踪服务的独居孤寡长者共计 79 055 人次、低保低收入家庭成员 49 805 人次、困境残障人士 83 532 人次、困境儿童及家庭 25 437 人次；服务医护人员及其家属 2 001 人次；配合镇（街）、村（居）开展线下防控排查 2 048 423 人次（其中疑似病例 10 例，密切接触者 11 例），服务社区留观隔离人员 10 847 人次；整合链接爱心物资 31 816 件，折合人民币 94.537 7 万元，参与募捐善款 28 万余元[①]。

第三节　促进各类社会资源在社区的
快速汇聚

居民作为社区里的一分子，生活空间主要集中于社区，其衣、食、住、行及其他基本需求的满足都依赖于社区。因疫情影响，居民日常生活受到了很大限制，依靠社工一己之力解决此问题的可能性几乎为零。但社会工作者作为资源链接者，动员和整合了社区中蕴藏的各类资源，从而为有需求的个人或群体提供更有效的服务。

社会工作以助人自助为价值理念，强调帮助个人或群体挖掘和发挥自身潜能，这里潜能其实就是服务对象所拥有的资源。社工去发现资源，整合资源，运用资源，然后促进问题解决、个人成长和社会和谐。

---

① 广州市社会工作协会，2020 年 8 月 20 日，https://mp.weixin.qq.com/s/V_O0LeFsFP_zVY-1GRRERw。

我们在疫情防控期间了解到，由于经济困难，不少困境儿童家庭遇到了缺乏健康防护物资等难题，得知困境儿童们的需求后，中心为困境儿童及家庭链接社会资源，通过策划"防疫包为困境儿童守护健康""为困境儿童守护健康""为困境儿童送抗疫包"和"齐心抗疫情，助力云开课"等多个抗疫项目，最终获得多个爱心企业、社会组织和基金会共计 20.5 万元资助以及 3 万多元的防疫物资捐赠，募齐困境儿童家庭所需防疫物资后，我们社工带领着 10 多名企业志愿者，逆风而行，陆续走遍广州市从化、花都、增城、南沙等 11 个区，一个多月行程超过 1 000 千米，与太平镇社工服务站、南沙榄核镇社工服务站等 27 个社工服务站（项目点）合作，累计为 400 多名困境儿童发放 450 套"儿童健康抗疫包"和 100 套"齐志公益课堂"定制版平板电脑以及公仔等物资①。

疫情防控期间，社会工作者整理居民需求，按需寻求物业公司、居民委员会、社区工作站等相关部门的帮助，整合社区的人力、物力、信息等可动用的相关资源。社区工作只有将社区资源与社区需求匹配，才能使社区资源得到充分利用，才能使社区居民享受有效的服务。

广州市北斗星社会工作服务中心至今累计发展新志愿者 1 793 名，培育 68 支志愿者队伍（社工培育），累计志愿服务人次 49 909 人次，如阳光助残队、华南农业大学公共管理学院社会工作协会志愿服务队、华南农业大学能源与材料青年志愿者服务队、华南师范大学青年志愿者协会科普队、华南农业大学红十字会、华南农业大学数学与信息学院服务队、五山家综创益五山编辑部、暮阳探访队、义耆来才艺队、华南农业大学公管红会、五所社区耆英志愿者服务队、社区防疫志愿服务队、暖心志愿服务队、烘焙义卖团队等。2020 年，五山社工站共计新招募义工 558 个，联动志愿者参与疫情防守、探访、活动协助等志愿服务共计 298 场，服务社区居民达 26 524 人次，志愿服务时长达 14 077 小时。其中有 3 位志愿者喜获 2020 年度广州公益"时间银行"最高服务时数志愿者。

（资料来源：访谈，机构副主任 N，2021 年 1 月 23 日 12:20—13:00，五山街社工服务站。）

第四节　解决社区居民的特殊困难

在疫情防控期间，社会工作者们始终关注着辖区低保户、孤寡老人、独居

---

① https://mp.weixin.qq.com/s/5FQH7-v3ABA1qOqdwOjhvQ。

老人、困境儿童等弱势困难群体，街道、社区通过多种方式了解辖区各类困难群体的身体、生活情况及实际困难，告诉他们有困难及时联系街道和社区，并叮嘱他们常通风、戴口罩、勤洗手，尽量避免外出，积极配合社区防疫，鼓励他们树立防疫抗疫的信心。

服务期间，社工们发现有一些高龄老人和特殊长者需要协助和照顾，于是便积极报告街道工作人员，协商开辟了针对高龄老人和特殊人士的爱心通道，为行动不便的高龄老人、带着婴幼儿的家长等提供一对一指引和服务，快速协助 80 名特殊困境群体完成了核酸检测①。

社会工作者们及时向辖区每一个困难家庭伸出援手，根据实际需求为他们及时配发各类物资，并根据摸排情况建立辖区"孤寡独居"老人台账，及时掌握老人生活状况，确保老人平稳度过疫情期。有些社区还关注到外来务工人员，及时摸排辖区内因疫情滞留在此的外来务工人员，第一时间为其送上米面油、方便面、火腿、牛奶及各类防疫物资。值得一提的是，在宠物防疫还没有细则出台的情况下，社工们没有漠视它们的生命，而是采取将其转运至第三方机构进行寄养，在做完检测后跟随主人一起隔离，或是上门喂养留守宠物，广州社工用自己的实际行动真正做到了精细化防疫。

广州市高风险区荔湾区白鹤洞街鹤园小区部分居民被安排集中转移隔离后，一些居民家留守的宠物猫狗如何照料安置成了难题。如今，随着重点区域的物资供应保障压力的大大减小，宠物寄养问题也有了解决方案。经多方协调，街道社区和荔湾区住建局在小区门外紧急加建了两间通电、通水并有排污渠的宠物寄养小屋，寄养小屋内配备 24 小时空调，环境较为舒适。小屋的管理和寄养宠物的喂养则交由爱心人士负责。而大型犬无法在寄养小屋安置，只能由专门的人员定期上门照料②。

疫情无情人有情，防疫卡口隔断的是病毒，隔不断的是基层大家庭的温暖。社工们坚持用贴心、耐心、细心服务群众，向辖区每一户困难家庭伸出援手，真正让困难群体有人联、有人管、有人帮，做到凡困必帮、有难必救，真正当好居民的"贴心人"，共同提高战胜疫情的坚定信心。

第五节　后疫情时代的社会工作启示

疫情终将过去，但社区防范与应对突发公共卫生事件应该常抓不懈，社会

---

① 　https://mp.weixin.qq.com/s/vRsXv2TcvSD_7nuchtAu7Q。

② 　广州日报，2021 年 6 月 20 日报道，http://t.cn/A6fhYerp〔/cp〕。

工作者仍将继续发挥应有的作用。

或许社工的角色有好多种，但离不开"需求为本"四个字。只要社区有需求，社工就会第一时间响应，根据不同工作任务，及时调整、转换、补充自己的角色，第一时间投入"战斗"。以抗击新冠肺炎疫情和服务社区为目的，积极发挥社会工作者扎根基层及专业的优势，通过策划开展各类社区防疫服务活动及志愿活动，为社区居民搭建志愿关爱、社区防疫网络，营造坚实的社区防疫堡垒，提升社区居民对疫情防范重要性的意识与认识；同时为社区防疫共建赋能，激发社区居民疫情防范的主动性，为社区疫情防范贡献广州社工的智慧和力量。

（1）保证官方信息的传播。社工作为服务社区居民的基层人员，应该向居民发布和传播官方准确消息，倡导居民不信谣、不传谣，及时告知居民最新疫情信息，打消居民对小道消息的担忧和疑虑。

（2）信息收集、协助执勤、缓解压力。在社工服务社区的日常中，协助收集居民在后疫情时代自己生活的困难，统计居民近期流动状况、疫苗接种及核酸检测等信息。协助社区防控疫情需要，轮岗执勤。补充社区正式组织在疫情防控中人力资源不足，缓解基层工作人员工作压力。

（3）关注弱势群体。做好兜底服务之余留意疫情给他们带来的不便，对此类群体开展专业服务，分类了解其特殊需求，搭建弱势群体24小时急救体系（如红棉热线），保障其在疫情影响下能维持基本生活。关注特殊群体用药就医、健康管理等问题，同时协助社区医生入户看诊，做到不落"一户一人"，提供个性化服务。

（4）做好心理疏导。链接社区内外社会组织、心理咨询等专业人士、高校师生等，为因疫情出现焦虑居民提供心理疏导，为社工及其他工作人员舒缓工作压力。

（5）协助社区居民适应后疫情时期的生活。开展长者在线支付、在线就医、预约、智能手机使用和培训的服务。关注社区隔离人员返社区后的社区融入，提供积极的心理支持、信心培育、生活秩序重构。在社区内引导正向的舆论，对返社区的隔离人员在社区内营造包容、支持的氛围，协助其积极融入社区。

（6）培育社区骨干志愿力量。针对志愿者进行防疫、卫生健康等知识的培训，使志愿者在居民信息登记、核酸检测、疫苗接种等方面起到带队和核心作用，协助社工参与到疫情防控中。

第四篇

典型村庄剖析

第十四章 调查对象及其代表性

第一节 调查对象：五华县 X 村

广东省梅州市五华县 X 村位于华阳镇西南部，地处琴江河畔，毗邻紫金县，距离镇政府 5 千米，下辖 3 个自然村。全村总面积 22 千米^2，辖区范围内有山塘 1 座，堤围 1 宗，易受山洪、山体滑坡等威胁的农户有 10 户，有小学 3 所，企业 5 家，无水库。全村共有 41 个村民小组，户籍人口 1 214 户 6 861 人。其中，常住人口 3 100 人，外出流动人口 3 761 人；男性 3 619 人，女性 3 242 人；0～18 岁 2 187 人，18～60 岁 4 048 人，60 岁以上 626 人（表 14.1）。

表 14.1　X 村人口基本情况

名　称	类　型	数　量	百分比（%）
性别	男性	3 619	47
	女性	3 242	53
年龄段	0～18 岁	2 187	31.88
	18～60 岁	4 048	59
	60 岁以上	626	9.12
人口分布	外出人口	3 761	54.82
	常住人口	3 100	45.18

五华县 X 村是华阳镇目前最大的村，总共有 112 名共产党员，已升格为中共五华县 X 村委员会，下辖 3 个党支部。在上级部门关心指导下，X 村党委以抓党建促脱贫攻坚战和乡村振兴战略等为主导，通过近几年努力，在组织振兴、产业振兴、环境治理、基础建设等方面都得到大幅度提升。2019年获五华县全域推进农村人居环境整治第三方评估中省定贫困村排名第一，

2019 年度获五华县精神文明建设先进集体，村党委书记获先进工作者荣誉称号，2020 年 X 村龟鳖养殖获得广东省"一村一品、一镇一业"专业村称号等。

2020 年前，村两委原有干部 11 人，分别是 1 名村书记兼村委主任、2 名村副书记兼村委副主任、8 名村两委干部。2021 年初，经过新一轮村两委换届及后续阶段补选后，村两委干部现有 10 名，分别是 1 名村书记兼村委主任、1 名村副书记兼村委副主任、3 名支委委员、5 名村委干部，平均年龄 46 岁（表 14.2）。

表 14.2 X 村两委干部基本情况

职务	年龄（岁）	性别	文化程度	政治面貌	是否交叉任职
书记	49	男	大专	中共党员	是
副书记	50	男	大专	中共党员	是
支委 A	56	男	中专	中共党员	否
支委 B	36	男	高中	中共党员	否
支委 C	48	女	中专	中共党员	否
村委 A	38	女	高中	中共预备党员	否
村委 B	42	男	高中	中共预备党员	否
村委 C	45	男	中专	群众	否
村委 D	49	男	高中	中共党员	否
村委 E	43	男	高中	群众	否

五华县 X 村原属省定贫困村，由广州市科学技术协会挂点帮扶，有相对贫困户 76 户 321 人，其中低保户 30 户 116 人，五保户 8 户 8 人，一般贫困户 38 户 197 人，无劳力户 22 户 52 人。2019 年 12 月底，全村贫困户已顺利实现脱贫，脱贫率为 100%。2019 年，贫困户 73 户 296 人有序退出贫困户序列，2020 年 X 村 3 户 25 人有序退出贫困户序列，退出率为 100%，整村已于 2019 年底顺利退出相对贫困村序列（表 14.3）。

表 14.3 2019 年 X 村相对贫困户基本情况

贫困户类型	户数（户）	百分比（%）	人数（人）	百分比（%）
一般贫困户	38	50	197	61.37
低保贫困户	30	39.47	116	36.14
五保贫困户	8	10.53	8	2.49

（续）

贫困户类型	户数（户）	百分比（%）	人数（人）	百分比（%）
有劳力户	54	71.05	269	83.80
无劳力户	22	28.95	52	16.20
总户数	76		321	

第二节　五华县 X 村的代表性

五华县 X 村处于低纬度，受太平洋暖湿气流和山地地形影响，夏日长，冬日短，全年气温高、冷热悬殊、光照充足、气流闭塞、雨水丰盈且集中，属亚热带季风气候。受此气候影响，五华县 X 村偶尔出现干旱和洪涝等灾害。

X 村是一个突发事件多发的乡村，最近五年发生的几起突发事件具有鲜明的乡村特色，现列记如下。

（1）2018 年 2 月，X 村发生一起打架事件，致多人受伤，发生叫骂、泼粪等过激行为。为做好突发事件应对工作，预防不稳定因素发生，镇成立突发事件处置应急工作领导小组。组长由分管政法工作的党委副书记李某泉同志担任，副组长由驻 X 村镇党委委员古某轩同志担任，成员由派出所、综治、司法、X 村委等单位负责人组成。成立事态跟进组、村情摸排组、应急处置组、舆情引导组、信息报送组 5 个工作小组，负责做好突发事件应急处置工作。

（2）2019 年 3 月，X 村甘某增农户养猪场生猪出现批量非正常死亡，疑似发现非洲猪瘟疫情[①]。村两委迅速将此事件上报，镇党委政府立即启动应急预案，成立思想稳控组、现场警戒组、行动扑杀组等工作组，经五华县疾控中心确认后，于当晚深夜 12 时，就近深埋 135 头生猪和场内的 250 包饲料，同时做好场地消毒等工作，处置过程共花费 38.9 万元。后来，5 月 23 日又处置了 X 村邹某煌猪场生猪 362 头，5 月 25 日处置了 X 村甘某科猪场生猪 178 头，处置过程共花费 186.43 万元。

（3）2019 年 8 月，X 村接县疫病预防控制中心通报，经中山大学附属第

---

①　非洲猪瘟（African Swine Fever，ASF）是一种急性、发热传染性很高的滤过性病毒所引起的猪病，其特征是发病过程短，死亡率高达 100%，病猪临床表现为发热，皮肤发绀，淋巴结、肾、胃肠粘膜明显出血。2018 年 8 月我国接连发现非洲猪瘟疫情。非洲猪瘟病毒本身不会传染给人，但患猪瘟的病猪全身抵抗力低，其肌肉和内脏往往伴有沙门氏菌继发感染，吃了这样的猪肉容易引起沙门氏菌食物中毒。

七医院确诊，五华县 X 村发生布鲁氏菌病疫情①。据统计，X 村共有 10 人感染布鲁氏菌。五华县疾控中心流行病调查发现，疫情由养羊场的羊引起。于是，8 月 7 日处置了 X 村农户黄某景养羊场 1 只羊，8 月 15 日又处置了 12 只，其中羊只补偿 6.5 万元，处置经费 4.34 万元，共花费 10.84 万元。在这起突发事件中，黄某景既是事件的当事人，又是事件的受害者。

（4）2021 年春节期间，因持续天旱，森林火灾等级居高不下，森林防火形势异常严峻。华阳镇驻村干部、X 村全体干部、五华县内户籍是 X 村的中小学教师等人员严格按照森林防火"网格化"管理要求，全面落实"包山头、守路口"网格化责任，全力织密扎牢森林防灭火篱笆，分地段分路口设 4 个检查关卡，严查进山人员及过往车辆，对火种、烟花爆竹、易燃易爆等物品进行扣押。同时，加强对"痴、呆、傻"等多名特殊人员和神坛社庙的管理，安排专人跟进监管特殊人群，防范其野外违规用火。同时，配合公安执法部门从重、从快、从严打击野外违规用火行为。凡违规野外用火一律采取行政拘留，造成森林火警火灾一律刑事拘留。2021 年 1 月 29 日下午，村民古某聪，女，在 X 村南坑寨距离山边 50 米内焚烧木薯秆，属野外违规用火。根据《中华人民共和国治安管理处罚法》之规定，公安机关依法对古某聪处以行政拘留十日的处罚。

（5）2020 年春节以来，新冠肺炎疫情仍未过去，疫情防控持续进行。五华县 X 村大部分外出村民在深圳、惠州、广州等珠三角城市务工。一到春节就有大量居民返乡过年，这给 X 村的疫情防控工作带来了很多不确定性。X 村两委干部联合精准扶贫帮扶工作组和镇驻村工作队，带头成立共产党员先锋队，以党旗为引领，戴起红袖章，拿起"小喇叭"，通过"走街串巷"的形式，将疫情防控知识广泛宣传，确保防疫常识、防控措施、科学防控信息等宣传到家、到户、到人。同时，X 村村民自发组织人员成立了志愿者服务队，在村道路口设置疫情防控监测点，昼夜不停轮流 24 小时值班，自发捐款捐物帮助购买充实防控物资。通过广泛动员群众、组织群众、凝聚群众，发挥群众自治作用，用好群众的智慧和力量，在基层一线织牢织密防控网，构筑起群防群治的

---

① 布鲁氏菌病又叫作布鲁菌病，是由布鲁菌感染人所导致的。可以由牛、羊、猪感染人所导致，羊感染人导致的情况要稍多见，最常见于在羊分娩的时候，由分娩的体液传染给人。布鲁氏菌感染人之后，可以造成亚临床的感染，也会造成急性或者亚急性的感染。出现的症状大多是发热，发热的时间比较长，可以持续两三周，之后体温恢复至正常，恢复正常达到数天或者两周左右的时间再次发热，呈波浪型，所以叫作波状热。还可以伴随着明显的大汗淋漓，在热退的时候，一般是在夜间或者凌晨的时候出现。患者也可以出现游走性的大关节的剧烈疼痛感，这是比较有特征的临床表现。还可以出现肝脾肿大以及淋巴结肿大，进行相关的检查可以确定。

铜墙铁壁，誓要打赢这场疫情防控阻击战。

综上所述，五华县 X 村近几年发生了台风、泥石流、旱灾、森林火灾、非洲猪瘟、布鲁氏杆菌、小范围群体性抗议等突发事件，或者面临这些突发事件的潜在威胁。相比而言，农村社区几年之内发生或面临这么多类型的突发事件具有一定的代表性，为我们研究农村社区防范与应对突发事件的能力问题提供了鲜活的素材。

第三节　调研过程与方法

2021 年 1 月 16—18 日，课题组对 X 村进行了为期 3 天的入户调研。进村之前，课题组与 X 村的党委甘书记就此次调研活动进行了协商沟通，向其说明此次调研的目的和意义，请求配合支持。甘书记在了解情况后，非常支持此次的调研活动，认为这是一件非常有意义的事情，并马上致电村内 3 个片区党支部书记，要求他们尽最大努力为课题组调研提供便利。接着，课题组同 3 位片区书记进行了对接。他们为课题组进村入户调查进行了周密安排。

考虑到疫情防控工作要求，避免村民大规模聚集，课题组分 3 个片区分别召集群众展开问卷调查，每个片区半天时间。16 日上午 A 片区，下午 B 片区，17 日上午 C 片区。问卷发放采取了线下填写与线上填写相结合的方式，对于未能及时到达调研会场的村民，片区书记把问卷星小程序通过微信发给他们，要求按时完成调查问卷。结果，3 个片区的党支部书记和片区干部很好地协助笔者完成了问卷发放和回收工作，达到了问卷调查的预期数量。

从 17 日下午到 18 日全天，课题组转入半结构式访谈和应急设施设备的现场考察。访谈的对象包括村党委书记、各片区党支部书记、帮扶单位驻 X 村第一书记、村防疫志愿队队长、村民理事会会长、村义务联防队队长、村护林队队长、村两委干部、乡贤等 15 人，尽可能涵盖各类人员。

主要调研方法如下。

一、文献研究法

广泛收集和整理国内外有关应急管理方面的各种文件材料、新闻报道、调查报告、统计资料和学术论著等，通过阅读、分析、归纳和借鉴以了解社区应急管理的制度安排、体制机制基础和政策法律环境，准确把握国内外应急管理理论研究前沿，并通过文献比对整理，对社区防范与应对突发事件的能力建设作理论上的归因梳理。

同时，广泛收集五华县华阳镇以及 X 村防范与应对突发事件的工作开展情况相关材料。在镇级层面，主要从党政办每年的情况汇报资料中汇总了 X 村最近五年发生的突发事件的资料，从应急管理办公室查阅对村两委干部应急管理知识的培训情况和近几年的村级应急演练活动记录，从林业站查阅对护林员的日常管理情况和业务知识的培训情况。在村级层面，主要查阅了 X 村最近几年的年度工作情况总结、村级抢险救灾方案、对于风险隐患日常排查和登记制度表格、日常应急知识宣传、社会动员、物资储备和新时代文明实践站组织机构、工作职责、工作制度等文字资料。

二、半结构式访谈法

为更多地掌握第一手资料，对 X 村防范与应对突发事件的能力这一问题进行深入研究，本研究采用半结构式深度访谈来收集资料。访谈采取一对一的面对面访谈，在访谈开始前，对受访者说明访谈的目的。访谈的内容主要围绕 X 村防范与应对突发事件的现状展开，探讨 X 村在防范与应对突发事件中存在的问题和不足之处。通过对不同人员的访谈，获得 X 村在防范与应对突发事件中的总体认知，从而为此次调研活动提供较为深入、全面、客观的真实数据，弥补问卷调查中观点前置和深度不足的缺陷。本次调研活动共访谈了 X 村党委书记、帮扶单位队长、片干部等 15 人，具体情况见表 14.4。

表 14.4　X 村访谈对象基本情况汇总

序　号	类　别	编　码	年　龄	性　别	所在村片区
1	党委书记	a	49	男	A
2	党支部书记	b	56	男	A
3	党支部书记	c	36	男	B
4	党支部书记	d	50	男	C
5	村民理事会会长	e	72	男	B
6	义务联防队队长	f	71	男	A
7	护林队队长	g	41	男	B
8	防疫志愿队队长	h	57	男	A
9	帮扶单位队长	i	35	男	—
10	村两委干部	j	43	男	A
11	村两委干部	k	42	男	A

（续）

序　号	类　　别	编　码	年　龄	性　　别	所在村片区
12	村两委干部	l	45	男	B
13	村两委干部	m	38	女	B
14	村两委干部	n	48	女	C
15	村两委干部	o	49	男	C

三、问卷调查法

问卷调查法是调查研究中最为频繁使用的一种基本方法，是用问卷通过书面语言与被调查者进行交流，来收集研究对象对于研究问题的信息和资料的方法。问卷调查具有标准化程度高、调查过程标准化、调查结果标准化、匿名性强、效率高的优点。此次在五华县 X 村进行调查，对居民采取线下随机抽样、偶遇调查的问卷调查方式，辅之以线上网络调查的方式，以获得此次调研的调查数据。

为保持对城乡社区防范与应对突发事件能力的测度一致性，便于比较分析，在 X 村的调查，采用了本研究统一设计的调查量表进行调查。

在农村社区，应急能力的主体主要是村民委员会和村内村民，因此，此次调研主要是在五华县 X 村的这两个群体中展开。此次调研活动问卷发放方式上采用了现场收集与"问卷星"软件线上收集两种方式，现场收集主要是笔者在五华县 X 村分三个点向普通村民发放纸质版问卷，线上问卷调查发放是借助 X 村干部的帮助，通过他们的私人微信一对一转发给本村的村民，在线上进行填写。本次调研活动共发出问卷 432 份，回收问卷 432 份，对问卷数据进行过滤筛选后，有效问卷为 424 份，问卷有效率为 98.15％（表 14.5）。

表 14.5　X 村调查问卷收集情况

片　区	线下问卷 发放时间	线下问卷 发放地点	线下问卷 （份）	线上问卷 （份）	合计 （份）
A	1 月 16 日上午	甘姓村民店铺	24	106	130
B	1 月 16 日下午	B 片区小学	45	138	183
C	1 月 17 日上午	X 村村委大楼	21	98	119
	合计（份）		90	342	432

回收问卷后进行数据整理。描述性统计分析是对数据源最初的认知，是对调查数据基本情况和总体特征的描述分析。数据分析的前提和基础需建立在描述性统计分析上。本研究以农村社区人口统计变量为切入口，从性别、年龄、文化程度等人口统计学特征，对问卷调查的样本中的人口数据进行描述性统计分析。本次调研问卷的人口统计数据分布情况见表14.6。

表 14.6 样本数据的人口统计变量描述

序号	特征变量	类型	样本数	百分比（%）
1	性别	男	218	51.42
2		女	206	48.58
3	年龄	30 岁以下	143	33.73
4		30~44 岁	176	41.51
5		45~59 岁	93	21.93
6		60 岁及以上	12	2.83
7	文化程度	初中及以下	122	28.77
8		高中/中专	273	64.39
9		大学	27	6.37
10		研究生	2	0.47

基于以上样本的人口统计数据，本研究将 X 村接受调查的样本特征描述如下：

1. 性别

从样本的性别分布来看，男性受访者比例略高于女性受访者。其中，男性受访者占比 51.42%，女性受访者占比 48.58%，这说明男性受访者对 X 村防范与应对突发事件的关注度比较高。

2. 年龄

从样本受访人群的年龄分布来看，60 岁及以上的老年人占比最低，为 2.83%，30~44 岁的人数最多，有 176 人，占比 41.51%，其次是 30 岁以下，有 143 人，占比 33.73%。30 岁以下和 30~44 岁的人数占了此次调研人数的 75.24%，由此可以得知，此次调研的中坚力量是青年和中年群体，这两个群体也是最关心社区防范与应对突发事件能力的主要群体。

3. 文化程度

从样本的文化程度来看，本次调研的样本数据集中在高中学历人群，初中及以下学历其次，基本符合农村居民受教育程度的总体状况。值得说明的是，样本数据中有一定数量的大学生和研究生，并不表示 X 村有相应数量的高学历人才为其服务，而是调研期间正值寒假，有部分在外地求学的大学生和研究生返乡过节所致。尽管这些大学生和研究生并不常住在村里，但作为土生土长的 X 村人，对村里的情况非常熟悉，也对社区防范与应对突发事件的能力建设非常关注。故此，他们的调查问卷作为有效问卷保留下来，没有被剔除，其数据应该是可以采信的。

第十五章　五华县 X 村应急能力现状

本研究将社区应急能力解构为常态防范能力、快速反应能力、社会动员能力、应急处置能力和事后处理能力五种要素。下文将按此逻辑对五华县 X 村的应急能力现状展开分析。

第一节　常态防范能力

2017 年 10 月，习近平总书记在党的十九大报告中指出农业农村农民问题是关系国计民生的根本性问题，必须始终把解决好"三农"问题作为全党工作的重中之重，实施乡村振兴战略。在此背景下，X 村的应急能力建设也受到应有的重视，较之以往取得了明显进步，得到了村民的肯定。问卷调查结果见表 15.1。

表 15.1　X 村常态防范能力情况　　　　　　　　　　　单位:％

序号	观测变量	很差	差	一般	好	很好
1	应急疏散通道	2	4	5	57	32
2	应急防控设施	14	13	52	13	8
3	应急辨别标识	26	45	16	8	5
4	应急管理制度	2	12	53	15	18
5	应急宣传培训	10	10	59	9	2
序号	观测变量	没有	不清楚	有		
6	村民志愿者组织	12	15	73		

近几年，随着乡村振兴战略的实施与推进，村内主干道已全部实现道路硬底化、绿化及亮化工程，为防范和应对突发事件提供了良好的基础条件，57％的受访者认为村内应急疏散通道情况"好"，32％认为"很好"。

根据突发事件发生的突发性、广泛性、阶段性、危害性等特点，X 村明确了村党委书记为应急管理第一责任人，全盘负责村应急管理工作，督促各片干部落实应急管理各个环节的工作，从应急管理制度上保障应急管理工作的顺利开展。同时，强化应急管理责任，将应急管理工作纳入日常工作中，落实网格化管理，将网格员纳入应急管理体系，充分推动 X 村应急管理各项工作。X 村共划分 3 个网格，每个片党支部为网格第一责任主体。其中一级网格员为各片党支部书记 1 人，二级网格员为片干部 2 人，三级网格员为各片村民小组组长约 13～15 人。X 村一旦发生突发事件或面临风险时，网格员就能根据自己平时掌握的情况对风险进行评估，并上报村党委，由村党委书记决定并组织相关应急力量进行前期处置，强化了网格化管理的作用。在问卷调查中，一半以上的受访者认为 X 村应急管理制度运行情况"一般"，在访谈中得知，在日常工作中，应急预案流于形式，风险隐患日常排查登记制度没有落到实处，村干部没有时间也没有能力对风险隐患进行排查登记。

这些文字性的应急制度都是为了应付检查，中央强调不能形式主义，要减轻基层负担，但基层减负以来，要准备的台账资料越来越多，全部要"雁过留痕"，每来一项工作检查，最少要准备五六个档案盒的资料，以前一个月用不了几张 A4 纸，现在一天都可以用一包 A4 纸，主要是来检查的人也不会详细看。最经典的就是，说要落实基层减负工作，上级来检查村级的落实情况，先让村干部准备十几个有关于基层减负的档案盒资料。

（资料来源：访谈，A 片干部 j，X 村村委大楼一楼。）

通过走访调查和座谈可知，X 村 3 个片区因地制宜利用现有资源将辖区内小学操场和村内小公园定为应急避难场所，村内共有 6 个应急避难场所，能满足村民应急避险的需求。同时，X 村也在村口的主要道口和复杂路段全方位安装了 50 多个摄像头，改善了村内的治安环境，对潜在的不法分子起到了震慑作用，切实提升了群众的安全感，提高了农村社会治理现代化水平。但超过一半的受访者认为村内应急防控设施情况"一般"，超过 60% 的受访者认为村内应急辨别标识建设方面"差"甚至是"很差"。这也从另外一方面反映出，当前乡村振兴建设的重点项目在道路硬底化、污水处理池设施等基础性设施建设和防返贫监测等工作，对于村应急能力方面的工作暂未全面开展。笔者于村内实地考察，在除学校外的其他地方未发现任何应急辨别标识的相关张贴资料。

现在村里的治安状况、新冠肺炎疫情防控、森林防火等工作都做得非常好，村内很少发生盗抢案件，只要有外村人进村口，5分钟内，就会被联防队通过监控发现并报告村委。

（资料来源：访谈，村民理事会会长 e，理事会会长家中。）

不过，X村的应急宣传培训活动效果不太理想，59％的人认为效果"一般"，仅有11％认为效果"好"或者"很好"。数据显示 X 村组织的应急培训宣传效果不太理想，这可能是不太配合村委开展的应急宣传培训活动，村委人员本身对相关工作也不够重视，只停留在制度文字层面，并未在实际行动中落实。

此外，志愿者组织方面的工作也逐渐开展起来。随着志愿服务的逐步延伸，村民志愿者组织在农村已不再是一个新鲜事物，村民志愿者组织的服务越来越多地出现在农村，村民更加主动参与乡村治理，以积极的实际行动，主动在防范与应对突发事件中服务村民和承担责任。调查显示，73％的受访者确认 X 村已建立了村民志愿者组织。

第二节　快速反应能力

当农村社区面临突发事件的潜在威胁或暴发突发事件时，村庄的第一反应至关重要，在某种程度上决定着降低损失的难度、损失的大小和事件的可控程度。随着网络技术的发展和智能手机的普及，X 村由村干部建立村干部群、党员联系群，分片区建立村民群等多个不同主体不同类型的微信群，及时发布各类预警信息和相关通知。X 村村民在突发事件发生或面临风险时，村民接收预警信息时间大部分在 30 分钟以内，基本在 20～30 分钟收到。村民可以通过手机短信、微信、村宣传板、村工作人员告知和村喇叭广播等多种方式接收到预警信息。调查显示，有 61％的受访者是通过手机短信/微信接收预警信息，只有 15％是通过村宣传板接收。同时，也有 74％和 65％的受访者是通过村工作人员和村喇叭广播接收预警信息，这也与 X 村常住人口是老人和小孩居多的实际情况有较大的关系。具体情况见表 15.2。

表 15.2　X 村快速反应能力情况　　　　　　　　　单位:％

序号	观测变量	没有	不清楚	有
1	接收预警信息渠道 （手机短信/微信）	26	3	61

（续）

序号	观测变量	没有	不清楚	有		
2	接收预警信息渠道（村宣传板）	70	15	15		
3	接收预警信息渠道（村工作人员）	10	16	74		
4	接收预警信息渠道（村喇叭\广播）	15	20	65		
5	上报镇效率	2	16	82		
6	发布预警信息效率	55	15	30		
序号	观测变量	很差	差	一般	好	很好
7	组织村民情况	2	4	31	52	11
序号	观测变量	60分钟以上	30～60分钟	20～30分钟	10～20分钟	10分钟以内
8	接收预警信息时间	5	7	63	20	10

按照镇村应急管理制度规定，在发生突发事件时，所有村两委干部需第一时间到达现场，开展突发事件先期处置工作。同时形成了小事村内协商解决，大事立即上报镇党委政府的工作准则。调查表明，超过八成的受访者认为村在突发事件发生和面临风险时，能第一时间落实向镇报告制度，很好地落实镇突发事件信息报告制度，但第一时间发布预警信息百分比只占30％。在突发事件发生时，一般是由对应的相关部门和应急管理局发布预警信息，因此村并未在第一时间发布预警信息。在组织村民有序应对突发事件方面，52％的受访者认为情况好，这也说明村两委工作人员防范与应对突发事件的能力在逐步提高。

第三节　社会动员能力

积极发挥村级志愿者和义工团队在参与社区防范与应对突发事件中的作用，X村制定了新时代文明实践志愿服务队工作制度，成立了新时代文明实践志愿服务队组织机构，为村民、村公益事业和慈善事业提供帮助和服务。同时，志愿者链接了多种社会资源，链接的企业主在资金上给予了大力支持，并在疫情防控期间物资紧缺的情况下动用各种关系资源采购到了所需的防疫物资。调查显示，82％的受访者认为村委当突发事件发生或面临风险时，调动了志愿者和义工参与其中。在调动志愿者们参与村应急工作的同时，也调动了志愿者身边的家人和朋友参加了社区的应急工作，在整合资源的同时，增强了村民的凝聚力，很大程度上缓解了社会矛盾，从而提高了村安全系数。

　　做公益、做志愿者一定要得到家人的支持。我妻子是共产党员，除了支持我领导志愿队工作，还亲自参与其中，坚持在疫情防控点值班。我的兄弟、侄子也很支持，有事都一起做。

　　（资料来源：访谈，防疫志愿队队长 h，防疫志愿队队长家中。）

　　在访谈中，受访者鲜有提及村民代表参与村防范与应对突发事件工作的内容，村民代表只定位为一个普通村民，几乎不参加应急管理工作。从表 15.3 可知，调动村民代表参与应急管理工作的比例只有 2%，究其原因，与村委调动的情况相关，也与村民代表自身的应急管理意识和责任意识薄弱相关。

表 15.3　X 村社会动员能力情况　　　　　　　　单位：%

序号	观测变量	没有	不清楚	有	
1	调动志愿者/义工	9	9	82	
2	调动村民代表	91	7	2	
序号	观测变量	很差	差	一般	好	很好
3	各社会力量工作效率	4	7	64	13	12
4	村委调动各社会力量能力	13	12	46	21	8

　　近几年，村委注重发挥村民理事会载体作用，将农村防范与应对突发事件工作延伸到村民理事会，增强了村民的集体意识。同时，村委还促进了教育基金会的成立，调动了社会关心教育和支持教育的积极性，村民还自发成立义务联防联控队，这些都在一定程度上维护了村内治安稳定。但仍有多数受访者认为，各社会力量工作效率和村委调动各社会力量的能力都"一般"，仍需要进一步改进。

　　村民理事会主要由退休干部和在外地工作的企业主组成，在村党委领导下开展工作，协助管理本村各项社会事务。一是村民理事会重视党员和群众的教育，包括学校教育、法制教育、应急知识宣传等。二是村民理事会能充分利用黄氏宗亲、甘氏宗亲等群众组织，选出德高望重的人调解各类纠纷，形成正确的舆论引导，弘扬正能量，在防范和应对突发事件中引导群众听指挥，有助于危机现场的控制和秩序的恢复。三是村民理事会致力于村庄环境的改善，发动在外工作的企业主积极捐款捐物，结合政府相关专项资金，在两年内实现了主干道路硬底化、路灯化，建起了小广场、垃圾分类中转站，为应对突发事件提供了硬件基础，人员疏散更快速，物质运输更顺畅，现场管控更严格。

（资料来源：访谈，村民理事会会长 e，理事会会长家中。）

村民自发成立了义务联防联控队，在当地派出所和镇党委政府指导，以及村党委和村委领导下开展工作，平时分 3 个片区巡防，日常主要是排查安全隐患、抢险抢修、消防、看护森林、防范偷猎者用电网捕鱼、关照留守老人等。

（资料来源：访谈，B 片党支部书记 c，X 村村委大楼二楼。）

第四节　应急处置能力

当突发事件发生或面临风险时，"报警救助"应该是村民应急管理自救的一个重要手段。调查显示，村民选择报警救助的比例只有 10％，这说明村民在防范与应对突发事件时，缺乏报警救助意识，这也从另外一方面反映出当地派出所在应急管理工作方面的宣传不够深入，报警救助未能成为村民应急救助的第一选择。

农村社区属于熟人社会，邻里之间都彼此认识或者是亲戚，彼此之间有共同的认同感，表 15.4 显示，74％的受访者在发生突发事件或者面临风险时，会采取自救互助行为。

表 15.4　X 村应急处置能力情况　　　　　　　　单位：％

序号	观测变量	没有	不清楚	有		
1	村民报警救助	86	4	10		
2	村民自救互助	11	15	74		
序号	观测变量	很差	差	一般	好	很好
3	村工作人员现场指挥能力	3	17	48	17	15
4	物资分配情况	13	51	30	3	3
5	人员分工安排	5	15	47	16	17
6	舆情导控	30	45	10	12	3
7	相关工作部门间的协作程度	2	3	19	49	37

X 村由党委书记牵头组建了社区防范与应对突发事件的应急救援队伍。应急救援队伍主要由村两委干部、党员、村卫生站医务人员、护林员、志愿者、应急队员等约 20～70 人组成。当发生突发事件，附近网格员第一时间对突发

事件进行先期处置,把握控制好现场情况,防止事态继续恶化,并迅速向村党委书记报告现场先期处置情况,村书记接到网格员的报告后,第一时间赶赴事件发生现场,对突发事件性质、类型及影响进行分析判定,做好应急人力调度、资金安排和物资分配。从表 15.4 可知,48%的受访者认为村工作人员现场指挥能力"一般",51%则对物资分配情况表示"差",47%认为人员分工安排情况"一般",这说明在这些方面,X 村都仍需继续加强。

当发生突发事件或面临风险时,良好的舆论导控可以稳定村民产生的负面情绪,满足群众的知情权,减少村民对于突发事件的猜测,能有效地引导公众舆论,阻止那些非理性、不和谐的杂音出现,净化社会舆论环境,有利于把控突发事件的处理情况。但从表 15.4 得知,75%的受访者给 X 村工作人员的舆情导控工作评价为"差"甚至"很差"。

86%的受访者认为村与相关部门的协作情况好,其中 37%的人认为"很好",这说明 X 村与镇应急办、卫生院、派出所等相关部门配合较好,是我国持续深化应急管理体制机制改革的体现,村委工作压力得到缓解的表现。

第五节 事后处理能力

在调研座谈中了解到,截至 2021 年底,X 村未发生特别重大的突发事件。比较大的突发事件有发生于 2018 年 2 月致多人受伤的打架群殴事件,发生于 2019 年 8 月的因饮用未高温消毒的羊奶导致的布鲁氏菌病疫情,发生于 2019 年 3 月的非洲猪瘟事件。表 15.5 显示,超过七成的受访者对村委和社会力量在开展秩序恢复工作方面的评价为"好"或"很好",超过一半的人对 X 村灾后安置工作的评价为"一般",73%对村委开展水电气恢复工作的评价为"很好",但表 15.5 数据也显示,63%的受访者认为村委未对发生突发事件的村民进行灾后心理干预和心理疏导。这表明村委在事后恢复的建设中比较注重物质生活方面的恢复建设,而对村民灾害心理上的事后干预有所忽视。部分村民自身可能就存在一定的心理和身体上的疾病,突发事件可能会使原本病情加重甚至恶化,这就更凸显突发事件事后心理干预工作的重要程度。

表 15.5 X 村事后处理能力情况 单位:%

序号	观测变量	很差	差	一般	好	很好
1	村秩序恢复	4	3	19	42	32
2	事后心理干预	38	25	25	10	10

（续）

序号	观测变量	很差	差	一般	好	很好
3	灾后安置工作	6	18	58	25	13
4	灾后补贴/物资发放	32	34	24	7	3
5	水电气恢复	1	3	5	18	73

值得一提的是，66％的受访者对村委和社会力量在开展灾后补贴/物资发放工作的评价是"差"或"很差"，其中32％评价"很差"，这也与应急处置能力的"物资分配"的观察变量情况相符合。由此说明，不管是在应急处置阶段还是事后处理阶段，物资的分配都属于防范与应对突发事件中的弱项，需要重点关注。

第十六章 五华县 X 村应急能力问题及原因

第一节 五华县 X 村应急能力存在的问题

一、日常防范工作建设不足

1. 应急管理制度流于形式

一是没有针对各种风险隐患和 X 村的实际情况编制应急预案。X 村虽有抢险救灾行动方案，但未在充分征求群众意见的基础上制定，方案理论内容与实际工作情况联系不足，实效性不强，为了迎检而编制，除了迎检，平时都存放在档案盒，几乎处于不看不用的状态。二是查阅村级台账资料得知，X 村的隐患排查汇总表格填写较为马虎，未真正落实风险隐患排查登记制度。村两委干部更多关注的是森林防火、洪涝灾害、道路交通等安全方面的问题，其他可能潜在的风险隐患因素基本忽略而未进行全面监测，未实现村内风险隐患监测全覆盖。

我们村没发现风险隐患，我签名盖章后交空白表给你们，你们才知道怎么写，有什么责任我会承担，你们放心写。据我的了解，交到镇级应急办，一般他们也是登记短时间内容易解决的隐患问题，要是登记了整改不了的风险隐患，交到县级整改不了，到时候还要被县级通报批评，限期整改。

（资料来源：访谈，X 村党委书记 a，X 村村委大楼二楼。）

2. 应急宣传培训活动效果不理想

2021 年 X 村应急宣传培训活动主要是"百车南粤万村行"暨消防体验进入村（社区）活动，培训内容主要是向群众讲解日常急救方法、火灾基础理论知识、居家住宅中常见火灾隐患、消防法律责任、火场逃生自救方法等内容。平时村级的应急知识宣传方式主要是将镇级下发的宣传资料张贴到村里人流量比较多的路口、村委门口或者派发到平时比较多人的百货店或者猪肉档。结合问卷调查，接近六成的受访者认为村组织的防范与应对突发事件的宣传培训活动效果"一般"。由此可见，如何提高应急培训活动效果是值得引起注意和思考的一个问题。

这种纸质资料的张贴很难起到宣传作用，没过几天就会被人撕掉。而且现在是网络时代，大家的生活节奏也比较快，很少有人驻足详细看宣传资料。发到一些店铺里的宣传资料大多数被人拿来垫锅底，或者直接扔垃圾桶了。

（资料来源：访谈，B片干部1，X村村委大楼一楼。）

在对村两委干部培训方面，由镇级应急管理办公室工作人员对村干部进行培训，培训主要内容一般为传达省市县安全生产专题会议精神，且此项会议一般不会专题召开，一般是开镇村干部大会以套会形式召开，打个会标、拍个照、写个会议记录留底。在对护林员业务培训方面，由镇级林业站统一组织召开森林火灾安全扑救知识和灭火技能培训，一年召开一两次，会后由镇级业务部门人员进行扑火工具水泵、水带、风力灭火器等设备的简单演示操作，能真正学到的技能不多，或者是当时学会了，要实操的时候就忘了。

我平时的工作主要是看护全村3 750亩森林，轮班巡查，防止偷盗树木和违规野外用火，一旦发现情况立即上报。在森林特别防护期，还需要每天同时登录手机巡护终端中的粤林监测App和护林员巡护App进行巡山护林，对巡护上线率和终端使用率低的县级和镇级还将进行不定期抽查通报。我们这些护林员都没有经过正规培训，缺乏专业技能，扑火工具简陋。这一份工作也是兼职性的，领有少量的补贴，且工资也决定了对于这份工作护林员不能全天候待命，还需要去另谋一份工作养活自己和家人。

（资料来源：访谈，护林队队长g，护林员家中。）

3. 物资储备情况保障不全

通过实地调研得知，村内存放有防范与应对突发事件的常规装备。针对森林防火方面：扑火把约50把，装水大小胶桶共51个，巡逻强光手电筒3个，背带式高压灭火水枪1把，镰刀3把，喇叭5个（其中有2个已经坏掉），白色厚手套10对，固定式手摇报警器1个，铁耙2把。针对公共卫生疫情方面：口罩1500个，酒精10瓶，体温枪2把。针对台风方面：雨靴3对，手持对讲机5个。

X村现有应急装备数量不充足，且长期存放，没人管理。经过查看，很多物资已经处于损耗的状态，有些已无法正常使用。在当前应对多种复杂类型的突发事件的背景下，这些常规设备已经不能满足工作的需要，缺少监控风险隐患因素的专业设备。

应急物资都在村委大楼集中存放，各片区没有另外存放的应急物资，救援器材不足。若真的发生突发事件，除了一个片区离村委比较近，其他片区调配物资再回各自片区需要近半个小时，如果遇上森林火灾，远水救不了近火。但碍于资金问题，明知有这个问题且知道会造成什么情况，还是只能这样放着，毕竟领导们也觉得那些突发事件不时常发生，没有必要为了小概率事情花费过多的资金。

（资料来源：访谈，C片党支部书记d，X村村委大楼二楼。）

4. 轻视应急辨别标识建设工作

问卷调查显示，仅有5％的人认为X村应急辨别标识建设"很好"，村内应急避难场所的建设存在标识不统一、不明显、民众知晓率不高等问题，不利于突发事件发生时村民及时、快速、安全地到达指定位置避难，见表15.1。

二、X村多元主体应急技能不高

X村干部普遍存在干部整体素质不高，工作水平亟待提高的现象，没有摆脱传统工作管理理念和工作方式，依法行政能力和处理调解群众矛盾能力较弱，应急技能水平低下。

村级义务联防联控队员都是由一些热心村民组成，没有受过专业知识培训和专业演练等，村级半专业扑火队伍和护林员也只接受过镇里组织的一些简单演练，普遍缺乏专业培训，难以适应社会新形势的挑战和要求，应对复杂的紧急情况处置效率不够高。

村内志愿者团队多数为放假在家的大学生和有一腔热忱的村民组成，整体专业水平偏低，综合素质参差不齐，加上自身所学知识的局限，也没有受过专业的知识技能培训，在应急救援中只能做一些简单的工作。

问卷调查表明，64％的人对各类社会力量的工作评价"一般"，这说明缺乏专业应急技术和专业人员，导致各类社会力量在防范与应对突发事件中，不能有效地将自己的行为补充到社区应急工作中，未起到很好的协助补充作用。

三、无专项应急保障经费

在面对突发事件时，X村没有设立专项经费用于应急管理，从上一级单位调拨资金难度大，影响了应急工作的快速处置。当前在疫情防控的大前提下，社会治安情况日渐复杂，村委面临的挑战和任务也随之增加，这也客观上增加了村里应急管理经费的支出。例如，山体滑坡导致主干道堵塞、连续的下雨天气导致路基崩塌、慰问因发生肢体冲突受伤的村民等，这都在无形地增加村的应急支出。最让村书记每年都头痛的问题是上级经费在不能保障其他工作的情况下，年底又不知道要去哪个老板那里才能筹得资金维持日常工作的开展。

村集体经济收入薄弱，2020 年村集体经济收入约 19 万元，其中财政拨款 16 万元，产业收入（广州市帮扶单位统筹扶贫资金 200 万元投资至龟场，每年按照 8％的比例收取固定收益分红）3.19 万元，这些收入难以保障基本的日常开支，上级单位对于防范与应对突发事件也没有专项经费，购买储备这些应急物资，主要靠村里乡贤捐赠，抗旱、抢险、治理山体滑坡等费用需要村里自筹解决。

（资料来源：访谈，X 村党委书记 a，X 村村委大楼二楼。）

四、社会动员不充分

一是当前 X 村防范与应对突发事件的主体人员还是村两委干部，村民和社会组织主要扮演的还是辅助角色。在发生突发事件或面临突发事件潜在威胁时，村委主要还是将村民、企业、社会组织作为应急动员的对象。村民也认为应对处理突发事件是政府的事情，不关他们这些普通老百姓的事。二是 X 村在抢险救灾行动方案中也未提到其他社会组织该如何参与到防范与应对突发事件中来，使得其他社会组织参与度不高。三是志愿者工作积极性不高。在与村防疫志愿队队长的调研座谈中得知，他们志愿者队伍没有得到政府的资金支持，2020 年春季防疫期间总共投入了 600 人次工作，没有得到任何误工补助，但据他所了解到的其他村却有。三是村委只将村民代表定义为普通村民，问卷调查数据显示，仅有两成的人认为当突发事件发生或面临风险时，村委调动了辖区内的村民代表开展工作，忽视了作为自治的基础性力量，村民代表对于推动乡村社会稳定健康发展的作用。

五、事后处理能力有限

发生于 2018 年 2 月致多人受伤的打架群殴事件，2019 年 8 月因饮用未高温消毒的羊奶导致的布鲁氏菌病疫情，2019 年 3 月的非洲猪瘟流行等事件中，X 村虽对这些突发事件进行了先期处置，但事后未对发生突发事件的相关村民财产损失情况进行评估，也未对受灾村民进行心理方面的辅导，村里未能详细掌握突发事件的发生给村民带来的后果。问卷调查数据显示，超过六成的人评价村委和社会力量开展事后心理干预工作情况为"差"和"很差"，这也与访谈结果相印证。

如果事后能够及时对受灾的村民进行灾害损失评估，深入了解村民在这次突发事件中的受灾程度，就能更好地采取针对性的措施对受灾村民进行资金上的补偿或者给予心理上的辅导，尽快地帮助村民恢复正常生活。

第二节　五华县 X 村应急能力问题的产生原因

一、农村基层工作繁重

农村社区，是我国农村最基层的组织，是党工作、发展和战斗的主战场，也在日常工作中承接着乡镇安排的大量繁重的数据报送工作，社区干部少、工作事务多是现今基层社会的普遍现象。X 村还要为村民提供矛盾纠纷调解、民政（低保、五保、孤儿和事实无人抚养等政策的申请服务）、精准扶贫、乡村振兴、交通安全、森林防火、医疗社会保障、农业（耕地地力保护补贴）等公共服务，工作量比起前面几年翻了几番。X 村现有村两委干部 10 名，面对辖区内 6 861 人的情况，平均每位村干部需要负责管辖 600 多人的事务，人员配备严重不足。按照现行村两委工资标准，村两委干部工资只有 3 000 元，扣除社保等领到手只有 2 600～2 700 元。较低的工资也导致很多村干部为了养活家庭，在村干部的身份之外，不得不另寻副业。对于村干部而言，村干部这个职业可能才是他们的副业，在这种情况下就更加顾此失彼，对村工作更加不上心。在上级工作越来越多，人力不足的情况下，村两委干部就只能挑当前重点、比较紧急的工作来完成，从而导致在突发事件日常防范工作上浮于表面，追求在台账资料上能应对上级检查的标准即可，无法在日常工作中针对防范与应对突发事件全面地开展应急能力提升工作。

村干部工资低，一个月拿到手的工资除了社保只剩 2 600 多元，难以养家糊口，且现在村里的工作越来越多，以前是每周二根据"直接联系群众制度"在村工作，其他时间可以去找其他兼职，现在几乎每天在村里工作。越来越多的工作布置到村上，村两委干部平时整理台账资料，完成日常工作都不够时间，也没有设置专门防范与应对突发事件的应急管理机构和岗位，村干部没有时间也没有能力对风险隐患进行排查监测。现在的村干部不仅要面对繁重的工作量，还要承受巨大的工作压力，在这种工作环境中，工作起来没日没夜。初心是当村干部离家近，比较方便照顾家里，现在家里也顾不上，家里人不理解，已经有干部开始萌生辞职的念头。

（资料来源：访谈，C片村干部o，X村村委大楼一楼。）

近几年，基层事务日趋渐多，人口普查、农村集体产权制度改革、房屋普查、农业普查、经济普查等工作，都需要全面走家入户对整村的情况进行逐户逐家调查，并在手机上下载相应的App进行录入。很多村干部对智能手机操作不熟悉或者手机因使用时间长卡顿，导致需要手机App录入的工作进度较为缓慢，进而也影响其他工作的进度。2021年底，根据县指挥部疫情防控领导小组的部署要求，所有外市返五华人员都需要填写"一人一车一户一档"资料外加14天的体温监测表，"一人一车一户一档"资料在完善纸质版的基础上，当天晚上从外市返回的每人还需要录成电子版上交到镇级疫情防控指挥部。临近春节，从外市返乡人员每天上百人，每天村干部都忙到晚上十一点多，在这种情况下，根本没有其他时间其他精力去完成其他工作。

村级各项工作检查多，考核任务重。在与村书记和村干部交流过程中得知，考核多的时候，一天内要接待三班人马。上午县疫情防控组刚来检查，中午精准扶贫组又来成效考核，需要带着检查组入户检查，刚完成扶贫的检查，下午县纪委又来检查森林防火路口值守情况，村干部恨不得一个人分开当作几个人用，但奈何分身乏术，忙着做各种检查台账，忙着接待上级检查组，会议太多、材料太多，真正用于推进工作的时间少之又少，真正为群众干实事的时间也少。

二、缺乏专业人才

党的十八大以来，习近平总书记站在新的历史高位，对安全生产、防灾减灾、应急救援等作出一系列重要指示批示，也发表了一系列重要讲话。同时在中央政治局第十九次集体学习时对应急管理工作作了系统阐述，专门强调要大力培养应急管理人才，加强应急管理学科建设。专业人才的缺乏是农村防范与应对突发事件存在问题的关键，是制约农村社区应急能力的短板。加强基层应急管理人才培养，是提高基层应急管理水平的关键环节。造成农村应急管理专业人才缺乏的原因有：

一是村两委干部大多没有系统接受过应急管理方面的专业学习和培训，几乎没有应急管理方面的专业知识，对需要专业应急知识的一些基础性工作难以自行开展，导致基层应急管理工作在一定程度上存在低水平重复的问题。

二是农村人口流失是制约农村应急管理工作发展的核心。X村临近珠三角地区，多数青壮年选择到珠三角地区务工。大量青壮年劳动力的流失，也意味着众多高素质人力资源的流失，使得农村社区很难形成一定规模的、具有一定专业水平的应急救援队伍。农村群众自发形成的应急队伍，存在多种缺陷，因不全是专业技术人员，单是召集就会浪费大量宝贵的救援时间，贻误应急处置的最佳救援时间。而失去了专业应急管理人才的支撑，农村社区难以加强应急救援评估和统计分析工作。

村里义务联防队伍人员较为松散，队员平时都有各自的工作，且居住地点相对分散，在遇到突发情况时就只能通过打电话或者在微信群里发通知，应对突发事件反应不快，难以快速集中人员。

（资料来源：访谈，义务联防队长 h，义务联防队长家中。）

三是农村干部的待遇和前途与城市干部相比有很大的差距，有应急管理专业技术的人才一般会选择留在城市发展。农村高素质的人才留不住，城市优秀人才不会来。这就是目前农村社区面临的人才窘境。

三、资金不足，投入有限

根据《国家总体应急预案》的规定，各级财政部门要按照现行事权、财权划分原则，分级负担公共安全工作以及预防与处置突发公共事件中需由政府负担的经费，并纳入本级财政年度预算中，健全应急资金拨付制度，支持地方应急管理工作，建立完善财政专项转移支付制度。按照当前政府的预算体系并没有给农村下发应对突发事件的专项应急经费，且受经济发展水平所限和缺乏自主发展权，X村集体经济收入的来源主要是上级部门下拨的财政经费，这些财政拨款经费仅能保证正常的办公开销，没有多余的钱用在防范与应对突发事件上。现阶段，X村的安全生产硬件设施建设不足，投入防范与应对突发事件的资金少之又少，没有有效的财力支持，严重影响农村社区防范与应对突发事件的能力建设，无法保障农村最基本的应急管理体系建设。

四、多元主体主动性不足

受传统习惯的影响，村民长期处于被管理的被动地位，对政府管理社区的观念根深蒂固，对政府社区管理产生了较重的依赖性。认为村里出现的大小问题都应该由政府部门出面解决，没有认识到自身是防范与应对突发事件人数最多的主体，导致主动参与意识不足，在防范与应对突发事件中只充当参与者，对村里的应急管理工作没有积极地提出有效的意见和建议。在防范与应对突发事件中，村委是提供应急管理公共服务的一方，完全占主导地位，且对镇政府部门依赖程度高，缺乏主观能动性。对于志愿者来说，志愿者这份工作既没有义务也没有编制待遇，有的只是对社区工作、社会公益的一种支持情怀，且大家在社会上还有自己赖以谋生的职业，毕竟志愿者这一份工作是属于无偿性的付出，不能靠志愿者这个身份去养活家里人，因此他们的工作缺乏积极性。

农村社区各社会力量，如村民代表、共产党员、志愿者/义工、私营企业等，以及普通村民应该在社区防范与应对突发事件中视为参与的主体而不是被治理的对象。只有这样，各个主体才能发挥其主动性，让 X 村防范与应对突发事件工作取得预期效果。

五、对于事后恢复工作不够重视

农村社区对于灾后损失评估能力重视程度不够。目前农村社区将大部分精力集中在突发事件的应急处置方面，首要关注的是挽救群众的生命和抢救财产，重在尽量减少损失，而对事后恢复工作重视不够。不仅民众认识不足，而且各类媒体、社会关注度不够，无足轻重。

在农村社区发生突发事件后，鲜有人关注村民灾后心理干预工作。灾后心理干预工作在我国起步较晚，基层政府和群众对这项工作也不理解和不重视，多数群众对灾后心理干预工作有抵触的情绪，似乎可有可无。事实上，心理层面的东西看不见、摸不着，也没有硬性考核的标准。很多基层政府在灾后忙于完成硬性指标的要求，无暇顾及受灾群众的心理状况。

第十七章 农村社区应急能力的提升措施

第一节 切实减轻农村社区工作负担

一、界定农村社区两委干部工作职责

从严格意义上来讲，农村社区两委是基层群众自治组织，不属于政府行政系统。然而，现实情况是农村社区已经高度行政化，已经蜕化成乡镇政府的"派出机构"。农村社区两委把大多数时间和大部分精力花在了完成县政府职能部门和乡镇政府布置的工作任务上面，而涉及社区自身职责范围内的一些工作却没有多大进展。

要改变这种"错位"的状况，必须根据实际情况，对农村社区日常工作进行明确界定，哪些工作应该由农村社区来做，哪些工作不应由农村社区来做，哪些工作应由农村社区协助做并建立长效机制。健全科学领导体制，毛泽东在《关于领导方法的若干问题》中讲道："上级机关也不要不分轻重缓急地同时指定下级机关做很多项工作，以致引起下级在工作步骤上的凌乱，而得不到确定的结果。领导人员依照每一具体地区的历史条件和环境条件，统筹全局，正确地决定每一时期的工作重心和工作秩序，并把这种决定坚持地贯彻下去，务必得到一定的结果，这是一种领导艺术。"毛主席的教导告诉我们，领导方法不科学将会出现责任状满天飞、用形式主义应对上级检查、用汇报落实指示、用文件落实文件等种种问题，必须注重科学领导、科学分工、统筹兼顾，切忌空有满腔热情、不讲制度、不讲方法。此外，要把落实上级精神与基层创新结合起来，调动基层干部的积极性，把上级的目标、原则和精神与地方实际结合起来，创造性地开展工作，打通梗阻，把改革推向深入，打通政策落地的最后一公里。

当务之急，是让农村社区回归本位，适度去行政化，做好自己分内的事，

把主要精力放在村民自治上，使农村社区在发生突发事件或面临突发事件威胁时有能力、有精力真正做到助人自助。

二、完善村两委干部考核机制

首先要把好"方向盘"，突出评价导向。重结果、少关注过程，重内容、少关注形式，充分体现价值导向、结果导向、内容导向。同时需要辩证分析，不能走极端。重结果并不是完全抛弃过程，重内容也并不排斥必要的形式。我们反对的是为留痕而造痕，摆拍作秀，毫无意义的形式主义。其次要干好"技术活"，改进评价方法。将体制内的关门评价改为面向社会的开放评价体系，工作好坏由群众评价，对群众不满意的地方，要多问一句、多深入了解一层。评价部门要在充分听取群众意见基础上，对干部进行公平的绩效评价，形成"奖实罚虚"的正向激励机制。最后是要建立严格问责和容错纠错一体化机制。坚持全面从严治党，对于不作为、慢作为、假作为，特别是严重影响党和人民事业的形式主义、官僚主义，要严厉问责。而对那些创新担当、不谋私利的实干型干部，要建立容错纠错机制和激励机制，旗帜鲜明地为他们撑腰鼓劲。

三、探索购买第三方服务

在基层工作实践中，反映最多的困难就是人力、技术、能力等方面存在不足，导致一些工作开展起来有心无力，顾此失彼。比如农村房屋入户调查，面对村内成千户的房屋，面广数量大，仅凭村两委干部有限的人力远远不够，这时政府购买第三方服务作为一项有力的辅助手段，可以很好地解决村里遇到的困难。农村社区购买第三方服务，首先应研究制定准入清单，明确规定哪些事项可以引入第三方、哪些公司或组织可以提供第三方服务，并根据实际情况定期或不定期进行调整完善。其次要严格履行正规程序，对于要不要购买第三方服务，要购买哪家的服务，决策过程必须按程序来，不能"一言堂"。要严格执行公开招投标程序，坚持公平、公正、公开决策，杜绝暗箱操作、利益输送等违法违规行为。此外，决策程序要综合考虑经济和效率等各方面因素，既不能单纯为了图省钱而降低服务质量，又不能单纯追求效果而不计成本，力争提升综合效能。

第二节　建立农村社区应急专业人员队伍

在防范与应对突发事件过程中，人才是关键。为更好地完善基层治理体系，推动乡村振兴战略，要努力培养建立起一支具有一定专业水准和技能的应急队伍。注重对现有人员的培训培养，同时也要注重专业人才的引进。

一、加强对农村社区工作人员的应急管理能力建设

农村社区工作人员是国家路线方针政策、各项公共管理事务的具体执行者和落实者，社区工作人员的应急能力很大程度上影响着突发事件的管控方向。提高农村社区工作人员的应急管理能力，要对基层工作人员进行专业培训，从而提高其综合素质和专业应急救援知识。

二、突出党建引领，吸纳专业人才回村参与建设

建立人才专业数据库，完善在外人员基本情况、创业就业情况等数据库，一是继续按照文件严格执行回乡联村制度。例如，从 2017 年 3 月开始，五华县在梅州市率先发动县直机关领导干部下沉原籍回乡联村工作，挑选一批能力素质过硬的干部挂村任"第一书记"，以乡情为纽带，推动机关人才向基层流动、资金资源向一线倾斜，以发挥领导干部工作经验和人脉资源优势，帮助所在村改变面貌，全域推进乡村振兴。至 2021 年 8 月，全县共有 347 个回乡联村工作队、1 200 多名县直机关干部回到原籍村。X 村应充分利用好回乡联村工作队的资源，在防范与应对突发事件上争取人力资源和财力资源。二是模仿"一村一法律顾问"模式，探索由几个村共同招聘具有安全管理专业知识的临时雇员，共同使用专业人才，实现人力资源的整合。在日常工作中，负责对联合招聘的主体村的应急工作进行指导，及时掌握村应急工作存在的困难和问题，鼓励县应急局干部和镇应急工作专干分片分村包干指导一定数量的安全员在防范与应对突发事件中的应急工作。三是镇政府可请示当地县应急局专业机构，充分调动县应急管理局的资源，指派或者聘请一些应急管理方面的专业人士定期或者不定期到镇到村宣传指导农村社区应急管理工作。

三、建立健全应急培训体系

一是要加强应急知识培训的人员针对性。通过调查得知，X 村存在老年人口比例较大且受教育程度不高的情况，在应急知识培训中，应该充分利用多种方式，例如通过喇叭、村村通、定时定期循环播放应急逃生知识和急救知识，利用村委门口 LED 显示屏滚动显示，告知村民村内的应急避难场所，在村委附近的广告牌张贴应急知识的宣传资料，在村内人流量比较聚集的地方，如在村民晚上跳广场舞的地方张贴海报宣传应急知识等，从而扩大应急知识在村内

老年人群体的宣传范围,提高应急知识的可接受度。二是要充分运用互联网技术,增强应急知识培训宣传的互动性。当今社会快节奏的生活现状,让很多村民没有空余的时间投入应急培训和演练活动,应急意识普遍淡薄,但随着互联网和现代网络技术的发展,我们可以有效运用新媒体手段作为应急急救知识的宣传方式。通过调查得知,村内建立了很多各种类型的微信群,可以通过微信群发布农村应急知识,同时,村民也可以通过微信群提出对村内应急工作的建议。通过这种双向互动交流的方式,增加村两委干部和村民之间沟通联系,增强村民的归属感,从而让村民更多地参与村应急工作。

第三节 扶持壮大村级集体经济

村级集体经济是村级财力的主要来源,是农民最直接的公共收入,是巩固基层组织的根本保证。发展壮大村级集体经济是增强农村基层组织号召力、凝聚力、服务力的重要方式,是解决农村社区防范与应对突发事件经费不足问题的重要举措,有利于密切党群干关系,是维护农村稳定的根本保证,发展村级集体经济对于巩固脱贫攻坚成果、推动乡村振兴具有重大意义。

一、统一认识,解放思想

县委县政府、镇党委政府及村两委干部要深刻认识到扶持壮大村级集体经济对提升农村社区应急能力的重要意义,切实增强抓集体经济的责任感、使命感、紧迫感。要加大宣传力度,调动大家对于扶持壮大村级集体经济工作的积极性,形成正确的村级集体经济发展导向,进一步统一大家的思想认识。同时,重视和发展农民职业教育,多层次、多形式、多渠道对农民进行专业化教育培训,在提高致富能力的同时也要不断加强思想引领,从根本上转变农民"等、靠、要"的思想观念,增强其致富意识和看齐意识,让其积极参与到村级集体经济的生产生活中来。

二、建立健全奖惩督查机制,激发动力

将村级集体经济的发展情况作为村两委班子年度考核的重点项目,纳入村两委班子年度绩效考核中,与村两委班子成员领导干部的评优评先等荣誉挂钩,村级集体经济发展好的村干部优先考虑提拔使用并给予相应的奖励措施,不断激发有能力的干部发挥潜能,激发干部干事创业积极性,将注意力集中到村级集体经济发展上来。要深化村级集体管理督查改革,积极探索与实践适合

村级集体经济发展的新管理督查制度，完善村级集体管理制度，规范工作流程，坚持资产公开制度等，建立"自身自查＋上级督查"制度，相互制衡、相互监督、相互制约，为新型农村集体经济的发展营造风清气正的氛围，确保村级集体经济健康发展。

三、拓宽扶持壮大村级集体经济的发展途径

在乡村振兴的背景下，要根据 X 村的现有情况，充分发掘村内的资源优势，加快推进村集体产权制度改革工作，优化资源配置，科学规划制定村发展规划。因地制宜，立足于土地做好文章，通过发包、出租、股份合作等方式，盘活村级集体资产，整合登记村内空闲资源，促进土地流转，采取不同措施，引导村民小组积极探索资源开发型、股份合作型、服务增收型、项目带动型等加快发展村级集体经济的新路子。充分发挥党建引领作用，强化特色产业发展，镇领导要包村包项目，找准切入点，通过开发特色产业、培育支柱产业、成立专业合作社、建立种养基地、推进农业产业化等措施形成"一村一品""一镇一业"的发展格局。村级集体经济发展要有"抱团"式思路，积极探索"党建＋企业＋基地＋农户"的合作经营模式，引进优势企业发展带动村级集体经济，实现村集体和企业共同发展，促进村级集体经济实力的增强。

第四节　促进多元主体参与

多元主体参与是基层治理模式的一种创新，是防范与应对突发事件的重要抓手。在保障村民日益增长的多样化社会公共安全需求的基础上，以有效整合各方资源为目标，在防范与应对突发事件中调动多元主体形成一个权力分割、责任分摊、风险共担并广泛参与的局面。大数据时代，信息技术的发展和政府合作型组织的文化建设为多元主体共同参与的局面创造了硬件条件和良好氛围。

一、发挥农村社区的主导地位

在防范与应对突发事件的过程中，农村社区两委虽然不是唯一的主体，但地位还是主导的，还是要高于其他的主体，在防范与应对突发事件中需要承担更大的责任，在农村社区公共事务的管理中仍然具有不可替代的作用。在村级层面，提高防范和应对突发事件的能力，带头人很重要。干部的思想、干部的担当、干部的行动起决定性作用。火车跑得快，全靠车头带。村两委要发挥主

导地位，鼓励各类组织（志愿者、企业、村民理事会等）和村民积极参与防范与应对突发事件，在合作与信任的基础上，构建良好的多元互动关系，从而更好地发挥多元主体在防范与应对突发事件中的作用。要进一步对农村社区完善考核机制，健全考核指标，提升考核的科学性，建立起分层次的考核机制，将考核的结果与村两委干部的年终绩效、工作经费、干部个人职务升迁、进退等联系起来，强化考核的激励作用，促进农村社区防范与应对突发事件工作的落实，提升农村社区应急能力的专业性。

二、发挥志愿者群体的积极作用

随着中国经济体制改革的深入，志愿者群体在参与公共事务中露脸的次数越来越多，作用越来越大，为农村社区和村委分担了责任，也缓解了社会矛盾。同时，志愿者团队应利用其广泛的群众基础，激发、动员和整合可以整合的资源，在防范与应对突发事件中做好信息收集，做好与村民之间的信息沟通，及时将村委的决策和各项信息传递给村民，也将村民的需求信息反馈给村委，达到有效治理。同时，应积极探索建立有效的志愿者服务激励机制。当今，在志愿者服务发展的同时，志愿服务事业也面临志愿理念尚需进一步普及、志愿者权益难以保障、群众参与率不够高、未实现常态化、志愿组织发展不规范等问题。导致这些问题存在的原因主要是缺乏志愿服务激励机制。虽然志愿服务源于奉献和爱心，但仅仅依靠爱心、激情和道德是很难持续的。因此，实现志愿服务常态化与可持续发展，不仅要组织和动员更多的人参与到志愿服务活动中来，而且要注重激励机制的建立。坚持精神激励与物质激励相结合，以精神激励为主，也要重视物质激励在志愿服务中的作用，构建以社会激励为主（社会激励主要包括社会荣誉激励、社会物质激励、社会环境激励）、组织内部激励为基（组织内部激励主要包括榜样激励、情感激励、培训激励、绩效激励等）、自我激励为辅（自我激励主要包括自我价值激励、自我成就激励等）的志愿服务激励体系，为志愿服务激励机制发挥作用提供一定的人、财、物支持和保障，加大对志愿服务活动的经费投入，建立多元化的筹资机制，通过制定相关的法规和政策，倡导、鼓励社会各界捐助，以保障志愿服务活动有序、有效进行。

三、提高村民在防范与应对突发事件中的参与度

村民是防范与应对突发事件的基干力量，往往也是突发事件最直接和最严重的受害者。因此，村两委作出的各项决策事项也需要村民来配合实施才能达

到预期的效果。村民在日常防范工作中，要发挥好"人海"作用，将日常工作生活中发现的一些异常的信息或者突发事件的前兆迹象及时反映到村委，方便村委及时对此做出预防措施和处理工作。在发生突发事件时，改变"村委唱戏，村民看戏"的局面，要主动以生力军的角色参与突发事件的处置，积极配合村委，寻找自救的方法，利用自己所学技能与其他村民互助，降低突发事件带来的损失，从而更好地控制突发事件发展。

村民可自发组织，结合村庄实际，由村里为人公道、正派、在村民中有一定威望的老党员、老干部和村民代表等人员组成评议会，对一年内参与村应急工作表现良好的群众或对村应急管理工作有突出贡献的人和事，进行群众性评选活动，培育、宣传、评选、表扬群众身边的榜样，用身边的人和事激励群众，淳化民风，弘扬社会文明新风，营造群力参与村应急管理工作的良好氛围。

四、加强基层党组织建设

习近平总书记在全国抗击新冠肺炎疫情表彰大会上的重要讲话中强调："正是因为有中国共产党领导、有全国各族人民对中国共产党的拥护和支持，中国才能创造出世所罕见的经济快速发展奇迹和社会长期稳定奇迹，我们才能成功战洪水、防非典、抗地震、化危机、应变局，才能打赢这次抗疫斗争。"增强农村社区应急能力，不仅要坚持和加强党的全面领导，把党的领导贯彻到应急管理全过程各方面，还要把社区党组织的政治优势、组织优势转化为治理效能。做好农村社区应急管理工作，必须充分发挥党组织在基层治理中总揽全局、协调各方的引领作用，发挥农村党组织战斗堡垒作用和党员先锋模范作用。通过建立健全农村社区应急管理"红色网格"，不断增强应急能力，切实担负起"促一方发展、保一方平安"的政治责任。

第五节　重视事后恢复工作

事后恢复工作是农村社区防范与应对突发事件的一个重要环节，在整个社区应急管理工作中有着承上启下的重要作用。要深刻认识事后恢复工作的重大意义。事后恢复工作是民生所需，是发展所需，不能小看事后恢复工作，要从政治、民生、发展的高度来认识，把事后恢复工作做好、做到位。

一、提高灾害损失评估能力

在突发事件处置结束后，应借助专业人员力量，采取专业评估方法，进行灾害的损失评估。农村社区应该跟当地县级和镇级部门建立应急工作联系，在灾后借助县镇两级风险评估专家等专业人员判定损失的程度和大小，最终确定以何种方式调动多少资源进行灾后重建工作。要多渠道筹集重建资金，及时恢复农村生产生活秩序。事后恢复工作资金来源应由财政资金为主，社会捐赠、专项资金和企业融资作为补充。

二、强化对村民灾后的心理干预

突发事件的发生，不仅会让村民遭受经济方面的损失，还会让村民受到心理创伤。在灾害中，不仅仅亲历者可能受到心理创伤，旁观者同样可能受创或被激发出已有创伤的应激反应。灾害所导致的创伤是急需被理解和治愈的，不仅仅因为它会带来个人的痛苦，创伤引发的无意识行为还可能对他人造成伤害，使得创伤在家庭、社会、历史中循环重复。灾后重建，我们需要考虑的不仅是身体健康，还有如何治愈集体以及个人的创伤，毕竟身体和心灵是不可分的，长期未治愈的心理创伤最终会导致身体的各种疾病。灾后，村两委要在事后定期逐户排查村民事后情绪反应，缓解村民心理压力，有必要的时候聘请心理专家或开通心理援助热线开展心理辅导工作和普及心理危机干预知识。"没有人是一座孤岛"，灾后的心理干预工作不能仅仅依靠外部力量，更重要的是要依靠村两委自身的力量，调动农村社区的熟人关系网络，缓解受灾村民不安的焦虑情绪。

第五篇

应急能力建设

第十八章　社区应急能力聚合

本章按照"赋能—聚能—展能"的逻辑思路，试图重构城乡社区应急能力，推动多能聚合，增强城乡社区应急能力。

第一节　赋能：多元主体互动

政府、非政府组织和居民作为城乡社区防范与应对突发事件的重要主体，其协调与参与程度在一定程度上影响社区应急能力的实效。通过多元主体互动，赋予社区在防范与应对突发事件过程中具有凝聚资源、共享信息、促进联合、保持协同的能力。

多元主体互动的关键在于建立多主体协同组织体系。目前城乡社区防范与应对突发事件的组织管理体系仍未突破金字塔式的层级结构，要通过建立城乡社区应急治理综合协调机构，完善政府与社会力量的合作网络，可以全面增强社区的协调能力，为多主体协同参与防范与应对突发事件提供全面的支持与帮助，进一步提升社区应急能力。

建立城乡社区应急治理综合协调机构要突破基层政府官僚制的体制惯性，保持较好的弹性，既要保持机构的独立性和自主性，又要加强与基层政府之间的协同，处理好机构自主性与协同性的关系，形成城乡社区应急能力的合力，在面临突发事件的潜在威胁或突发事件发生时，能够及时采取有效的应对措施。

完善政府与社会力量的合作网络，整合社会资源，提高城乡社区防范和应对突发事件的能力。政府与社会力量合作网络的构建应从以下两个方面入手：第一，提升居民和社会组织防范与应对突发事件的能力。目前，我国非政府组织和居民的突发事件防范意识与应对能力都不强，一旦发生突发事件，市民和非政府组织往往都不能理性应对。因此，政府必须加大对城乡居民和非政府组织公共安全意识教育培训的力度，提高他们在突发事件应对中的自救与互救意

· 189 ·

识以及防卫与救护能力，提升防范和应对城乡突发事件的能力和水平。第二，动员社会力量积极参与城乡社区治理。基层政府应树立治理理念，加大宣传教育的力度，强化居民和非政府组织的公共意识和社会责任感，积极调动其参与城乡社区突发事件的防范与应对能力，整合全社会的资源和力量，建立政府、非政府组织、企业和居民协同共治的合作网络。

非政府组织自发参与到城乡突发事件的防范与应对过程中，如果政府不对其行为进行良好的引导，那么它就难以发挥与政府的互补作用，更无法与政府形成整体合力，甚至会引发混乱。因此，在城乡社区防范与应对突发事件过程中，政府应赋予非政府组织相应的权利和责任，调动他们参与的积极性，并制定相应的法律法规对其进行规范和制约。

企业参与城乡社区突发事件的防范与应对，一方面可以消除突发事件给企业带来的威胁，维护其自身利益；另一方面，可以提升企业在消费者心中的社会责任形象。政府一方面要鼓励企业通过提供免费或低价的救灾物品参与突发事件的处置，降低社区治理成本；另一方面，要防止企业因追求自身利益最大化而做出不法行为，出台临时物价管控措施，限制救灾物资价格，从重从快严厉打击销售假冒伪劣救灾物资的行为。

城乡社区突发事件最直接的受害者是居民。他们以志愿者身份或通过非营利组织、社区自治组织来参与，构成多主体协同参与城乡社区防范与应对突发事件的有生力量。但是，基层政府和社区居委（村委）在动员居民参与的同时，要注意规范其行为，避免出现混乱。

值得注意的是，信任是多主体互动的基础。目前我国非政府组织、企业和居民联动参与城乡社区防范与应对突发事件仍然依赖于政府并受政府约束，多主体互动呈现出"中心—边缘"的信任结构。非政府组织和企业等主体的参与能力受到政府的质疑，多主体有效互动的基础较为薄弱。因此，促进多元主体互动的关键在于培养政府、非政府组织、企业与居民之间的信任关系，打造"服务—合作"的信任结构，为构建联动机制提供良好环境。

公共安全是人类社会的一项基本需求，城乡社区应急能力的提升离不开多元主体互动。在城乡社区公共安全环境不确定性与复杂性日益增强的背景下，唯有多元主体互动，给城乡社区赋能，才能有效化解各种城乡社区面临的潜在风险。

第二节　聚能：构建联动机制

目前，多元主体参与城乡社区防范与应对突发事件，还存在多主体目标与利益不平衡、协同责任不明确等问题。为了达成多元主体的集体行动，必须构建有效的防范与应对联动机制。通过构建联动机制，激发城乡社区在防范与应对突发事件过程中快速反应、广泛动员的潜能。

第一，多主体联动参与规范机制。推行多主体联动参与制度，不仅要提高各主体的参与意识，基层政府和社区居委要提供良好的制度环境，鼓励众多主体参与其中。一是要建立一系列有关主体参与的法律法规规范，从机制层面实现多主体参与的目标，帮助各主体参与其中；二是借鉴西方国家所应用的"购买公共服务"经验，从资金的角度，为多主体参与给予一定的资金扶持，一旦多主体参与难度系数大、风险水平高的公共项目时，应该为它们提供适当的补偿，以此来维持多主体参与的状态；三是对参与城乡社区防范与应对突发事件中有突出贡献者授予荣誉称号，给予有突出贡献的参与者学业、事业发展等方面的照顾，激发多主体参与的潜能。总之，通过构建多主体联动参与规范机制，激励多元社会主体联动参与的热情，实现城乡社区防范与应对突发事件的有效协同。

第二，民意表达机制。在社会转型时期，市场化改革造成了利益分化和利益主体的多元化。不同利益主体通过什么样的途径可以将合理诉求进行表达，是基层政府和社区居委面临的一个重大难题。只有创建完善的民意表达机制，才可以解决这一难题。该机制是各利益主体利用正规渠道，将利益诉求向上反映，进而对公共决策产生影响的一种合理机制。在现有体制框架下，主要的民意表达渠道有多种。一是居民按照合法的选举流程，选出人大代表，同时和这些代表保持紧密联系，向代表们定期反馈自己的意愿和利益诉求，以此让代表所提出的相关议案涵盖其真实意愿，对政府公共决策起到一定影响，进而实现自身的利益目标；二是依托信访渠道，居民可以向政府表达自己的意愿；三是政府开放日以及市长专线等机制已经成型，已经成为保护公众利益、解决干群矛盾的一种重要方式；四是在我国政府体制当中，居民座谈会、专家咨询会等也是一种搜集民意的有效形式；五是充分利用新媒体的高度普及，使民意表达有一个全新的渠道。总之，强化基层政府、社区居委和广大群众之间的沟通与交流，引导居民更多地参与到城乡社区防范与应对突发事件的各个环节之中，增强城乡社区应急能力。

第三，民主协商机制。民主协商强调政府在决策之前就城乡社区防范与应对突发事件中的重大问题，与非政府组织、企业、居民进行平等、自由的讨论，说服他人或者被他人说服，在坚持公共利益的前提下通过公开讨论和审议进行理性的指导协商，赋予政府决策以政治合法性。不过，各主体可能存在利益目标的冲突，通常会追求自身利益最大化而选择相关行为，很容易导致公共利益受到一定程度的损害。因此，基层政府要通过民主协商机制建立与非政府组织、企业和居民在公共领域的互动关系，按照规范的协商渠道妥善处理各主体之间的矛盾冲突，维持并巩固协同关系，实现社区应急能力的稳定性。

第四，监督机制。外部监督机制通过以下几个方面来实现。一是司法监督。司法机关通过严厉制裁在城乡社区防范与应对突发事件中玩忽职守、隐瞒实情、逃避责任的渎职和违法行为，监督基层政府和社区居委及其工作人员。二是媒体监督。新闻媒体在城乡社区发生突发事件或面临潜在威胁时，能够第一时间向居民公布真实信息，促进政府行为和突发事件信息的公开透明，从而发挥其监督作用。三是公众监督。居民常常处于城乡社区突发事件发生的第一现场，能够第一时间了解突发事件发生、发展的全部信息。当居民发现基层政府和社区居委对城乡突发事件处置不力时，通常会越级将真实情况向上反映，实现居民对基层政府和社区居委的有效监督。

第五，政府主导。政府具有优势的政治地位和较强的资源配置能力，掌握着各利益主体博弈规则的制定权，是城乡社区防范与应对突发事件的主导力量。因此，多主体联动参与机制的构建与整合需要政府的推动。目前，在城乡社区防范与应对突发事件过程中，存在政府权力过大、社会力量薄弱、居民参与不足和市场机制不完善的现实，政府要适应城乡社区公共安全日益复杂化的状况，改变"包打天下"的全能管理模式，积极推进多元主体联动，为城乡社区应急能力聚能，实现城乡社区应急能力的跃升。

第三节　展能：多力协同行动

通过多种力量协同行动，展现社区在防范与应对突发事件过程中的高效执行力。从当前的国家应急管理体系来看，责任主体是政府。随着城乡社区突发事件发生的风险日益增加，社区应急能力已成为体现基层政府社会治理能力的标志性因素，多力协同行动在城乡社区防范与应对突发事件中的作用日益凸显。在此背景下，应急联动力量的协同效能已成为衡量基层政府应急能力的重要指标。因此，需加强以下几支队伍建设。

第一，维稳处突应急队伍。充分发挥公安队伍半军事化管理优势，建立以公安民警为主导、以社区物业保安为辅助的维稳处突突击队。加强硬件装备建设，按有关应急处突要求配备应急车辆、防护装备、特种装备、通信装备等应急装备。强化维稳处突突击队专业技能培训，围绕绑架、爆炸、投毒、恐怖活动以及危害公共安全的其他重大事件，开展针对性训练，提升处突能力；同时，认真分析群体性事件的表现形式，加强现场指挥、战斗队形、装备使用等方面的训练，定期开展针对群体性事件的演练，确保在发生群体性事件时能够召之即来、来之能战、战之能胜。

第二，消防救援队伍。按照新形势下社会应急管理的要求，充分借鉴境外先进国家和地区的经验，充分发挥消防救援队伍的专业技能，进一步提升其在处置严重交通事故、营救遇险人员、处置危险品事故、空难救援等方面的能力。同时，大力发展城乡社区的消防救援志愿者队伍，按国家有关规定配备必要的应急救援常规设备，定期开展日常应急救援演练，提高社会化消防救援队伍的快速反应能力和救援攻坚能力。

第三，卫生应急队伍。吸纳社区医院和诊所的执业医生组建城乡社区卫生应急专业队伍，以应对自然灾害、突发事故、突发公共卫生事件、群体性事件等可能造成的人身伤害，提供专业的医疗救护。同时，定期开展实战演练，提高卫生应急队伍的快速反应能力和事件处置能力。

第四，民兵应急队伍。广泛发动民兵预备役力量组建民兵应急队伍，配备抢险救灾装备，储存相应物资，作为处置城乡社区突发事件的快速反应力量，积极参与抗洪救灾、重大火灾、危险品爆炸事故等应急救援任务。

第五，社会志愿者队伍。激励城乡社区居民积极参与防范与应对突发事件，利用政府门户网站发布志愿者招募信息，成立志愿者队伍，出台奖励补贴政策，实现城乡社区防范与应对突发事件的全社会参与。按照志愿者专业特长组成不同类型的专业队，在城乡社区面临突发事件潜在威胁时，及时启动专业对口的志愿者队伍参与应急处置。

第十九章　城乡社区应急能力
增能路径

由城镇化加速推进带来的城市规模扩大和社会关系变迁使得城乡社区面临更多的发生突发事件的潜在威胁，而城乡社区在防范与应对突发事件过程中也暴露出明显的短板和盲区。本研究按照"法治环境—应急机制—应急硬件—应急软件"的逻辑提出城乡社区应急能力提升路径，以达到"补短板、覆盲区、强能力"的目的。

第一节　完善相关法律法规

法律制度是社会良治、善治的保障，是社会主体参与城乡社区防范与应对突发事件的约束框架。政府要依法行政，基层组织、社会组织和居民都要依法依规行事。目前，我国突发事件应急管理的法律法规体系正不断完善，2007年出台的《中华人民共和国突发事件应对法》是一部基础性法律。在此基础上，相继出台了《中华人民共和国水法》《中华人民共和国消防法》《中华人民共和国安全生产法》《中华人民共和国道路交通安全法》《突发公共卫生事件应急条例》等法律法规，明确规定了政府和居民在应对突发事件时的权利和义务。然而，对于突发事件发生后的善后处理则规定得较为模糊，尤其是在加强监督方面还存在许多立法空白，以至于在处理突发事件过程中一些政府行为缺少法律依据，无章可循，自由裁量权过大。很有必要对这些法律法规进一步细化。

第一，出台《中华人民共和国紧急状态法》，明确国家实行紧急状态的条件、程序以及紧急状态时政府权力的行使范围。《中华人民共和国紧急状态法》不同于《中华人民共和国突发事件应对法》，二者既有联系又有区别。前者是对不能通过《中华人民共和国突发事件应对法》加以应对的"公共紧急状态"，通过紧急授权来保证应对突发事件真正做到有法可依。例如，历时近三年仍在全球肆虐的新冠肺炎疫情，使经济社会全面陷入危机之中，仅靠《中华人民共和国突发事件应对法》或《突发公共卫生事件应急条例》是难以准确、全面规范社会各方的权利与义务的，必须有一个涵盖范围更加广泛的法律——本研究姑且称为《中华人民共和国紧急状态法》——才能更好地约束突发事件应对各方的活动空间，既防止不作为，又避免乱作为。

第二，完善《中华人民共和国突发事件应对法》，强化城乡社区防范与应对突发事件的相关规定，使国家应急管理体系最末端的城乡社区应急工作也有章可循。进一步地，各地可以制定与《中华人民共和国突发事件应对法》以及其他单行法规相配套的地方性规章，以此促进城乡社区针对突发事件的预防预警规范化、专业救援队伍和志愿者队伍演训定期化、应急教育宣传和舆论引导常态化，使城乡社区防范与应对突发事件的能力提高到一个新水平。

第三，完善各类针对具体突发事件的单行法规，形成上下协调、相互衔接、互为补充的应急法律法规体系，以此形成系统而规范的国家应急法制框架，厘清防范与应对突发事件全过程的日常防范、危机预警、快速反应、当机处置、秩序恢复、灾后重建等各个阶段的法律关系。

第四，完善志愿者参与防范与应对突发事件的相关法律法规。完善的法律法规不仅赋予志愿者参与防范与应对突发事件合法性，便于依法依规开展相关活动，也有利于保护志愿者的合法权益，免于受到不法侵害。目前，一些地方出台了志愿者参与防范与应对突发事件的条例或办法，为制定全国性法律打下了基础。借鉴德国的做法，对志愿者参与志愿活动的时间和具有什么资格条件的志愿者组织才能参与应急救援等作出具体规定。在法律中，明确规定参与防范与应对突发事件的志愿者所具有的法律地位、作用、权利、责任、义务、资格条件、参与程序和经费支持等。在全国性法律法规出台的基础上，各级政府应出台相应的实施办法和配套措施，使之更具有可操作性。同时，改进现有的志愿者管理制度，促进志愿者组织快速发展。现阶段，我国较为重视社会团体的注册审查，对社会组织准入的门槛较高，使得一些志愿者组织无法在相关部门登记注册，阻碍了志愿者组织的发展壮大。当然，国家正在推进志愿者组织登记注册改革试点，在一些省份降低了四类社会团体登记注册的门槛，简化了分支机构的审批程序。进一步，仍需要继续从重视"入口"管理转向重视"过程"监管改革，在适当简化登记注册审批的同时，加强对社会组织日常活动和运作的监督和引导。

第五，完善保险、救济补偿等应急法律法规制度。《中华人民共和国突发事件应对法》已经颁布实施多年，但是相关配套的法律法规以及一系列规范性的文件还没有及时出台，特别是保险、救济补偿等应急法律法规制度较为滞后，在一定程度上影响了防范与应对突发事件能力的提升。各级政府部门要充分认识到保险制度在防灾减灾方面的重要性，特别是在灾后重建以及重大灾害损失的补偿和救济方面，不能完全依靠国家财政兜底，完善的灾害保险制度在一定程度上可以减轻国家财政负担，提高政府的突发事件风险管理水平。此外，在突发事件暴发后，为达到最佳的应对效果，降低灾害损失，可能需要使用甚至破坏社会公众的财物，如洪涝灾害出现后在蓄洪区的主动泄洪，或在危机出现后公私财物的紧急征用等。但是，目前的法律法规还缺乏相关补偿标准的详细规定与实施细则，可能会出现个人权利被忽视甚至被侵犯的情况，救济及补偿机制急需通过法律来规范，保障公民的合法权益。

第二节　优化城乡社区应急机制

城乡社区处于国家应急管理体系的最末端，很多应急工作最终都要在社区来落实，是国家应急管理体系直达基层的"最后一公里"。因此，优化城乡社区应急机制，提高城乡社区应急能力就显得额外重要。要通过优化城乡社区应急机制，打造第一时间动员社会力量协助政府处理突发事件的即刻反应和恢复行动单位，形成与各级政府应急管理体系相衔接、相匹配的基层反应单元。

城乡社区是多种力量聚合的"多中心"治理体系，往往各种因素相互交织，共同发挥作用。其防范与应对突发事件的能力提升，关键在于重构城乡社区应急能力模型，通过多元主体互动和多种力量协同形成多能聚合，将城乡社区打造成防范与应对突发事件的高效执行系统，成为第一时间动员社会力量协助政府处理突发事件的基层单元。要赋予社区更多能动性，主动作为，提高社区参与防范与应对突发事件的积极性。政府作为社区"多中心"协同治理中的一方，应淡化"行政权力本位"思想，更多地实行参与式管理，而非行政命令，提高社区在应急管理中的参与度和积极性。通过党建引领，政府主导，充分发挥社区自治功能，满足社区居民的多元化应急需求。

开展城乡社区居民应急能力训练，是提高居民防范与应对突发事件能力的首要条件。社区是一种公众自我教育、自我管理的自治组织，主要依靠自助、助人的方式防范与应对突发事件，其主体与客体均为居民。因此，社区应急能力的提升只有紧紧依靠居民才能实现。要将居民应急能力训练纳入社区治理的议程中，成为常抓不懈的一项工作，形成一种覆盖全社会的自觉行动，增强公众的风险意识，提高对突发事件的防范与应对能力。

社区在防范与应对突发事件中的角色是潜在隐患发现者、最初反应者和政府应急指令的落实者。不同于以往把社区置于各级政府及其相关职能部门之下的被动角色，而是将其当作具有独特功能的无可替代的即刻反应和恢复行动单元。因此，要通过优化社区应急联动机制，促进城乡社区居民科学、有序地参与。通过优化联动机制，激发社区在防范与应对突发事件过程中快速反应、广泛动员的潜能。城乡社区应根据自身的风险特征，准确预判可能面临的潜在风险类型，编制应急预案，定期进行应急演练，提高应急处置能力。

在城乡社区防范与应对突发事件的过程中，信息的传递效率直接关系到应对突发事件的效率。因此，信息共享机制是社区构建应急机制的重要一环。政府发布的危机信息全面、准确、及时，具有权威性，有利于公众有效地参与到突发事件的预防和应对之中。政府利用收集到的各方信息，及时向社会发布，让居民及时了解突发事件的实际情况以及政府的各种处置方案，踊跃参与到需要志愿力量支援的工作中。反过来，居民也可以通过相应的信息平台向政府及时反馈危机信息，便于政府作出正确的决策。因此，参与突发事件应对各方之间的信息交换，能够促进各方的协作。信息共享机制的建立应充分利用现代信息和网络技术，如门户网站、短信、微信、微博、QQ、抖音等，使信息能够在政府和居民之间快速传递。可以成立一个专门的信息平台，政府通过这个平台发布信息，社区、志愿者、居民也可以在平台中向政府反映灾区情况，政府根据各方上报的信息进行综合和整理再向社会发布。政府通过信息平台可以发布与突发事件相关的信息，也可以发布志愿服务需求和参与方式的信息，还可以发布物资需求与分配方式的信息。通过多方主体之间的信息交换，将进一步提高城乡社区应急机制的运行效率。

第三节 充实城乡社区应急设施设备储备

调查表明，城乡社区防范与应对突发事件的基础设施和器材装备普遍不足。因此，要完善城乡社区应急物资储备，宁可有备不用，不可用时无备。要规范城乡社区应急储备物资品种和最低库存量标准，明确储备物质的保质期和更新周期，逐步提高各类专项物资的保障水平。城乡社区应急物资可以采用实物储备、市场储备等多种储备方式。制定并完善应急物资储备更新、轮换及损耗的财政支持政策，不断丰富应急物资种类，提高应急物资科技含量，适度增加储备特种应急物资数量和品种。在每个社区寻找适当的地点，建立一个或数个应急物资储备站，以应对日常生活中容易引发的各类小型突发事件，或者在突发事件初起时就及时得到有效控制。

应急物资不仅要足额储备，还要高质量储备。因此，要建立健全城乡社区应急物资储备管理质量体系。利用质量管理目标考核体系和现代科技，对储备物资调入、更换、周转、紧急调出进行全过程管理，从储备数量、储备物资种类、管理水平、应急反应能力等方面进行考核，全面提高应急物资在应对突发事件中的保障作用。对应急物资储备做得好的城乡社区及其主要责任人，要给予奖励；反之，对严重失职的城乡社区主要责任人要严肃问责。

应急设施的完善和应急物资的储备，需要一定的财力支持。基层政府在制定年度财政预算计划时要统筹考虑城乡社区应急设施修缮和物资储备的资金保障，逐年加大投入力度。同时，要广辟财源，通过税收等政策优惠，鼓励个人、企业、社会团体以及国际组织进行公益性质的赞助和捐助，减轻财政负担。地方政府应将城乡社区综合应急救援队伍建设保障经费纳入财政预算，按照分级分类的原则进行统筹安排，保证每支应急救援队伍有适当的办公场地、训练场地和相应的设施，配备相应的应急救援装备库、常用器材和个人防护用品。

积极探索城乡社区应急设施设备保障的新模式，如通过政府购买服务、PPP模式（Public - Private - Partnership）等多种途径，鼓励企业、社会组织进行应急领域相关产品、装备以及服务的研发和推广。鼓励企业和社会组织利用自身优势，及时生产或储备救灾紧缺物品，建立兼职应急救援队伍，在突发事件发生后能快速提供可用于救灾的保障人员和技术装备，如无线电通信、航摄测绘的人员和技术。

积极推进慈善捐助，广泛吸纳社会资源。没有哪一个政府、哪一级政府是万能的，城乡社区处于社会基层，更强调助人自助。中国自古就有互助互济、扶弱济困的优良传统。在中国特色社会主义建设的新时代，要把慈善事业与传统文化、时代精神紧密结合起来，加强宣传和引导，鼓励个人、企业和社会团体积极参加慈善捐助活动，为城乡社区提升应急能力提供资金支持。

第四节　壮大城乡社区应急队伍

城乡社区遇到突发事件，居民之间助人和自助是一种重要的、有可能是第一时间的应对方式。因此，城乡社区应急队伍建设是提升城乡社区应急能力的重要一环。

第一，要加强面向城乡社区居民的应急知识宣传教育。城乡居民的应急避险知识与应急救援技能是突发事件发生后把损失降到最低的关键，要求城乡居民具备一定的应急避险知识，具备一定的自救互救能力。因此，定期开展城乡居民应急安全教育应该作为社区居委常抓不懈的重要工作之一。通过应急安全宣传教育，城乡居民了解社区可能出现的突发事件、逃生要领、急救知识，增强危机意识，形成全社会防范与应对突发事件的良好氛围。

第二，要明确责任主体，加快城乡社区应急救援队伍建设。社区应急救援工作综合性强，需要多方协同应对。因此，应急管理工作必须在政府统一领导下，社区居委认真落实相关责任，动员和组织各方力量，从思想、组织、措施上做好工作，建立统一指挥、反应灵敏、协调有序、运转高效的应急救援队伍。

第三，加强应急技能培训，提高城乡社区应急救援实战能力。通过应急技能培训，城乡居民掌握危急状况下的自救和互救本领，最大限度地减少突发事件发生后的财产损失和人员伤亡。从实战出发加强城乡社区应急救援队伍的培训和演练，充分利用模拟训练设施，采用多种训练模式，定期进行训练考核，切实提高应急救援实战能力。

第四，引导非政府组织的志愿参与行动。明确非政府组织参与城乡社区防范与应对突发事件的角色定位，在政府主导下开展应急行动，做好社区居委的参谋与助手，为政府分忧献策。同时，城乡社区应加强对应急志愿者组织的规范和引导，设立各类应急志愿行动项目，由各志愿者组织具体实施，加强各类志愿行动的协调和配合，使志愿资源得到高效利用。值得注意的是，志愿者的流动性比较大，在应对突发事件时，专业的应急志愿者队伍更能够发挥应有的作用。因此，要提高应急志愿者队伍的专业化水平，注意吸收具有专业能力的人员加入，对应急志愿者组织进行整合、提升，提高应急救援业务能力，使城乡社区志愿者队伍做到综合与专业相结合。一支综合性的应急队伍作为应对突发事件的第一响应者，可能难以做到各方面都专业，需要各领域的专业队伍成为它的补充。当然，城乡社区专业应急志愿者队伍要依据城乡社区灾害发生的潜在可能性有针对性地建立，不必贪多求全。例如，地震多发区建立相应的地震应急救援志愿者队伍，台风洪灾多发区建立具有水上救援能力的应急志愿者队伍等。

第二十章　提升社区应急能力的对策建议

针对城乡社区的 5 种能力要素在防范与应对突发事件过程中呈现出的"短板"和"盲区"，通过"补短板，覆盲区，强能力"，探索破解问题的有效路径，提出具有实用性、针对性、可操作性的对策建议。

第一节　居安思危，提升常态防范能力

强化社区居民应急意识。应急准备是社区防范与应对突发事件的首要环节，居民家庭应急准备是城市社区防范与应对突发事件的基础。社区居民是城市社区防范与应对突发事件的重要力量，强化社区居民应急意识是城市社区防范与应对突发事件的重要举措。城市社区在防范与应对突发事件过程中，可从以下几个方面着力强化社区居民应急意识，推进做好城市社区居民家庭应急准备工作：第一，充分发挥社区居民力量，强调全体社区居民在社区防范与应对突发事件中独特的重要的作用，调动社区居民积极性，让每一位社区居民积极主动地参与到防范与应对突发事件的各项工作中。第二，加强应急常识培训，引导、鼓励城市社区居民积极参与到社区组织的各类应急培训活动中。让居民意识到社区随时有发生突发事件的可能，对社区内各类突发事件应急预案以及应急管理过程各个环节的应急预案有充分的了解，识别应急预警级别、标示，认识警报系统和救援信号，学习灭火器等应急防控设施设备的使用方法，掌握自然灾害、事故灾难、公共卫生事件和社会安全事件的基本应急自救常识，推进做好城市社区居民家庭应急准备工作。

加强培育志愿者组织。志愿者组织是城市社区防范与应对突发事件的后备力量。因此在城市社区常态防范管理中应该要更加重视志愿者组织的培养。城市社区在防范与应对突发事件过程中，可从以下几个方面着力加强培育志愿者组织：第一，建立健全社区志愿者队伍管理体系，加大宣传力度，扩大社区志

愿者队伍规模，结合社区特点，优化志愿者队伍人员结构，建立多层次志愿服务网络。第二，建立健全志愿者技能培训体系，培养专业化、高水平化的志愿者队伍，结合志愿服务基础知识培训与相关专业技能培训，强化志愿服务理念、改进志愿服务态度、增强志愿服务能力、提高志愿服务质量、提升综合志愿服务水平。第三，建立健全社区志愿者队伍激励约束机制，激发志愿服务活力。第四，发挥专业人才优势。引进高素质社会工作专业人才，与社区志愿者相互协作、共同开展志愿服务，提升志愿服务水平，拓展志愿服务范围，增强志愿服务整体实效。第五，实行资源共享。在系统整合国内各地区、各业务领域内现有志愿者信息平台的基础上，研究开发和启用志愿者队伍规范化建设综合信息系统，建立一个覆盖社会全区域的志愿者综合管理网络，通过科技化、信息化手段为志愿者队伍进行规范化建设提供强大的技术支撑。

推进应急管理组织体系建设。城市社区在防范与应对突发事件过程中，可从以下几个方面着力健全应急管理组织体系：第一，形成统一领导、上下联动、高效运转的社区应急管理组织体系，充分发挥城市街道与城市社区应急管理组织的作用。第二，提高城市社区应急管理组织的应急管理能力，要始终做到提前周密谋划、及时有效应对，构筑防灾、减灾与救灾相结合的人民防线，坚持"四早三精准"原则，要坚持做到早发现、早报告、早预警、早处置，要坚持做到精准预警、精准防控、精准治理，从源头科学防范和妥善化解重大安全风险，切实有效提升应急管理工作水平。第三，着眼于"大应急"角度，强调应急管理组织内部的高效运转，强调应急管理组织与其他专业组织之间的协同运转，强调应急管理组织与社会多元主体之间的合作运转，统筹整合多方面力量，推进城市社区应急管理组织体系健全完善，提升城市社区常态防范能力。

第二节　完善预警体系，提升快速反应能力

完善预警信息监测收集机制。城市社区应急信息的收集和分析，对于及时、准确地监测预警和应急响应具有重要作用。城市社区在防范与应对突发事件过程中，可从以下几个方面着力完善预警信息监测收集机制：第一，建立健全预警信息采集上报实时系统，完善"社区应急服务站—网格—楼栋"三级危险源信息采集上报实时网络。除要确定落实社区信息员、网格管理员、楼栋长、社区应急救援人员、社区应急信息志愿者等主体完成突发事件信息报送任务外，鼓励辖区社会组织、居民个人等主体直接报送突发事件信息和安全隐患线索。第二，建立健全社区应急管理系统。通过大数据网络平台对社区内各种

突发情况进行实时监控，从而提高社区应急管理信息互联互通能力。第三，建立健全社区信息预警收集分析机制。通过网络对在社区收集到的相关信息及时进行分析处理，可以提前对可能引发危机的突发事件信息或安全隐患进行科学预防和快速处置，并及时上报，将危机消灭在萌芽状态，最大程度降低安全损失风险。第四，完善预警信息处理和发布机制，这不仅可以进一步保障社区居民的知情权，还可以让居民了解危险源，加强对突发事件和安全隐患的主动防范和有效应对。通过突发事件应急预警信息平台、电话、短信、QQ、微信等多渠道及时发布预警信息，对老弱病残、外来流动人员等特殊群体实行一对一跟踪负责机制，保证预警信息及时准确地传达给每一位社区居民。

第三节　多种力量协同参与，提升社会动员能力

多种力量协同参与，建立健全基层社会治理体系。基层社区是社区突发事件的反应主体，社会治理重心下移是基层快速防范和应对突发事件的重要举措。城市社区在防范和应对突发事件过程中可从以下几个方面建立健全基层社会治理体系：第一，规范社区党组织设置，架构社区党建新框架。建设街道大工委、社区党委平台，突出党建引领，形成和强化社区党组织、小区党支部、物业企业"三方联动"服务机制，注重融合联动发挥协同效应。第二，广泛动员社会力量参与社区基层治理。扩大社会治理服务主体范围，将由政府部门单一管理的传统形式转变成政府部门联合社区物业管理公司、业主委员会、社会组织等主体共同参与。可以通过召开民主会议、组织社区联合会等方式吸纳社会力量，发挥基层群众优势，培养守望相助的社区氛围，提升基层凝聚力。第三，完善社会组织参与治理机制，让社会组织共同参与到基层社会治理相关工作中，发挥社会组织在应急管理中的优势，调动基层社会治理活力。第四，整合社区多方面资源，畅通社区内外资源渠道，合理优化配置社区资源，建立健全社区资源联动平台。第五，筹建社区基金，充分赋能社区居民、社会组织、物业企业等基层治理主体，满足社区长远发展需要，优化社区治理。

第四节　常抓不懈，提升应急处置能力

物资分配公平全面。物资分配不仅要考虑到公平合理的问题，而且要关注如何在有限的时间内以最小的成本最快速地将物资配送给社区居民。建立健全应急物资储备机制，坚持实行动态储备与静态储备相结合，重视能力储备机

制，充分发挥互联网平台等大数据技术的优势，及时更新应急物资储备情况，了解社区居民应急物资需求。突发事件发生后，我们可以先通过云平台实时关注社区应急物资需求情况，再以横纵相结合的方式配送应急物资，减少配送时间。横向配送方面，根据灾区与物资分配中心之间的距离，进行聚类分析，实现不同类别的灾区与灾区之间的内部横向配送，在救援物资到达物资分拨调配中心后，进行纵向配送，弥补灾区之间的物资缺额。

人员分工合理有效。根据不同类别突发事件的特性以及突发事件的严重程度，完善相应的人员配置，合理安排人员分工，确保相关责任落实到具体个人，建立快速反应机制，确保在突发事件发生时，有专业的处置人员能够在第一时间处理和应对。建立专业的网格应急队伍，社区网格员是化解社区矛盾、为社区居民提供切实服务的群体。充分发挥社区网格员的关键力量，落实基层灾情信息员制度，实现网格员、社工、基层政工队伍与基层灾情信息员身份上的统一。在公开招聘选拔社区网格员时，要积极引入应急管理人才，入职后通过专业知识培训和技能实践强化提高其应急管理能力，将应急管理能力纳入网格员的年度考核和晋升机制中。

第五节　加强心理危机干预，提升事后处理能力

加强心理危机干预。心理危机干预在需要外界干预的同时，也需要居民理性看待突发事件、克服自身消极情绪。我们要充分认识到，目前城市人口体量巨大，经济和社会制度的复杂性使我们面临的风险更加具有挑战性，突发事件发生的概率也随之增加。在与风险共生共存的同时，我们应该以理性的态度看待突发事件、采取积极的行为应对突发事件、以主动的态度规避突发事件。与此同时，我们还需要认识到，灾后社区心理干预不仅取决于外部力量，还取决于利用社区本身的力量。突发事件发生后社区心理干预是社区内部的干预，能够使居民更容易获得认同感，降低其抵触情绪，可以充分调动所在社区内的熟人关系网，从情绪、心理、社区文化等方面帮助受灾居民。因此，在城市社区内，应当设立一个灾后辅导中心，其主要成员由社区工作人员和社区义工组成，通过融合专家学者和社区自身力量产生"1＋1＞2"的综合效应，以应对突发事件发生后社区居民的精神压力。

参 考 文 献

蔡志强，2006. 社会参与：危机治理范式的一种解读 [J]. 中共中央党校学报 (6)：108-112.

陈晨，2010. 合肥市社区应急管理研究 [D]. 合肥：安徽大学.

陈蓉蓉，姚进忠，2021. 社区为本：后疫情时期社会工作应对突发公共危机事件的行动逻辑 [J]. 社会福利 (理论版) (11)：8-16.

陈升，孟庆国，2010. 非常态条件下地方政府能力评价研究：关于汶川地震灾后重建的考察 [J]. 学术界 (5)：36-45，284.

陈涛，罗强强，2021. 韧性治理：城市社区应急管理的因应与调适：基于 W 市 J 社区新冠肺炎疫情防控的个案研究 [J]. 求实 (6)：83-95，110.

陈伟达，刘羽欣，2010. 公共突发事件应急统计中信息快速收集方法和机制研究 [J]. 科技管理研究 (1)：3.

陈文玲，原珂，2016. 基于社区应急救援视角下的共同体意识重塑与弹性社区培育：以 F 市 C 社区为例 [J]. 管理评论，28 (8)：215-224.

陈文涛，2007. 基于社区的灾害应急能力评价指标体系建构 [C]//第九届中国管理科学学术年会论文集. 重庆：第九届中国管理科学学术年会.

陈文涛，佟瑞鹏，孙跃龙，2010. 基于 ANP 方法的社区事故应急能力评估指标权重的确定 [J]. 中国安全科学学报，20 (6)：166-171.

陈新平，2018. 社区应急能力评价指标体系研究 [J]. 中国管理信息化，21 (7)：166-171.

陈垚，2020. 社区应急能力国内研究述评与展望 [J]. 社会科学动态 (7)：80-86.

楚道文，2020. 城市公共卫生事件应急治理的理念与运行机制 [J]. 湖南警察学院学报，32 (6)：8.

崔凯凯，刘德林，2021. 城市社区应急协同治理优化路径：基于 SWOT 模型分析 [J]. 华北地震科学，39 (4)：28-34.

丁文喜，2009. 突发事件应对与公共危机管理 [M]. 北京：光明日报出版社.

丁元竹，2020. 中文"社区"的由来与发展及其启示：纪念费孝通先生诞辰 110 周年 [J]. 民族研究 (4)：20-29，138.

董瑞华，2004. 论社区在灾害危机应急管理中的基础作用 [J]. 理论前沿 (10)：46-47.

范斌，2004. 弱势群体的增权及其模式选择 [J]. 学术研究 (12).

范斌，2020. 发挥专业优势，促进治愈患者全面康复：《新冠肺炎疫情防控常态化下治愈患者心理疏导工作方案》解读 [J]. 中国社会工作 (28)：8.

范逢春，谭淋丹，2019. 城市基层治理 70 年：从组织化、失组织化到再组织化 [J]. 上海行政学院学报，20（5）：14 - 23.

方琦，范斌，2020. 突发公共卫生事件中社会工作的实践机制：结构性组织与阶段性服务 [J]. 华东理工大学学报（社会科学版），35（1）：33 - 43.

房亚明，周文艺，2021. 服务与增能：社会工作介入突发公共卫生事件治理的机制建构 [J]. 长白学刊（5）：122 - 132.

付瑞平，李达，刘新宁，2021. 如何不断加强基层应急救援体系建设：山东省淄博市应急管理系统干部职工如是说 [J]. 中国应急管理（12）：4.

甘炳光，1994. 社区工作理论和实践 [M]. 香港：香港中文大学出版社．

高恩新，2016. 防御性、脆弱性与韧性：城市安全管理的三重变奏 [J]. 中国行政管理（11）：105 - 110.

郜杨，2019. 公安机关人民警察突发事件应急处置能力及其提升途径 [J]. 公安教育（11）：4.

郭雪松，朱正威，2011. 跨域危机整体性治理中的组织协调问题研究：基于组织间网络视角 [J]. 公共管理学报，8（4）：50 - 60，124 - 125.

郝梓任，2020. 新公共服务理论视域下提升政府网络谣言治理能力的路径探究 [J]. 区域治理（30）：2.

花菊香，2004. 突发公共卫生事件的应对策略探讨：多部门合作模式的社会工作介入研究 [J]. 学术论坛，4：162 - 166.

花菊香，2005. 突发公共卫生事件的社会工作介入时序研究 [J]. 社会科学辑刊，1：36 - 41.

江来明，2012. 津市市"三三制"建设减灾防灾社区 [J]. 中国民政（2）：55.

李格琴，2013. 英国应急安全管理体制机制评析 [J]. 国际安全研究，31（2）：124 - 135，159.

李湖生，2020. 各类突发事件应对异同及健全应急管理体系相关问题探讨 [J]. 安全，41（3）：10 - 17.

李嘉瑜，2021. 话语理论下的新媒体时代高校网络舆情引导机制探索 [J]. 新闻文化建设（16）：2.

李建斌，李寒，2005. 转型期我国城市社区自治的参与不足：困境与突破 [J]. 江西社会科学（6）：33 - 36.

李建国，2000. 日本的城市社区管理模式：东京都中野区地域中心考察 [J]. 城市问题（3）：59 - 61，5.

李磊，马欢，陈建蓉，2021. 数字政府与突发公共卫生事件应急管理：机制与实践 [J]. 贵州大学学报（社会科学版），39（6）：11.

李羚，黄毅，2009. 基层党组织应急机制创新研究：以四川"五·一二"大地震灾后重建为例 [J]. 毛泽东思想研究，26（6）：127 - 130.

李强，2021. 警察体能训练在警务实战中的重要性研究 [J]. 发明与创新：职业教育

(8)：2.

李全利，周超，2020. 4R 危机管理理论视域下基层政府的危机应急短板及防控能力提升：以新冠肺炎疫情应对为例 [J]. 理论月刊 (9)：8.

李杏果，2017. 我国政府防灾减灾救灾区域协作的重塑：基于整体性治理的理论视角 [J]. 天津行政学院学报，19 (6)：17-23.

李游，闪四清，李红，等，2012. 面向突发事件的虚拟社区知识共享实证研究 [J]. 管理评论，24 (11)：87-96，128.

刘航颖，2021. 应急警务视野下基于新冠肺炎疫情防控中基层公安机关社会治理效能研究 [J]. 武汉公安干部学院学报，35 (2)：6.

刘焕成，刘永，2005. 社会突发事件应急信息系统构建研究 [J]. 情报科学，23 (12)：6.

刘杰，胡欣月，杨溢，等，2022. 云南省社区应急能力指标体系构建及评估应用 [J/OL]. 安全与环境学报：1-12.

刘璐，2012. 公共危机管理中政府形象建设问题研究 [D]. 长春：吉林财经大学.

刘秋婷，张鹏杨，李婧，2021. 基于危机生命周期的旅游业疫情危机演化及应对 [J]. 乐山师范学院学报，36 (6)：8.

刘尚亮，沈惠璋，李峰，等，2010. 我国突发事件应急管理体系构建研究 [J]. 科技管理研究 (19)：5.

刘万振，陈兴立，2011. 社区应急能力建设的现状分析与路径选择：重庆市社区应急能力建设的调查与思考 [J]. 行政法学研究 (3)：78-85.

刘益灯，周易茗，2021. 突发公共卫生事件处置中的社区应对与法治规束 [J]. 中南大学学报（社会科学版），27 (2)：56-64.

刘长敏，2004. 危机应对的全球视角：各国危机应对机制与实践比较研究 [M]. 北京：中国政法大学出版社.

卢文刚，揭敏斐，2021. 查短板、强弱项：社区疫情防控应急能力提升路径：基于东莞市 D 社区的考察 [J]. 行政科学论坛，8 (12)：36-42.

卢文刚，舒迪远，2016. 基于突发事件生命周期理论视角的城市公交应急管理研究：以广州"7·15"公交纵火案为例 [J]. 广州大学学报（社会科学版），15 (4)：9.

吕青，徐向林，2012. 创新社会管理的社会工作路径 [M]. 上海：华东理工大学出版社.

缪文升，2011. 突发性事件应急处置的区域警务合作机制探讨 [J]. 公安研究 (7)：6.

南睿一，2019. 从社会工作角度分析突发公共卫生事件的应对之道 [J]. 现代商贸工业，40 (8)：209-210.

欧晖博，2012. 江门市江海区社区应急管理机制研究 [D]. 广州：华南理工大学.

谯哲，2017. 城乡社区治理能力建设的路径探索：以"网格功能化"提升社区应急能力为例 [J]. 中国应急救援 (6)：4-8.

清华大学公共管理学院危机管理课题组，2003. 国外公共卫生突发事件应对体系 [J]. 医院管理论坛 (8)：59-60.

商一男，2019. 灾害危机管理中的社会工作研究 [J]. 山西青年 (11)：2.

沈荣华，2006. 城市应急管理模式创新：中国面临的挑战、现状和选择 [J]. 学习论坛 (1)：48 - 51.

盛丹萍，2018. 成都市三元社区应急管理能力提升研究 [D]. 成都：中共四川省委党校.

盛明科，郭群英，2014. 公共突发事件联动应急的部门利益梗阻及治理研究 [J]. 中国行政管理 (3)：5.

孙斌，2006. 学校突发事件应急管理存在的问题及解决对策研究 [J]. 中国安全科学学报，16 (12)：72 - 78.

孙汪逸，2021. 奉贤区开展 2021 年安全生产和应急管理能力培训 [J]. 上海安全生产 (8)：1.

锁箭，杨涵，向凯，2020. 我国突发公共卫生事件应急管理体系：现实、国际经验与未来构想 [J]. 电子科技大学学报 (社科版)，22 (3)：17 - 29.

陶辰，2021. 应急管理部发布 2020 年全国自然灾害基本情况 [J]. 上海安全生产 (2)：2.

王光伟，王洁，2021. 社区发展治理导向下的社区分类研究：以成都市为例 [J]. 城乡规划 (5)：26 - 33.

王海燕，2020. 基层政府在应急处置中的公共危机管理分析 [J]. 新丝路：中旬 (8)：2.

王洁琼，滕玲红，林海红，等，2021. 采用双向评价制度持续提高急诊科护理带教质量 [J]. 中医药管理杂志，29 (19)：2.

王进，2019. 我国突发环境事件应急管理中各参与主体的良性互动机制研究 [D]. 北京：对外经济贸易大学.

王雷，丁肇炜，王欣，等，2022. 应急警务的内涵，学科认识与专业建设 [J]. 公安教育 (5).

王亮，2006. 社区意识：社区共同体的灵魂 [J]. 广西社会科学 (4)：176 - 178.

王茂涛，2005. 政府危机管理 [M]. 合肥：合肥工业大学出版社.

王绍玉，2003. 城市灾害应急管理能力建设 [J]. 城市与减灾 (3)：4 - 6.

王文举，燕明文，孙景波，2021. 新形势下开展突发事件应急处置教学研究的实践与思考 [J]. 公安教育 (2)：4.

文军，2020. 疫情防控中的社会工作：可为与不可为 [J]. 社会工作 (1)：12 - 15.

吴缚龙，1992. 中国城市社区的类型及其特质 [J]. 城市问题 (5)：24 - 27.

吴加琪，周林兴，2012. 面向社会突发事件的档案部门应急管理体系研究 [J]. 中国档案 (7)：2.

吴越菲，文军，2016. 从社区导向到社区为本：重构灾害社会工作服务模式 [J]. 华东师范大学学报 (哲学社会科学版)，48 (6)：101 - 110，167.

吴宗之，2007. 论安全社区建设与完善基层应急管理体制 [J]. 中国应急管理 (5)：28 - 31.

新华社，2020. 习近平出席统筹推进新冠肺炎疫情防控和经济社会发展工作部署会议并发表重要讲话 [J]. 中国环境监察 (Z1)：12 - 15.

徐贵权，2022. 张玉磊《转型期中国公共危机治理模式研究：从碎片化到整体性》的致思取向 [J]. 社会科学文摘（3）.

徐永祥，2009. 建构式社会工作与灾后社会重建：核心理念与服务模式：基于上海社工服务团赴川援助的实践经验分析 [J]. 华东理工大学学报（社会科学版），1：1-3.

许玉镇，孙超群，2020. 公共危机事件后的社会信任修复研究：以突发公共卫生事件为例 [J]. 社会科学文摘（2）：3.

薛澜，徐建华，2020. 提升应急管理风险沟通能力 [J]. 中国应急管理（4）：14-16.

严小丽，2022. 应急联动：一个基于整体性治理理论的基本框架 [J]. 信阳师范学院学报（哲学社会科学版），42（1）：43-48.

严则金，2021. 韧性社区：突发公共卫生事件应对新视角 [J]. 卫生软科学，35（5）：27-31.

颜德如，2020. 构建韧性的社区应急治理体制 [J]. 行政论坛，27（3）：89-96.

颜德如，张玉强，2021. 新时代社区应急管理变革：逻辑、困境与模式选择 [J]. 哈尔滨工业大学学报（社会科学版），23（6）：36-43.

杨凤平，2014. 北京市应急管理能力评价指标体系研究 [D]. 北京：首都经济贸易大学.

杨静，陈建明，赵红，2005. 应急管理中的突发事件分类分级研究 [J]. 管理评论，17（4）：6.

杨军，2003. 社区防灾减灾对策的复杂性科学问题 [J]. 防灾减灾工程学报（3）：105-115.

杨力，2011. 突发事件应急意识和能力建设探讨 [J]. 中国安全生产科学技术，7（8）：5.

杨淑琴，王柳丽，2010. 国家权力的介入与社区概念嬗变：对中国城市社区建设实践的理论反思 [J]. 学术界（6）：167-173，287.

于晴，张毅，2020. 应急管理应将防控力量下沉社区 [J]. 人民论坛（15）：152-153.

于蓉，2021. 城市应急管理新趋势：从"智慧城市"到"大数据＋网格化管理" [J]. 中国应急管理科学（8）：38-46.

余纳新，韩传峰，2013. 基于层次分析法的城市灾害应急管理指标分析 [J]. 灾害学，28（3）：152-157.

苑春香，张思军，2021. 论乡镇政府公共危机预警机制的问题与对策 [J]. 湖北经济学院学报（人文社会科学版），18（5）：5.

张海波，童星，2009. 应急能力评估的理论框架 [J]. 中国行政管理（4）：33-37.

张海静，2010. 城市社区应急管理模式研究 [D]. 上海：上海交通大学.

张继烈，张旭，2013. 温州市村居（社区）应急管理"五个一"建设的探索和体会 [J]. 中国应急管理（5）：50-55.

张俊，周长明，李祥瑞，2020. 危机警务理念指导下的现代应急警务机制建设：以突发公共卫生事件应急治理为切入点 [J]. 北京警察学院学报（3）：9.

张勤，高亦飞，高娜，等，2009. 城镇社区地震应急能力评价指标体系的构建 [J]. 灾害学，24（3）：133-136.

张宇，姚兰，于晓川，2021. 应急突发事件管理的中国经验及启示 [J]. 区域治理

(53)：3.

张玉磊，2015. 整体性治理理论概述：一种新的公共治理范式 [J]. 中共杭州市委党校学报
（5）：54 - 60.

赵光伟，2011. 关于加强"突发事件应急管理"课程建设的思考 [J]. 教育与职业（8）：2.

赵霖，冯振翼，安建民，2006. 美国突发公共卫生事件应急管理体系一瞥 [J]. 华北煤炭医
学院学报，8（2）：253 - 255.

赵润滋，2018. 城市社区应急准备能力评估研究 [D]. 西安：西北大学.

郑彬，宁宁，郝艳华，等，2017. 社区抗逆力：基于应对突发公共卫生事件新视角 [J]. 中
国社会医学杂志，34（4）：317 - 320.

周芳检，2017. 突发性公共安全危机治理中社会参与失效及矫正 [J]. 吉首大学学报（社会
科学版），38（1）：124 - 130.

周洁，2021. 职场精神力对警察应急处突能力的影响机制分析 [J]. 中国刑警学院学报
（5）：9.

周永根，2020. 美国全社区应急管理模式研究 [J]. 求是学刊，47（4）：80 - 89.

朱秦，2009. 城市社区志愿者参与应急管理的典型分析：一种政府应急和社区自救互救相
结合的模式调查 [J]. 中国应急管理（10）：31 - 34.

朱晓峰，2004. 生命周期方法论 [J]. 科学学研究（6）：566 - 571.

邹清明，肖东生，2013. 基于模糊综合评价的城市社区应急管理脆弱性分析 [J]. 南华大学
学报（社会科学版），14（1）：55 - 60.

左殿升，杜子平，肖强，2014. 国内外突发事件危机管理比较研究 [J]. 青岛科技大学学报
（社会科学版），30（2）：60 - 65.

ANDRIOLE S J，2019. Emerging technologies in the C - suite [J]. IT professional，21（1）：
98 - 100.

BIRINCI M，2021. The importance of strategic management for social work organizations [J].
Toplum ve sosyal hizmet，32（1）：251 - 273.

BIRKMANN J，2006. Measuring vulnerability to promote disaster - resilient societies：con-
ceptual frameworks and definitions [M]. Measuring vulnerability，9：54.

BLANCHARD B W，CANTON L G，CWIAK C L，et al.，2007. Principles of emergency
management [R]. Working paper.

COHEN O，LEYKIN D，LAHAD M，et al.，2013. The conjoint community resiliency as-
sessment measure as a baseline for profiling and predicting community resilience for emer-
gencies [J]. Technological forecasting & social change，80（9）：1732 - 1741.

DOUGLAS A，et al.，2008. Enhancing community - based disaster preparedness with infor-
mation technology：community disaster information system [J]. Disasters，32（1）：149.

FRIEDMAN A B，BARFIELD D，DAVID G，et al.，2021. Delayed emergencies：the com-
position and magnitude of non - respiratory emergency department visits during the COVID

pandemic [J]. Journal of the American college of emergency physicians open, 2 (1).

GIORDANO P F, LIMONGELLI M P, 2020. The value of structural health monitoring in seismic emergency management of bridges [J]. Structure and infrastructure engineering: 1 - 17.

KAVEH A, JAVADI S M, MOGHANNI R M, 2020. Emergency management systems after disastrous earthquakes using optimization methods: a comprehensive review [J]. Advances in engineering software, 149: 102885.

KINNEY N T, 2010. The need for effective network interconnectivity among multiple partners in a disaster - embattled region: a content analysis of an exploratory focus group study [J]. Journal of contingencies & crisis management, 18 (3): 155 - 164.

KYRON M J, RIKKERS W, O'BRIEN P, et al. , 2021. Experiences of police and emergency services employees with workers' compensation claims for mental health issues [J]. Journal of occupational rehabilitation, 31 (1): 197 - 206.

LIU Y, WANG H, CHEN J, et al. , 2020. Emergency management of nursing human resources and supplies to respond to coronavirus disease2019 epidemic [J]. International journal of nursing sciences, 7 (2): 135 - 138.

MCLAUGHLIN D, 1998. Comparing policy network [M]. Buckingham, Philadelphia: Open University Press.

MILETI D, 1999. Disasters by design: a reassessment of natural hazards in the United States [M]. Washington DC: Joseph Henry Press.

NORRIS F H, STEVENS S P, PFEFFERBAUM B, et al. , 2008. Community resilience as a metaphor, theory, set of capacities, and strategy for disaster readiness [J]. American journal of community psychology, 41 (1 - 2): 127 - 150.

O'BRIEN G, 2009. Communicating emergency preparedness: strategies for creating a disaster resilient public [M]. Journal of homeland security&emergency management, 6 (1): 213 - 215.

PERRI, et al. , 2002. Towards holistic governance: the new reform agenda [M]. New York: Palgrave.

PRATAMA A Y, SARIFFUDDIN S, 2018. Community - based disaster management: a lesson learned from community emergency response management in Banyumas, Indonesia [J]. IOP conference series: earth and environmental science, 123 (1): 123 - 133.

RAMASAMY V, GOMATHY B, 2020. E2M: An efficient emergency management system [J]. Arabian journal for science and engineering, 45 (12): 10669 - 10682.

RUTH B J, WACHMAN M K, MARSHALL J W, et al. , 2017. Health in all social work programs: findings from a US national analysis [J]. American journal of public health, 107 (S3): 267 - 273.

SCHOENBERG N E, BOWLING B, CARDARELLI K, et al. , 2021. The community leadership institute of Kentucky (CLIK): a collaborative workforce and leadership development program [J]. Progress in community health partnerships: research, education, and action, 15.

SHASH A, SALTI M A, ALSHIBANI A, et al. , 2021. Predicting cost contingency using analytical hierarchy process and multi attribute utility theory [J]. Journal of engineering project and production management, 3 (11): 228 - 242.

SOBELSON ROBYN K, WIGINGTON CORINNE J, VICTORIA H, et al. , 2015. A whole community approach to emergency management: strategies and best practices of seven community programs [J]. Journal of emergency management (Weston, Mass), 13 (4): 349 - 357.

TAUFIK I, ALAM C N, MUSTOFA Z, et al. , 2021. Implementation of multi - attribute utility theory (MAUT) method for selecting diplomats [J]. IOP conference series: materials science and engineering, 1098 (3): 032055.

TIERNEY K J, 1997. Business disruption, preparedness and recovery: lessons from the northridge earthquake [J]. Prelimin thesiss (257): 189 - 221.

VAGTS J, KALVELAGE K, WEITEN A, et al. , 2021. Responsiveness of aromatoleum aromaticum EbN1T to lignin - derived phenylpropanoids [J]. Applied and environmental microbiology, 87 (11).

附录 A 《城乡社区防范与应对突发事件的能力研究》调查问卷

亲爱的受访者：您好！本问卷是华南农业大学承担的 2020 年度广东省社科规划项目"公共治理视域下社区防范与应对突发事件的能力建设研究"开展的调查活动，所获资料作为分析研究的依据。您的回答无所谓对与错，只要能反映您的真实想法和所面临的真实情况即可。同时，我们将对您的回答完全保密，所有资料仅供学术研究，不作为商业用途。在此，对您的理解与支持表示最诚挚的感谢！

一、基本信息

地级（或以上）市		县/县级市/区	
乡/镇/街道		村/社区	
受访者		联系电话	

1. 您的年龄段：
○30 岁以下　　　○30～44 岁　　　○45～60 岁　　　○60 岁以上

2. 您的性别：
○男　　　　　　　　　　　○女

3. 您的文化程度：
○初中及以下　　○高中/中专　　○大学　　　　○研究生

4. 您所在的社区属于下列哪种类型：
○开发商开发的商品楼盘　　○机关企事业单位生活区
○由村庄转制的城市社区　　○传统的城镇街区
○农村

二、常态防范能力

5. 您所在的社区/村是否建立居民志愿者组织，以防范和应对突发事件？
○没有　　　　　　　○不清楚　　　　　　○有

6. 您所在社区/村的应急疏散通道情况如何？

〇很差　　　　〇差　　　　〇一般　　　　〇好　　　　〇很好

7. 您所在的社区/村拥有的应急防控设施（如值班室、信息公告栏、消防栓或灭火器、临时避难场所、应急物资储备库/点等）情况如何？

〇很差　　　　〇差　　　　〇一般　　　　〇好　　　　〇很好

8. 您所在的社区/村建设的应急辨别标识（如逃生指示牌、安全警示标志、逃生线路标识、救援车辆专用通道标志等）情况如何？

〇很差　　　　〇差　　　　〇一般　　　　〇好　　　　〇很好

9. 您所在的社区/村建立的应急管理制度（如值班值守制度、应急信息员制度、隐患排查整治制度、突发事件预警制度等）运行情况如何？

〇很差　　　　〇差　　　　〇一般　　　　〇好　　　　〇很好

10. 您所在的社区/村组织的防范与应对突发事件的宣传培训活动（如应急宣传讲座、逃生知识培训、救援技能培训等）效果如何？

〇很差　　　　〇差　　　　〇一般　　　　〇好　　　　〇很好

三、快速反应能力

11. 当突发事件发生或面临风险时，您收到预警信息大约要多久？

〇60 分钟以上　　　　〇30～60 分钟　　　　〇20～30 分钟
〇10～20 分钟　　　　〇10 分钟以内

12. 当突发事件发生或面临风险时，您是否通过手机短信/微信收到预警信息？

〇没有　　　　　　〇不清楚　　　　　　〇有

13. 当突发事件发生或面临风险时，您是否通过社区/村宣传板得知预警信息？

〇没有　　　　　　〇不清楚　　　　　　〇有

14. 当突发事件发生或面临风险时，您是否收到社区/村工作人员的预警通知？

〇没有　　　　　　〇不清楚　　　　　　〇有

15. 当突发事件发生或面临风险时，您是否通过社区/村的喇叭广播得知预警信息？

〇没有　　　　　　〇不清楚　　　　　　〇有

16. 当突发事件发生或面临风险时，居委/村委是否在第一时间向街/镇报告？

○没有　　　　　　　　○不清楚　　　　　　　　○有

17. 当突发事件发生或面临风险时，居委/村委是否在第一时间发布预警信息？

○没有　　　　　　　　○不清楚　　　　　　　　○有

18. 当突发事件发生或面临风险时，您对居委/村委在第一时间组织居民有序应对方面如何评价？

○很差　　　　　○差　　　　　○一般　　　　　○好　　　　　○很好

四、社会动员能力

19. 当突发事件发生或面临风险时，居委/村委是否调动了辖区内志愿者/义工开展工作？

○没有　　　　　　　　○不清楚　　　　　　　　○有

20. 当突发事件发生或面临风险时，居委/村委是否调动了辖区内的业主委员会开展工作？

○没有　　　　　　　　○不清楚　　　　　　　　○有

21. 当突发事件发生或面临风险时，居委/村委是否调动了辖区内的物业管理公司开展工作？

○没有　　　　　　　　○不清楚　　　　　　　　○有

22. 当突发事件发生或面临风险时，居委/村委是否调动了辖区内的社会工作机构开展工作？

○没有　　　　　　　　○不清楚　　　　　　　　○有

23. 当突发事件发生或面临风险时，您对社区/村各类社会力量（如志愿者/义工、业主委员会、物业管理公司、社会工作机构等）的工作如何评价？

○很差　　　　　○差　　　　　○一般　　　　　○好　　　　　○很好

24. 当突发事件发生或面临风险时，您对社区/村调动各类社会力量（如志愿者/义工、业主委员会、物业管理公司、社会工作机构等）的能力如何评价？

○很差　　　　　○差　　　　　○一般　　　　　○好　　　　　○很好

五、应急处置能力

25. 当突发事件发生或面临风险时，您是否报警求助？

○没有　　　　　　　　○不清楚　　　　　　　　○有

26. 当突发事件发生或面临风险时，您是否采取互助自救行动？

○没有　　　　　　　○不清楚　　　　　　　○有

27. 当突发事件发生或面临风险时，您对社区/村工作人员的现场指挥能力如何评价？

○很差　　　　○差　　　　○一般　　　　○好　　　　○很好

28. 当突发事件发生或面临风险时，您对社区/村工作人员的物资调配如何评价？

○很差　　　　○差　　　　○一般　　　　○好　　　　○很好

29. 当突发事件发生或面临风险时，您对社区/村工作人员的人员安排如何评价？

○很差　　　　○差　　　　○一般　　　　○好　　　　○很好

30. 当突发事件发生或面临风险时，您对社区/村工作人员的舆情导控如何评价？

○很差　　　　○差　　　　○一般　　　　○好　　　　○很好

31. 当突发事件发生或面临风险时，您对社区/村与相关部门（如消防救援、医院、公安等）的协作情况如何评价？

○很差　　　　○差　　　　○一般　　　　○好　　　　○很好

六、事后处理能力

32. 当突发事件发生或面临风险时，您对居委/村委和社会力量开展社区秩序恢复工作如何评价？

○很差　　　　○差　　　　○一般　　　　○好　　　　○很好

33. 当突发事件发生或面临风险时，您对居委/村委和社会力量开展事后心理干预工作如何评价？

○很差　　　　○差　　　　○一般　　　　○好　　　　○很好

34. 当突发事件发生或面临风险时，您对居委/村委和社会力量开展灾后安置工作如何评价？

○很差　　　　○差　　　　○一般　　　　○好　　　　○很好

35. 当突发事件发生或面临风险时，您对居委/村委和社会力量开展灾后补贴/物资发放工作如何评价？

○很差　　　　○差　　　　○一般　　　　○好　　　　○很好

36. 当突发事件发生或面临风险时，您对居委/村委和社会力量开展社区水电气恢复工作如何评价？

○很差　　　　○差　　　　○一般　　　　○好　　　　○很好

七、总体评价

37. 在总体上，您对所在社区/村防范与应对突发事件的能力如何评价？

○很差　　　　○差　　　　　○一般　　　　○好　　　　　○很好

38. 您对所在社区/村的常态防范能力如何评价？

○很差　　　　○差　　　　　○一般　　　　○好　　　　　○很好

39. 您对所在社区/村的快速反应能力如何评价？

○很差　　　　○差　　　　　○一般　　　　○好　　　　　○很好

40. 您对所在社区/村的社会动员能力如何评价？

○很差　　　　○差　　　　　○一般　　　　○好　　　　　○很好

41. 您对所在社区/村的应急处置能力如何评价？

○很差　　　　○差　　　　　○一般　　　　○好　　　　　○很好

42. 您对所在社区/村的事后处理能力如何评价？

○很差　　　　○差　　　　　○一般　　　　○好　　　　　○很好

问卷调查结束，再次衷心感谢您的支持和配合！

附录 B 《广州市 Y 派出所应急警务》调查问卷

亲爱的受访者：您好！本问卷是华南农业大学承担的 2020 年度广东省社科规划项目"公共治理视域下社区防范与应对突发事件的能力建设研究"开展的调查活动，所获资料作为分析研究的依据。您的回答无所谓对与错，只要能反映您的真实想法和所面临的真实情况即可。同时，我们将对您的回答完全保密，所有资料仅供学术研究，不作为商业用途。在此，对您的理解与支持表示最诚挚的感谢！

一、基本信息

1. 您的年龄段：

○30 岁以下　　　○30～39 岁　　　○40～49 岁　　　○50～60 岁

2. 您的性别：

○男　　　　　　　　　　　　○女

3. 您属于下列哪种类型？

○公安干警　　○辅警　　○社区联防队员　　○住宅区保安　　○其他

4. 您的文化程度：

○小学及以下　　　　○初中　　　　　　○高中/中专

○大专　　　　　　　○本科及以上

5. 您从事应急警务工作的年限：

○5 年以下　　　　○6～15 年　　　　○16～30 年　　　　○31 年及以上

二、队伍保障

6. 您认为参与突发事件处置时的警力充足程度如何？

○好　　　　　○较好　　　　○一般　　　　○较差　　　　○差

7. 您认为您所在地区在突发事件的预防和预警方面的警力充足程度如何？

○好　　　　　○较好　　　　○一般　　　　○较差　　　　○差

8. 您认为您和您的同事在处置突发事件方面的风险意识与应急技能如何？

○好　　　　　○较好　　　　○一般　　　　○较差　　　　○差

9. 您觉得您的体能如何?
○好　　　　　○较好　　　　　○一般　　　　　○较差　　　　　○差

10. 您参与突发事件处置时警务保障人员或机构的专业性如何?
○好　　　　　○较好　　　　　○一般　　　　　○较差　　　　　○差

11. 您参与突发事件处置时社会联动主体（如医疗救护人员、特种车辆驾驶人员等）参与性如何?
○好　　　　　○较好　　　　　○一般　　　　　○较差　　　　　○差

12. 您参与突发事件处置时的社会联动效果如何?
○好　　　　　○较好　　　　　○一般　　　　　○较差　　　　　○差

三、法制保障

13. 您认为在参与处置突发事件中警察权使用情况如何?
○好　　　　　○较好　　　　　○一般　　　　　○较差　　　　　○差

14. 您认为在参与处置突发事件时现行的法律法规、制度与执法时的安全性如何?
○好　　　　　○较好　　　　　○一般　　　　　○较差　　　　　○差

15. 您认为您所在地区或单位对突发事件的平时预防和预警状况如何?
○好　　　　　○较好　　　　　○一般　　　　　○较差　　　　　○差

16. 您所在地区或单位关于突发事件的预防和预警效果如何?
○好　　　　　○较好　　　　　○一般　　　　　○较差　　　　　○差

17. 您所在单位突发事件处置的相关预案情况如何?
○好　　　　　○较好　　　　　○一般　　　　　○较差　　　　　○差

18. 您所在单位关于突发事件处置的预案演练情况如何?
○好　　　　　○较好　　　　　○一般　　　　　○较差　　　　　○差

19. 您所在的单位在处置突发事件时的舆论应对如何?
○好　　　　　○较好　　　　　○一般　　　　　○较差　　　　　○差

四、警用武器装备保障

20. 您觉得在当前突发事件多发的背景下警用武器装备的研发程度如何?
○好　　　　　○较好　　　　　○一般　　　　　○较差　　　　　○差

21. 您所在单位对警用武器装备的日常管理和维护如何?
○好　　　　　○较好　　　　　○一般　　　　　○较差　　　　　○差

22. 您所在单位警用武器装备配备的质量如何?

○好　　　○较好　　　○一般　　　○较差　　　○差

23. 您觉得全国警标委对警用武器装备技术参数标准化工作的开展如何？
○好　　　○较好　　　○一般　　　○较差　　　○差

24. 您觉得在突发事件的处置中非致命性武器和防护装备的配备和使用情况如何？
○好　　　○较好　　　○一般　　　○较差　　　○差

25. 您参与处置突发事件时在高科技技术运用方面如何？
○好　　　○较好　　　○一般　　　○较差　　　○差

26. 您认为贵单位现在的警用武器装备保障情况对突发事件处置的适应性如何？
○好　　　○较好　　　○一般　　　○较差　　　○差

五、经费后勤保障

27. 您认为在当前日益多发的社会安全事件的环境下经费保障程度如何？
○好　　　○较好　　　○一般　　　○较差　　　○差

28. 您觉得公安应急经费的管理和使用状况如何？
○好　　　○较好　　　○一般　　　○较差　　　○差

29. 据您了解，公安应急经费在应对突发事件的平时准备阶段投入如何？
○好　　　○较好　　　○一般　　　○较差　　　○差

30. 您在参加处置突发事件中公安应急后勤保障机构专业程度如何？
○好　　　○较好　　　○一般　　　○较差　　　○差

31. 您认为公安应急后勤保障工作中法律支撑和制度约束如何？
○好　　　○较好　　　○一般　　　○较差　　　○差

32. 您认为当前后勤装备的发展对满足突发事件的处置所需状况如何？
○好　　　○较好　　　○一般　　　○较差　　　○差

33. 您参与处置突发事件时的后勤保障效果如何？
○好　　　○较好　　　○一般　　　○较差　　　○差

六、开放性问题

34. 请根据您的工作经历谈谈目前突发事件处置中，在警务保障方面还存在什么问题？

附录 C 《广州市 Y 派出所应急警务》访谈提纲

受访者编号：　　　　性别：　　　　年龄：　　　　受访地点：

1. 请问您在派出所任职多久了？
2. 当前派出所警务人员每年实战技能培训的次数及时间是多少呢？
3. 派出所警务人员参加的实战技能培训主要有哪些内容呢？
4. 参加这些实战技能培训在实战执法中效果如何？
5. 目前对培训相关技能知识的掌握程度如何？
6. 开展的应急预案演练效果如何？
7. 警务人员的培训方式是如何展开的？
8. 当前培训基地的师资来源及整体水平如何？
9. 培训基地对于教官的培养方式有哪些？
10. 培训基地对于教官队伍的管理是怎么样的？
11. 培训基地对于受训人员考核是如何进行的？
12. 对于派出所警务人员的装备保障方面如何？
13. 派出所警务人员装备保障方面的资金投入如何？

附录 D 《突发公共卫生事件的社工参与》社区居民访谈提纲

受访者编号： 性别： 年龄： 受访地点：

1. 您在新冠肺炎疫情暴发期间是否在广州（如 2019 年 12 月至 2020 年 3 月，2021 年 5 月）？

2. 居家隔离时期您和家人有什么需求？其中最主要需求是什么？

3. 您参与过哪些社区的疫情防范活动？您从哪些渠道了解防疫信息及知识？

4. 我们现在处于后疫情时代，当前您有什么需求呢？

5. 疫情防控期间您接受过社工站的哪些服务呢？了解社工在疫情防控期间做了哪些工作吗？

6. 您曾担任志愿者辅助疫苗、核酸检测等工作吗？如果没有，根据您的自身情况，您愿意参与志愿服务吗？

7. 您认为疫情防控期间社工站的服务做得比较好的地方是什么？

8. 您认为现阶段社工站关于防疫有哪些服务不到位的地方？

9. 可以请您分享与社工或其他人在疫情防控期间有意义的故事吗？

附录 E 《突发公共卫生事件的社工参与》社会工作者访谈提纲

受访者编号：　　　　性别：　　　　年龄：　　　　受访地点：

1. 您所在的社工机构参与过社区的哪些防疫工作？
2. 您负责过社区的哪些防疫工作？
3. 您所在的社工机构负责防疫的同事有几位？是如何分工呢？
4. 疫情防控期间您是否协助过街道办等政府机构，做过哪些工作呢？
5. 是否接受过防疫知识培训？都有哪些内容？
6. 协同哪些应急力量进行疫情防范的？都有哪些内容？
7. 链接了哪些社会资源？是如何链接的？
8. 开展了哪些利民、便民服务呢？
9. 请分享一下疫情防控期间工作的感受或工作中您认为比较有意义的事情。

附录 F 《五华县 X 村防范与应对突发事件的能力》访谈提纲

受访者编号：　　　　性别：　　　　年龄：　　　　受访地点：

1. 您如何看待村制定的应急预案和应急制度？
2. 您认为如今村内社会治安情况如何？
3. 您认为做志愿者工作需要注意什么？存在什么困难和问题？
4. 您认为村民理事会主要起到了什么作用？
5. 您认为村义务联防联控队主要起到了什么作用？存在什么问题？
6. 您认为村风险隐患排查工作做得怎样？存在什么问题？
7. 您认为村内应急物资配备情况如何？存在什么问题？
8. 您认为村内应急宣传和应急培训工作现状如何？存在什么问题？
9. 您认为护林员的工作任务主要是什么？存在什么问题？
10. 您觉得现在的村干部在生活和工作上存在什么困难和问题？
11. 您如何看待应急管理值守值班系统？
12. 您认为如今村民的应急意识和各应急社会主体应急能力如何？存在什么问题？
13. 您如何看待村内突发事件发生以后的恢复工作？存在什么问题？

致　谢

　　拙作是我承担的广东省哲学社会科学规划 2020 年度一般项目"公共治理视域下社区防范与应对突发事件的能力建设研究"（批准号：GD20CGL27）的研究成果，也是近年来对社区风险防控理论学习、研究以及社会服务的总结。在实地调查、课题研究和拙作出版过程中，得到许多领导、同事、学生、政府相关部门和社区居民的帮助，在此一并鸣谢。

　　在实地调查过程中，华南农业大学公共管理学院副院长杨正喜教授、行政管理系主任武玉坤副教授在全省为课题组联系了大量调研社区，使社区面上调查得以顺利推进；进入社区调查后，得到了街/镇干部、居委/村委干部、社区居民/村民，以及扶贫驻村干部、社工机构、志愿者组织等的积极配合与大力支持，难以一一列出；华南农业大学公共管理学院李景顺副教授为课题组调查农村社区社会工作提供了帮助。

　　在研究过程中，华南农业大学公共管理学院副院长唐斌教授将阶段性成果上报广州市委和广东省委相关部门，得到了采纳；我指导的研究生孙睿、吴静雅、赵岩、邹淑丹全程参与了课题调研、资料整理和数据分析，并撰写了部分章节的初稿；我指导的 2020 级公共管理类本科生李钿、邹悦、徐植、张含玉参与了部分社区调查和资料整理工作。

　　华南农业大学公共管理学院院长史传林教授对拙作的出版给予了特别的关注和支持。

　　谨对以上单位和个人的帮助与支持表示最诚挚的感谢！

胡武贤

2022 年 6 月于羊城五山